Ullstein Sachbuch

ZU BUCH UND AUTOR:

»Der Berliner Theater- und Filmkritiker (1901–1972), der 1933 emigrieren mußte, veröffentlichte von 1935 bis zum Kriegsausbruch seine *Privatberichte* über Schicksale und Persönlichkeiten der Emigration. Seit 1945 erschienen diese Berichte auch in englischer Sprache. Marcus' Erinnerungen an das Berlin der zwanziger Jahre mit dem Titel *Heimweh nach dem Kurfürstendamm* waren 1951 ein Bestseller . . .«

Der Tagesspiegel
zum 70. Geburtstag PEMs

Paul Erich Marcus (PEM)

Heimweh nach dem Kurfürstendamm

Aus Berlins glanzvollsten
Tagen und Nächten

Mit 73 Abbildungen

Ullstein Sachbuch

Ullstein Sachbuch
Ullstein Buch Nr. 34378
im Verlag Ullstein GmbH,
Frankfurt/M – Berlin

Ungekürzte Ausgabe

Umschlagentwurf:
Hansbernd Lindemann
Foto: Bildarchiv Preußischer Kulturbesitz

Printed in Germany 1986
Druck und Verarbeitung:
Ebner Ulm
ISBN 3 548 34378 3

Oktober 1986

CIP-Kurztitelaufnahme
der Deutschen Bibliothek

Marcus, Paul Erich:
Heimweh nach dem Kurfürstendamm:
aus Berlins glanzvollsten Tagen u.
Nächten / Paul Erich Marcus. –
Ungekürzte Ausg. – Frankfurt/M; Berlin:
Ullstein, 1986.
(Ullstein-Buch; Nr. 34378:
Ullstein-Sachbuch)
ISBN 3-548-34378-3
NE: GT

Inhalt

Abbildungen

Die Fotos wurden vom Ullstein-Bilderdienst zur Verfügung gestellt mit Ausnahme der Aufnahme von McNamarra, die dem Pressebild-Archiv Schirner entnommen wurde

Für Hilde, die diese Zeit nachsitzen mußte

Heimweh nach dem Kurfürstendamm 1

Sechs Uhr früh. Bahnhof Charlottenburg. Es war ein eiskalter Januarmorgen des Jahres 1948, als ich nach fast genau fünfzehn Jahren wieder auf Berliner Boden stand. Rings um mich wieder Menschen, die meine Muttersprache redeten – echtes Berlinisch. Es war noch nicht ganz hell.

Schnell hatte ich Herrn Grün ausfindig gemacht, den von Freunden geschickten Schofför, der mich ins Hotel fahren sollte. Er nahm dankend die Zigarette, die ich ihm anbot, rauchte sie aber nicht, sondern steckte sie sorgfältig in sein leeres Etui. Und wir fuhren los. Durch die Ruinen der Kantstraße im fahlen Morgendämmer; sie sahen nicht viel anders aus als die Trümmer, die ich auf der langen Fahrt durch Deutschland gesehen hatte.

Welche Gefühle hat man, wenn man nach so vielen Jahren des unfreiwilligen Fernseins in die Heimat zurückkehrt? Heimat ist, hat jemand gesagt, „wo man Erinnerungen hat". Unser Herz hängt ja nicht an Mauern, sondern an Menschen, und wo waren diese Menschen wohl hingekommen? Befand sich unter den wenigen Passanten, die da mit Rucksäcken zu so früher Stunde durch die Straßen schlichen, am Ende einer, mit dem ich einst die Schulbank gedrückt, oder ein Kellner, der mich irgendwann einmal bedient hatte?

Als ich ein paar Stunden später durch die Straßen ging, in denen ich einst zu Hause gewesen war, schien mir die

Heimat zur Fremde geworden. Es war, als sei ich in Pompeji. Wie die Reste einer untergegangenen Welt sahen Plätze und Häuser aus. Oder war es, als käme ich, mein eigenes Grab zu besuchen?

Das Haus, in dem uns Herr Lachmann die ersten Bände Rilke verkauft hatte, stand nicht mehr. An dieser Ecke hatten wir uns von unserem alten Vater verabschiedet. Wo diese Trümmerreste in den Himmel ragten, war einst ein Rummelplatz gewesen. „Wer haut, wer pufft den Lukas in die Luft?!" klang es in meinen Ohren nach, als ob nicht dreißig Jahre dazwischenlägen. Um den Schutthaufen, der nunmehr den Bayerischen Platz darstellte, war der elegante, gutaussehende Herr Jeannin geschlendert, einst der erste „Looping-the-loop"-Flieger der Welt, bis er eines Tages wegen Verführung Minderjähriger vor Gericht gestanden hatte. Dort war das Café Boese, in dem ich mein letztes Telephongespräch in Berlin geführt hatte, und daneben das Wittelsbach-Kino, in das ich verbotenerweise geschlüpft war, um die verregneten Filme der stummen Zeit zu sehen.

Es gab noch gar kein richtiges Telephonbuch, aus dem zu ersehen gewesen wäre, ob es vielleicht Bekannte gab, die man hätte anrufen können. Doch am Nachmittag hatte ein neuer Verleger zu einem Empfang geladen; in die gute alte „Greifi" in der Joachimstaler Straße, und derselbe Herr Greifenhagen, mit dem man einst viele Himbeergeist getrunken, begrüßte mich, als sei ich gestern zum letztenmal hier gewesen.

Während ich dann mit Willi Schaeffers, dem liebenswürdigen Conférencier, an der Bar saß, schwirrten Namen an mein Ohr, die die Vergangenheit aufsteigen ließen – überdeutlich und kristallklar.

Für mich hat das Erwachsenendasein mit dem Ende des ersten Weltkriegs begonnen, und dieses Ende hatte mich auf dem Anhalter Güterbahnhof erreicht, wo ich als Hilfsdienstpflichtiger nächtliche Wache schob. Im Schatten der melancholischen Siegessäule rostete noch der „Eiserne Hindenburg“. Gegen Einwurf kleiner Münzen hatten wir während des Krieges in die hölzerne Kolossalfigur je nach der Vermögenslage unserer Eltern goldene, silberne oder eiserne Nägel zu wohltätigen Zwecken eingehämmert. Der Reichstag war aufgelöst, die Weimarer Nationalversammlung noch nicht zusammengetreten; dafür tagte im Wallotbau der Arbeiter- und Soldatenrat, in dem die Radikalen – und wer war damals nicht wenigstens für kurze Zeit radikal? – das große Wort führten. Magnus Hirschfeld, der bedeutende Sexualforscher, der späterhin In den Zelten sein berühmtes und stark umstrittenes Institut leitete, hielt auf dem Platz vor dem Reichstag oppositionelle Reden. In der Aula der Hohenzollernschule, in der „Lord Luft“, der Vater des Kritikers Friedrich Luft, noch versucht hatte, uns die Anfänge der englischen Sprache beizubringen, stand nun der junge Redakteur von Friedrich Naumanns „Hilfe“, Dr. Theodor Heuss, und illustrierte mit großen, plastischen Gesten das Programm der neuen Demokratischen Partei. Sein Bariton war kräftiger als die schmale Figur im Anzug von der Stange. Die drittstärkste Partei wurden die Demokraten in der Nationalversammlung.

In der Philharmonie in der Bernburger Straße hingen zweitausend Hörer atemlos am Munde eines Redners in einem märchenhaften, auf Taille gearbeiteten Frack. Bleich war sein Antlitz, das dunkle Haar leicht mit der Brennschere gelockt: Maximilian Harden, Herausgeber der „Zukunft“, die einmal im Kriege ein Vierteljahr verboten gewesen war, bis sie auf Intervention des nationalliberalen Reichstagsabgeordneten Dr. Gustav Stresemann wieder erlaubt wurde. Wir verschlangen jede Nummer der „Zukunft", und Harden zitierte in der Philharmonie Walther Rathenaus: „Wenn der Kaiser hoch zu Roß siegreich durchs Brandenburger Tor gezogen wäre, hätte die Weltgeschichte ihren Sinn verloren ..."

Der junge Dichter Walter Mehring dichtete in rhythmischer Prosa, die Verse mußten sich noch nicht reimen:

„Schon revolutionieren die ersten amerikanischen
Lebensmittel
im Magen der Kapitalisten.
Berlin – dein Tänzer ist der Tod."

„Berlin – dein Tänzer ist der Tod ..." Die Worte übernahmen riesengroße, an allen Säulen klebende, von der Regierung bezahlte Plakate, die die von den Radikalen unermüdlich organisierte Kette der Massenstreiks meinten.

Von demselben Walter Mehring sang ein paar Jahre später im „Karussell" am Kurfürstendamm das Quartett Willi Schaeffers, Viktor Schwannecke, Paul Westermeier und Lamberts-Paulsen den „Choral der Seemannsleute":

„In Hamburg an der Elbe,
gleich hinter dem Ozean,
ein Mädchen von St. Pauli,
von St. Pauli, von der Reeperbahn ..."

Einen Originaldollar Tantieme bekam jeden Abend der Dichter, weil die Straßenbahnfahrt jetzt schon eine Milliarde Mark kostete. Und vergessen waren die Zeiten, in denen Mehring aus der Redaktion von „Bühne und Film" geflogen war, weil er „Kinderzeichnungen" eines neuen Malers gedruckt hatte, der George Grosz hieß.

Der Theatertrust der Brüder Rotter hielt sich einen linksradikalen Dramaturgen in der Person des Dr. Oskar Kanehl, der sich bemühte, bei seinen Chefs einen Studienfreund aus Heidelberg als Nachfolger unterzubringen, weil er schon vorhatte, dieser aussichtslosen Welt Valet zu sagen. „Entrottere dich, Rebell", apostrophierte Stefan Grossmann im „Tagebuch" den Dramaturgen. Der gehorchte und schoß sich eine Kugel durch den Kopf. Sein Freund zog vergeblich an der Glocke von Rotters Grunewaldvilla; er hieß Joseph Goebbels. Die Rotters verbrachten den Sommer in Cannes.

Die Berliner schwammen im Sommer im Wannsee oder in Heringsdorf. Zwei in der Badehose kamen auf das Titelbild der „Illustrirten", die der nimmermüde Kurt Korff redigierte: Reichspräsident Friedrich Ebert und Wehrminister Noske. Die Leser waren im Zweifel, ob sie es als Diskreditierung der Republik oder als natürlichste Sache von der Welt ansehen sollten, daß Minister zuweilen baden.

Den schieberischen Nachkriegstyp taufte der Zeichner der „Illustrirten", Koch-Gotha, „Raffke" und porträtierte ihn vor den Ruinen des Kolosseums mit der Unterschrift: „Baut doch nicht, wenn ihr keene Gelder habt . . ."

Vom Lager Döberitz, geführt von Kapitän Ehrhardt, zogen revolutionierend Truppen ans Brandenburger Tor; aber am Generalstreik erlosch der Kapp-Putsch, und Rechtsanwalt Dr. Dr. Erich Frey erschien im grünen Frack aus Samt auf dem Presseball. Die ganze Stadt sang „Ausgerechnet Bananen", und 1923 gaukelte zum erstenmal das unvergeßliche Gesicht Greta Garbos in „Gösta Berling" über die Leinwand des Mozartsaales am Nollendorfplatz.

Wir gingen in die „Wimmer-Klause" am Rüdesheimer

Platz und schlürften Schwedenpunsch oder buntschillernde Sherry-Coblers, deren schmelzende Eisstückchen den ganzen Abend überdauerten. Alle besseren Caféhäuser richteten sich schummrige Dielen ein, in denen man zu Klavierbegleitung „Black-Bottom" tanzte.

Man saß noch mit dem Kopfhörer vor dem ersten Radioapparat und stellte den Kontakt zwischen einem Stückchen Draht und einem winzigen Kristallsteinchen her, um die Stimme Friedrich Knoepfkes, des ersten Rundfunkdirektors und Funkansagers zugleich, aus dem Vox-Haus in der Potsdamer Straße zu vernehmen. Zu dieser Zeit spielte der späterhin erste und beste Radioreporter Alfred Braun in zweiter Besetzung den Karl-Heinz in „Alt-Heidelberg" und bildete gewissermaßen einen Harry Walden-Ersatz.

Einmal fand sogar das klassische Derby nicht im traditionellen Hamburg, sondern in Berlin statt, und „Gibraltar" aus dem Stalle Graditz siegte.

Elisabeth Bergner trat zum erstenmal an einem Sonntagvormittag in einer Hosenrolle in dem Drama „Vatermord" vor die Berliner. Es war das erste Stück Arnolt Bronnens, der später an den weißen Mäusen beteiligt war, die die Premiere des Films „Im Westen nichts Neues" hindern sollten. Der Autor dieses inzwischen längst zum Bestseller gewordenen Kriegsromans war Erich Maria Remarque, der erst ein paar Jahre vergeblich von Verleger zu Verleger gelaufen war und als Pressechef von „Continental" in Hannover nebenbei Cocktailrezepte für die schlüpfrige Zeitschrift „Der Junggeselle" geliefert hatte.

„Wenn der weiße Flieder wieder blüht,
sing ich dir mein schönstes Liebeslied,
immer, immer wieder ..."

Die Kranzler-Ecke um 1930, Kurfürstendamm Ecke Joachimstaler Straße

Die Amateur-Jazzband Paul Graetz, Max Hansen, Paul Morgan, Renate Müller, Max Adalbert

Das war der Schlager, den der Wiener Fritz Rotter, nicht etwa einer der „beiden Bindelbands" und Theaterdirektoren, geschrieben hatte. Zu einer Musik Franz Doelles und für James Kleins Prachtrevue „Donnerwetter – tausend Frauen" in der Komischen Oper an der Weidendamm-Brücke. Und der junge Hans Albers sprang in einer Szene allabendlich von einem Kronleuchter in ein Wasserbassin, bis ihn Heinz Hilpert für Bruckners „Verbrecher" in das Deutsche Theater holte.

Der Turfphantast Klante lud ein, sich an Massenwetten zu beteiligen, und legte selbst die hellsten Berliner rein. Gustav Winter aus Leipzig gründete eine Partei, die Aufwertung der rotgestempelten Tausender versprach und eine halbe Million Stimmen einfing, obwohl sich der Parteiführer im Gefängnis befand. Hinter schwedischen Gardinen verschwanden auch die Gebrüder Sass, sie gruben sich aber alsbald einen unterirdischen Zugang zu den Tresoren der Disconto-Bank. Willi Schaeffers, der nun neben mir saß, richtete sich eine kleine Bar in seinem Keller ein und nannte sie „Disconto-Bar".

Am Abend vor der Uraufführung der „Dreigroschenoper" im Theater am Schiffbauerdamm zweifelte der junge Direktor Aufricht an jedem Erfolg. Auch seine Darsteller glaubten nicht daran: Harald Paulsen, die heute verschwundene Carola Neher – einst Frau Klabund – und Lotte Lenja, Gattin des Dessauer Komponisten Kurt Weill. Im „Berliner Tageblatt" sagte Alfred Kerr dem Dichter Bert Brecht Plagiat an François Villon nach. Am Tage vor der Premiere wurde Peter Lorre krank, der sich kurz zuvor im selben Hause als Irrer in Marieluise Fleissers „Fegefeuer in Ingolstadt" die Stadt erobert hatte. Erich Ponto sprang für ihn ein, den Peachum zu spielen.

Im Gourmenia-Palast bediente ein kesser, junger Page

die Gäste, die der Lift zum Dachgarten beförderte. Der Familienname des Pagen war Ernst. Ein Hauptmann a. D. Röhm bezahlte für ihn Kurse an der Hochschule für Politik und machte ihn später zum Obergruppenführer.

Als man nicht mehr nur in geschlossenen Tanzklubs, sondern auch öffentlich wieder tanzen durfte, wimmerte das Saxophon Eric Borchardts im Scala-Kasino, das von dem futuristischen Architekten und Bildhauer Rudolf Belling ausgestattet worden war. Es hieß Musik, was sie spielten, und wenn mit Kuhglocken, Autohupen, Trillerpfeifen Lärm gemacht wurde. Sonst pfiff ganz Berlin „Salome":

„Still durch den Sand der Sahara dahin
die Karawane sich zieht ..."

Wir verschlangen die kleinen roten Heftchen der „Weltbühne", in die Siegfried Jacobsohn – der kleine Mann, der so wunderbar lachen konnte – seine „Schaubühne" umgewandelt hatte, und pickten uns die fünf Pseudonyme Kurt Tucholskys wie Rosinen aus dem Kuchen. Professor Max Epstein, der mit seinen Vorschüssen auf Garderoben- und Büfettpachtungen ganze Theater finanzierte, gab das „Blaue Heft" heraus und schrieb Bücher wie „Das Theater als Geschäft" und „Das Geschäft als Theater".

Im Keller des Zirkus Schumann, des späteren Großen Schauspielhauses, eröffnete der Sohn des Überbrettl-Barons Ernst von Wolzogen das erste literarische Kabarett, das wieder wie einst Max Reinhardts Berliner Urzelle „Schall und Rauch" hieß. Eine überschlanke, pikante Frau sang Chansons von Tucholsky; am Klavier saßen Werner Richard Heymann und Mischa Spolianski. Es war Gussy Holl, und nach der Vorstellung wartete Conrad Veidt auf die unvergleichliche Diseuse. Veidt war mit seiner Dämonie –

hohe Stirn, brennende Augen, knochige, lange Hände – zum Modetyp des idealen Mannes geworden, den vor ihm Alexander Moissi, der tenorale Halbmann, dargestellt hatte. Und den dämonischen Veidt-Typ wiederum löste Hans Albers ab, der Mann an sich, der Kerl.

Die Schubladen des Gedächtnisses entluden immer weiter ihre Erinnerungen. „Wissen Sie noch ...“

In einer Sommernacht des Jahres 1922 schritten vor dem Hotel Esplanade, das ihm gehörte wie schon ein wahrer Gaurisankar von Kohlen- und Erzgruben, Schiffen, Werken, Zeitungen, der expansive Hugo Stinnes und der Reichsaußenminister Walther Rathenau auf und ab, der in Rapallo den ersten Freundschaftsvertrag Deutschlands mit den Bolschewisten schloß und dafür den zu allem entschlossenen Haß der extremen Nationalisten auf sich zog. Am Morgen nach dem Spaziergang mit Stinnes vor dem Esplanade überholte im Grunewald seinen Wagen ein Auto, aus dem Revolverschüsse sein Leben beendeten. „Der Feind steht rechts“, rief bei der folgenden Sitzung im Wallotbau Reichskanzler Josef Wirth aus Baden. Drei Jahre darauf wählte eine Mehrheit des deutschen Volkes den Marschall des verlorenen Krieges, Paul von Hindenburg, zum Reichspräsidenten.

Die Inflation hatte alle arm gemacht, obwohl alle spekulierten. Hjalmar Schacht drosselte die Kredite der Reichsbank. Aber die Reichspost schwamm täglich in Geld und lieh es einem Jakob Michael kurzfristig aus. Er wurde der flüssigste Geldgeber Berlins. Für ein Trinkgeld kaufte er das Motivhaus in der Hardenbergstraße am Knie und Oskar Kaufmann baute es zum Renaissance-Theater um, das Theodor Tagger, der sich später als Dramatiker Ferdinand Bruckner nannte, mit „Miss Sarah Sampson“ eröffnete.

„Du kannst alles von mir haben,
nur das eine nicht..."

„Nur die Scheine nicht", sang es auf den Gassen. In einem Hinterzimmer hatte Massenmörder Großmann Menschenschenkel eingepökelt. Und im Norden Berlins machte ein Volkskomiker von sich reden, der mit einer zerknautschten Zigarre im Munde sang:

„Ihr seid alle auf dem Hund,
ihr kommt auch noch in den deutschen Bund..."

Als Kapellmeister Meschugge hatte er angefangen. Für fünfundvierzigtausend Mark Monatsgage holte die große Scala Erich Carow vom Weinbergsweg in die Lutherstraße.

„Berlin im Licht" hieß eine Aktion des Messe- und Fremdenverkehrsamtes: sie wiegte die Stadt in optimistische Träume. Plakate warben bis Shanghai und Buenos Aires: „Jeder einmal in Berlin". In diesem Berlin feierten die Zuhälter- und Ring-Vereine Jahr für Jahr ihr rauschendes Fest im „Rheingold". Östlich scharten sich jeden Mittwoch Hunderttausende bei „Treptow in Flammen". Junge Menschen liebten sich auf Parkbänken. Die blaue Blume der Romantik blühte selbst im Zeitalter der neuen Sachlichkeit.

„Trink mer noch en Tröppchen,
trink mer noch en Tröppchen,
aus dem kleenen Henkeltöppchen.
O Susanne, wie is das Lee — ben schön...",

grölte es in den heimkehrenden Stadtbahnzügen, die die berauschten Baumblüte-Besucher aus Werder zurückbrachten. „Wieviel Lampen brennen im Resi?" hieß ein Wettbewerb. 45 240 schrieb der Schauspieler Werner Krauss auf die für die Gäste ausgelegten Fragezettel. Das kleine Ladenfräulein, das die Frage richtig beantwortete, gewann ein Auto. Der dritte Preis war eine Flasche Sekt; Max Hansen trug sie heim, der Leopold des „Weißen Rößl", der dann bei Rotters im Lessing-Theater die Hauptrolle in „Morgen geht's uns gut" sang.

Morgen geht's uns gut ... An der Bar des „Resi" trudelte zu mitternächtlicher Stunde ein ernster junger Mann mit Steinhägern aus, ob bei der Reichspräsidentenwahl der Rattenfänger aus Braunau siegen werde, der verhieß, das Leben aller Deutschen ins Licht zu führen. Es war Lippert, der spätere Oberbürgermeister der Reichshauptstadt, der auf den strammen Demokraten Boeß, der einmal im Roten Haus regiert hatte, folgte.

Die frühe Polizeistunde trieb uns aus der kleinen Bar, in der die Kerzen langsam erloschen; der elektrische Strom funktionierte 1948 nur stundenweise. Wir standen auf der fast leeren Straße und in der grausamen Wirklichkeit und hatten viel von der Vergangenheit gesprochen. Damals schon entstand der Plan in mir, wenigstens einen kleinen Teil dieser Berliner Jahre aufzuzeichnen, dieser Vergangenheit einer Stadt, die einst der Treffpunkt der Welt gewesen war, als sie noch in Frieden lebte ...

Nachtvögel, Nepp und Nuditäten 2

Alles, was nach dem 9. November politisch geschah, so bedeutungsvoll sich dies und jenes auch in der Folge erwies, war für den allgemeinen Zuschnitt des Lebens nur am Rande wichtig. Der Krieg war zu Ende! Das war die Grundtatsache, die allgemeines Aufatmen auslöste. An den Mauern keine langen und erschütternden Verlustlisten mehr; in den Blättern keine schwarzgeränderten Todesanzeigen mit dem Eisernen Kreuz in der Ecke. Ungeheurer Alpdruck fiel von den Menschen. Republik . . . das wollte zunächst einmal als ein Schimmer von Freiheit und Auflockerung empfunden werden. An den Straßenecken erschienen wieder Würstchenhändler, die keine Marken verlangten, und das ausgehungerte Volk zerbrach sich nicht den Kopf, was es in der Pelle für Fleisch einhandelte. Die Jugend wollte vor allen Dingen wieder tanzen. Während des Krieges war es streng verboten gewesen. Doch soweit ging die neue Freiheit nicht, daß sie das Tanzverbot gleich aufgehoben hätte. Auch die Sperrstunde der Lokale blieb bei zehn Uhr abends. Vielleicht mußten Strom und Kohle gespart werden. Offiziell hieß es, daß die Trauer um den verlorenen Krieg und die Wunden, die er vielen Familien geschlagen hatte, auch optischen Ausdruck finden müßten. Es erfüllte sich vorläufig nicht, was die blonde Käthe Erlholz auf eine sehnsüchtige Weise ihres Gatten Rudolf Nelson im Kriege im Nelsontheater gesungen hatte:

„Alles kommt einmal wieder,
wie es vor Jahren war:
Wieder die alten Lieder,
wieder bis sechs in der Bar."

Findige Unternehmer spürten eine Lücke in den polizeilichen Bestimmungen auf und gründeten Klubs, die hinter verschlossenen Türen tanzen ließen. „Nur für Mitglieder." Gegen ein gutes Trinkgeld verabreichte der Portier Mitgliedsausweise, und ein „Vorstandsmitglied" im Gehrock trug den Namen des Ankömmlings unter einer früheren Mitgliedsnummer in eine Mitgliederliste ein. In einem Nebensaal des Admiralspalastes wogte ein dichtes Heer von Tänzerinnen und Tänzern zu der Melodie von „Sous les ponts de Paris", die schon während des Krieges Urlauber aus dem Westen mitgebracht hatten:

„Mädchen von flämischem Blut,
ach, die küssen so gut.
Für ein Kommißbrot und einen Franc
küssen sie stundenlang."

Wir gingen über die Halenseer Brücke ins „Elfenschloß" oder in die „Rote Mühle", um unsere ersten Tanzschritte zu wagen. Und taten noch viele Dinge, die selten Spaß machten, aber den magischen Reiz des Verbotenen hatten.

„Kokain gefällig?" flüsterten Händler, den Kragen hochgeschlagen, auf den abendlichen Straßen. Die bis dahin in Berlin wenig bekannte Droge wurde gleich berolinisiert und hieß nun „Koks". Wollte man aus Neugier auch einmal koksen, bekam man für fünf Mark ein wie ein Arzneipülverchen verpacktes Etwas in einem Hausflur in die Hand gedrückt. Man schnupfte das weiße Zeug verstohlen. Oft verspürte man keinerlei Wirkung, weil das „Koks", das auch „Schnee" hieß, nur Kartoffelmehl oder Kalk war.

Solch offensichtlichen Schwindel durften sich die Verkäufer nur mit Greenhorns erlauben. An Stammkunden wagten sie höchstens dann und wann einmal die Droge mit irgendeiner billigen Zutat gestreckt zu verkaufen. Die vollkommenen Kokainisten wußten genau, wo sie gut bedient wurden. Ihnen wurde das Koksen bald unentbehrlich. Sie brachten für ihre Leidenschaft die größten Opfer und bezahlten sie mit wirtschaftlichem, körperlichem und seelischem Verfall. Viele Frauen und Mädchen, zumal aus der mondänen und demimondänen Welt, wurden damals Beute des Kokains.

„Schnee? Navy Cut? Kwatta-Schokolade?" offerierte mir ein Individuum an der Ecke Luther- und Motzstraße eines späten Abends. Er stellte mich nur auf die Probe, ob er mehr wagen dürfe. Ich schien vertrauenswürdig. „Nackttänze gefällig?" fragte er weiter.

„Weit von hier?" wollte ich wissen.

„Nur um die Ecke!" verhieß er, um den Kunden nicht zu verlieren. Ich mußte mit ihm zwei, drei Ecken kreuzen. Er tröstete mich: „Die Vorstellung beginnt sofort."

Vor einem Hause übergab er mich einem zweiten Mann, der scheinbar unbeteiligt auf- und abgeschritten war. Der Lotse entfernte sich ohne Gruß. Der andere sah sich erst nach allen Seiten um, ob er nicht beobachtet würde, dann öffnete er die Tür und ließ mich eintreten.

„Leise, bitte!" sagte er im Flüsterton. Auf Zehenspitzen stiegen wir zwei Treppen hinauf.

„Warten Sie eine Sekunde!" meinte er oben und klopfte an die Korridortür. Sie öffnete sich um einen Spalt und ließ meinen Geleitsmann ein. Mir war nicht ganz geheuer zumute. Ich war zugleich gespannt und ängstlich. Gespannt auf die versprochenen Nackttänze. Ängstlich, ob man mich nicht nur neppen würde. Was war zu tun, wenn ich drinnen einfach ausgeraubt würde? Obwohl ich nicht so aussah, als ob ich Reichtümer bei mir hätte.

Endlich öffnete sich wieder die Wohnungstür. Der Spanner von unten übergab mich einem Herrn. Es war ein Herr. Er trug ein Monokel, und man sah ihm an, daß er die Uniform noch nicht lange abgelegt hatte. Viel später erfuhr ich, daß es der Oberleutnant a. D. Seveloh war. Er begrüßte mich als Gentleman zu Gentleman. „Wenn Sie ablegen wollen . . ."

Aus einer Tür kam in einem abgetragenen Frack ein Kellner, der meinen Rock an einen Kleiderständer im Korridor hängte und mich in ein Zimmer geleitete – eine ausgeräumte Stube, in der Korbsessel und Stühle um drei oder vier Tische standen. Drum herum saßen biedere, solide aussehende Männer, die einander und mich, den Neuen, argwöhnisch ansahen. Immerhin hätte ja dieser oder jener als Polizist in Zivil plötzlich seine Blechmarke zeigen, den Laden hochgehen lassen und die Feststellung der Personalien vornehmen können. Man hörte zuweilen, daß es so etwas gab. Wer sich nicht ausweisen konnte, mußte mit zur Wache. Amtlich gesuchte Persönlichkeiten waren auf diese Weise entdeckt worden und ehrbare Männer in Verlegenheit geraten.

„Der Herr wünscht eine Flasche Sekt?" Der Kellner beugte sich zu mir herunter. Aha, jetzt würde der Nepp beginnen. Ich sah, daß an den anderen Tischen nur Wein getrunken wurde, und bestellte gleichfalls eine Flasche. Der Kellner mußte damit gerechnet haben. Er hatte seine Erfahrungen. Unter dem Frack zog er eine Flasche und ein Glas hervor, schenkte ein und kassierte zehn Mark. Bei Kempinski hätte sie eine Mark fünfzig gekostet. An Wein mangelte es damals nicht. Acht Mark fünfzig hatte das Unternehmen schon an mir verdient. Der Schlepper, der mich in der Lutherstraße animiert hatte, und der Spanner an der Haustür mochten damit reichlich bezahlt werden können. Und der Herr mit dem Monokel . . .?

Der stand plötzlich neben mir, riß von einem Block ein Zettelchen und sagte, das Entree koste zwanzig Mark. Der Oberleutnant a. D. verneigte sich, als er mein Pfund in die Westentasche schob: „Die Vorstellung beginnt sofort." Es war also ein korrekter Betrieb. Ich hatte gehört, daß man nicht überall so verfuhr. Waren die Getränke serviert und das Entree kassiert, ertönten plötzlich alarmierende Klingelzeichen, die Bediensteten stürzten herein: „Die Polente kommt!" und beförderten die Gäste über eine Hintertreppe ins Freie, ohne daß sie die Vorführungen gesehen hatten.

Das Licht erlosch. Die Tür zum nächsten Zimmer tat sich langsam auf. Irgendwo musizierte ein Grammophon eine schwermütige Melodie. Hinter einem durchsichtigen Gazevorhang stand auf einem kleinen Podium eine unbekleidete Frauengestalt. Zweifellos eine schöne Figur mit ausdrucksvollen Konturen. Dann stieg sie hernieder, umkreiste das Podium gemessenen Schritts, so daß man auch die Ebenmaße der Hinterfront bewundern konnte. Von Tanz war nicht die Rede, aber nackt und schön . . . Was versprochen war, wurde gehalten. Das Unternehmen Seveloh war teuer, Schwindel war es nicht.

„Donnerwetter, famoses Weib!" schwärmte es hinterher am Nebentisch. „Neulich", hörte ich, „war ich in so 'ner Bude in der Neuen Winterfeldstraße. Preise wie hier. Aber nich mal Musike gab's. Ein Mädel, das mit uns am Tisch gesessen hatte, zog plötzlich ihre Kledage aus und machte splitternackt Tango. Nich mal der Hals war gewaschen. In die hier hätte man mit Appetit reinbeißen können."

„Das wird wohl der Monokelfritze besorgen.“
„Nee, nich mal ’nen Knutschfleck hatte die.“
Die Gäste verließen befriedigt das Unternehmen. Oberleutnant Seveloh legte uns noch ans Herz, auf der Treppe leise zu sein und das Haus nicht gemeinsam zu verlassen.
Das war meine erste Begegnung mit Cäcilie Schmidt aus Rheidt, jener Stadt, die hernach mit Ehrenpforten und SA-Spalier den in ihr geborenen höchstbezahlten Leitartikler der Welt empfing, der jeden Samstag zehntausend Mark aus der Kasse des „Reich“ kassierte.
Doch Cäcilie Schmidt machte gleichfalls Karriere. Herr Seveloh kalkulierte: Eine nackte Schönheit ist gut. Mehrere nackte Schönheiten sind besser. Er träumte von einem Nacktballett – ungefähr um die Zeit, als er dem Verleger des „Reigen“ nähertrat, der auf Glanzpapier mit Druckerschwärze in größerer Auflage in verwandter Masche reiste. Die Revolution hatte auch die Zensur beseitigt. Man konnte jetzt nicht nur eine Lippe gegen die Regierung riskieren, man konnte auch für relativ billiges Geld in Zeitschriften unverhüllt zeigen, was sich Galerien in ihre Säle und Millionäre in ihre Villen als Tizians hängten. Daraus machte der Verleger Wilhelm Borngräber ein Abonnementsgeschäft. Er konnte sich bald eine Villa kaufen.
Auf handgeschöpftem Bütten wurden eines späten Abends prominente Liebhaber solcher Dinge in die Villa Borngräber geladen. Es gab Champagner, und Borngräber konferierte: „Ich rechne es mir zur Ehre an, heute meinen verehrten Gästen etwas zeigen zu dürfen, was in Berlin bislang noch nie gezeigt worden ist: das Ballett Celly de Rheydt.“
Die wir nicht dabei waren, sahen Bilder des Balletts in der nächsten Nummer des „Reigen“. Es bestand aus drei Köpfen. Neben Cäcilie hüpften nun zwei junge Damen

hinter einem Gazeschleier in der Villa Borngräber. Obszön hatte Celly schon in der Motzstraße, als sie noch Cäcilie hieß, nicht gewirkt. Der Text zu den Bildern im „Reigen“ sagte dann auch, daß die Vorführungen zweifellos ein ästhetischer Genuß gewesen seien. Um diese Zeit hatte das Unternehmen in der zweiten Etage der Motzstraße zu bestehen aufgehört. Solche Stuben-Schaustellungen hatten ihre Attraktion verloren. Die Besucher hatten das Gefühl, nicht mehr recht auf ihre Kosten zu kommen. Wer hinaufstieg zu den Damen, die etwa in der Markgrafen- und Puttkamerstraße lächelnd und winkend in den Fenstern lagen – „Fensterklappen“ hießen polizeitechnisch diese Unternehmungen —, bekam für viel weniger Geld Reelleres. Den Berlin besuchenden Provinzlern imponierten die sogenannten Nackttänze in heimlichen Stuben mit Schlepper- und Spannerorganisation, wobei man sich unbequemen Polizeieingriffen aussetzte, erst recht nicht. Literarisch beschlagene Leute wußten schon aus Otto Julius Bierbaums „Prinz Kuckuck“, was in Hamburg in der Schwieger- und Ulricusstraße zu jeder Tages- und Nachtzeit ganz offiziell zu haben war. In Berlin gab es keine kasernierte Prostitution. Auch als Berlins Bevölkerung durch die Industrialisierung rapide anwuchs und zum Schutze der bürgerlichen Frauen und Mädchen die Einrichtung von Bordellen befürwortet wurde, hatte Kaiserin Auguste Viktoria „nein“ gesagt, nachdem sie vom Hofprediger Stöcker aufgeklärt worden war.

Der Oberleutnant Seveloh war auch nicht ohne Bildung und Geschmack, und weder ihm noch Cäcilie hatte das peinliche Stubenmilieu behagt. Cäcilie stammte aus gutem Bürgerhaus. Sie hatte das Lyzeum besucht und künstlerische Ambitionen gehabt. Der Oberleutnant hatte sie kennengelernt, als er nach einer Verwundung Garnisondienst tat. Bei Kriegsende war sie dem netten Mann nach Berlin gefolgt. Bürgerliche Arbeit lag dem gewesenen Offizier freilich nicht. Als das Paar ohne Mittel dasaß, entdeckte Seveloh, daß sich in Berlin auch ohne Arbeit Geld verdienen ließ. Es fiel nicht allzu schwer, Cäcilie für die Nacktvorführungen zu gewinnen, zumal er sie damit lockte, daß sie ihren höherstrebenden Neigungen Rechnung tragen würden. Das Geschäft schlug ein. Man konnte ein gutes Leben führen. Es langte immer zu schönen Kleidern, zu Pelzen, Sekt und leider auch zu Kokain. Den ersten Tanz, den Cäcilie hinter der Gaze in der Motzstraße tanzte, nannte sie „Morphium" . . .

In einer Nacht war Wilhelm Borngräber, der „Reigen"-Verleger, dem Spanner in die zweite Etage der Motzstraße gefolgt. Nach der „Vorstellung" blieb er da, lud die „gnädige Frau" und Seveloh zu einem Glase ein und bedauerte, daß soviel Schönheit in einem . . . hm . . . so wenig angemessenen Milieu dargeboten würde. Ob er einmal Aufnahmen von der gnädigen Frau für seine Zeitschrift machen dürfe?

„Darüber läßt sich reden", meinte Seveloh, und Cäcilie sprach von ihren höheren Absichten.

„Meine Frau denkt an die Bühne, an den Film", ergänzte der Oberleutnant.

„Da könnte Ihnen der ‚Reigen' durchaus die Wege ebnen. Verfügen Sie über mich . . . Sie müßten sich einen klangvollen Namen geben."

So wurde die Firma Celly de Rheydt geboren und die Idee des „Balletts" auf die Beine gestellt. Seveloh sorgte für Tänzerinnen. Er verstand sich auf nicht alltäglich aussehende Frauen. Eine hieß Dina Sönten, und in einem Laden der Geisbergstraße wurde Fräulein Lotte entdeckt.

Oberleutnant a. D. Seveloh nahm einen Mokka im „Café Kutschera“ neben dem Kino am Kurfürstendamm. An seinem Tisch blätterten zwei Gäste in dem neuen Heft des „Reigen“, verweilten bei den Bildern des Balletts. „Hübsche Gestalten“, lobte der eine.

„Wie kommt man zu einer Einladung bei Borngräber?“ fragte der andere.

Über seinen Mokka hinweg blickte Seveloh auf den Kurfürstendamm. Wenn gerade keine Straßenbahn vorbeischepperte, sah man direkt auf das Portal des Nelsontheaters auf der anderen Straßenseite. „Letzte Vorstellungen vor den Ferien“, kündigte ein Transparent an. „Nur noch vierzehn Tage die Revue ‚Bitte zahlen‘ von Theobald Tiger und Rudolf Nelson.“

„Bitte zahlen!“ befahl auch Oberleutnant Seveloh, nahm den Hut und überquerte mit seinen kleinen, kurzen Schritten den Kurfürstendamm. Er hatte eine Idee.

Direktor Nelson saß in seinem winzigen Büro und ließ sich auch gleich sprechen.

„Ich las draußen, daß Sie Ferien machen, Herr Direktor.“

„Wohlverdiente Ferien. Ich habe eine schwere Saison hinter mir“, seufzte Nelson.

„Es war doch jeden Abend ausverkauft. Der Logenplatz zu zwanzig Mark!“ lächelte Seveloh.

„Toi, toi, toi!“ Direktor Nelson klopfte dreimal mit dem Knöchel auf die Tischplatte.

„Und am Kurfürstendamm wollen Sie über den Sommer gar kein Geld verdienen?“

Seveloh wußte, daß Nelson leidenschaftlicher Spieler war. Jede Nacht zog er mit Freunden und Künstlern seines Ensembles in seine Wohnung – zu einem Spielchen. Zuweilen verloren die Künstler ihre Gagen an den Chef. Aber er verlor auch.

„Ich werde einige Kabarettabende an der See geben. Die Ostseebäder, Westerland, Scheveningen warten auf uns. Die sommerlichen Gastspiele von Mitgliedern des Nelson-Ensembles sind Tradition."

„Ich wundere mich trotzdem, daß Sie im Sommer Ihr schönes Theater leerstehen lassen. Sie könnten es doch für Gastspiele abgeben."

„Mann Gottes, wen soll ich hereinnehmen? Theatergeschäft im Sommer ist nicht einfach. Die Gastspiele müssen allererster Klasse sein. Der Ruf meines Hauses verpflichtet. Ich kann es mir nicht leisten, ihn zerstören zu lassen."

„Ich wüßte etwas, das Kasse macht und künstlerisch anerkannt ist."

„Das wäre?"

Seveloh schob das Heft des „Reigen" über den Schreibtisch. Die Seiten mit den Bildern seines Balletts schlug er auf.

„Ein Nacktballett? Nein, mein Herr. Schweinereien kann ich nicht gebrauchen."

Der Direktor erhob sich. Sein Napoleonsprofil versteinerte. Seveloh blieb sitzen.

„Das Ballett Celly de Rheydt ist keine Cochonnerie. Es bietet Schönheit und Kunst."

„Nackte Frauen ... Ich kann meine Konzession nicht aufs Spiel setzen."

„Das Ballett braucht ja nicht ganz nackt zu tanzen. Die Hüften lassen sich bedecken. Es gibt noch genug zu sehen, was zieht. Wenn Sie das Ballett in Ihr Haus nehmen, wird man Ihnen die Einnahmen per Güterwagen an die See nachschicken müssen, Herr Direktor!"

„Ich kann mein Theater nicht zum Bordell werden lassen."

Seveloh zog mit einem saftigen Korbe ab.

In der Nacht, zwischen zwei Spielen, erzählte Rudolf Nelson seinen Kartenfreunden von dem Besuch. „Ich habe den Herrn natürlich hinauskomplimentiert.“

Otto Bellmann wiegte den Kopf hin und her. „Ich könnte mir denken, daß so etwas in künstlerisch geadelter Form ... Rudi, das wäre zu überlegen.“ Otto Bellmann war einer der ältesten Freunde des Hauses. Er hatte schon bei Nelson konferiert, als der noch „Chat noir“ in der Friedrichstraße hatte. Nelson hatte ihn als ganz junger Mann zum Tingeltangel in der Dresdener Straße begleitet und war von Paul Schneider-Duncker als Hauskomponist und Pianist an den „Roland von Berlin“ engagiert worden. Das war im ersten Jahrzehnt des Jahrhunderts gewesen. 1901 hatte der Freiherr von Wolzogen das erste Kabarett, das „Überbrettl“, in Berlin gegründet und war gescheitert. Paul Schneider-Duncker zog die Sache anders auf. Bei ihm saß man nicht wie bei Wolzogen im Parkett, sondern an gedeckten Tischen und schlürfte Sekt. Das Publikum kam in Frack und Abendkleidern. Wolzogens literarische Note war verblaßt zugunsten pikanter Chansons:

„Erst kamen die Blusen, die Kleider,
und dann die Jupons voller Plis,
und dann – dann kam sie ...“

Die Melodien Rudolf Nelsons hatten Esprit. Sie waren mit gallischer Eleganz geimpft und kreuzten sich mit deutscher Melodik, pikant harmonisiert. Den Komponisten am Klavier zu hören, war Genuß für sich: samtweicher Anschlag von stählerner Intensität.

Es war unvermeidlich, daß Nelson nur zu bald auf die Idee kam, sein Name und sein Können seien schon attraktiv genug, ein Unternehmen allein zu tragen. Er machte

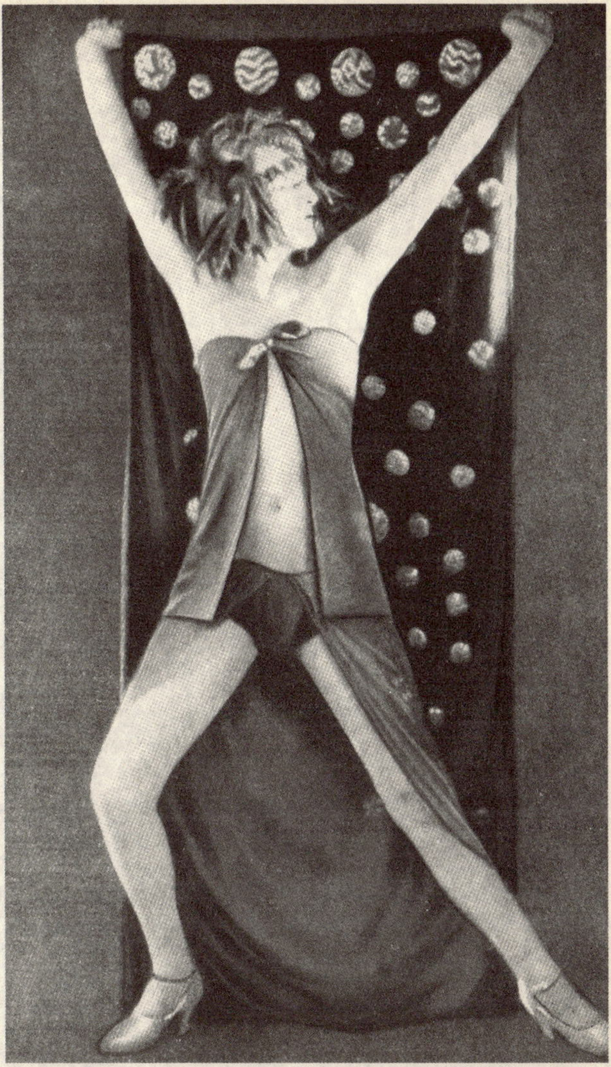

Anita Berber

Celly de Rheydt

sich selbständig – unmittelbar im Herzen der Friedrichstadt. Nahe Unter den Linden, Ecke Friedrich- und Behrenstraße, pachtete er den ersten Stock unter „Castans Panoptikum", einen langen, fast schmalen Raum für etwa hundertachtzig Personen, und eröffnete sein eigenes Kabarett – man schrieb damals noch Cabaret –, das er nach der von Rodolphe Salis in Paris gegründeten Urzelle des Kabaretts „Chat noir" nannte.

Nach dem Ausbruch des ersten Weltkrieges schämte sich die Vergnügungswelt, daß so viele Häuser geglaubt hatten, nicht ohne englische oder französische Firmen auskommen zu können. Das große Café am Potsdamer Platz taufte sich nun von „Piccadilly" in „Vaterland" um, und aus „Chat noir" wurde der „Schwarze Kater". Um diese Zeit etwa zog Nelson quer über die Behrenstraße in einen größeren Parterresaal im Hause des Metropoltheaters. Danach erfaßte auch ihn der Zug nach dem Westen, womit immer mehr der Kurfürstendamm gemeint war. Ecke Kurfürstendamm und Fasanenstraße lag das „Sanssouci", ein elegantes Weinrestaurant, in das der Berliner Romancier Arthur Landsberger einmal zum Empfang des skandinavischen Literarhistorikers Georg Brandes die literarische Welt zu einem Brandes-Bankett geladen hatte. Aus „Sanssouci" machte Nelson das Nelsontheater.

Um das Parkett zogen sich Logen wie auch oben um den Rang. Der Reigen der von einem Conférencier umrahmten Chansonfolge wurde zu Kammerspielrevuen erweitert, für die Nelson gute Autoren zu gewinnen wußte. Nach dem Kriege hatte sich der Mann mit den fünf P. S., Kurt Tucholsky, Theobald Tiger, Peter Panter, Ignaz Wrobel, Kaspar Hauser, zu einem Begriff entwickelt. Seine Beiträge waren mit ihrer federnden Pointierung neben denen des Herausgebers S. J. der Magnet der „Weltbühne" geworden. Dr. Tucholsky hatte, aus dem Felde heimgekehrt, eine satirische Wochenbeilage des „Berliner Tageblatts", den „Ulk", redigiert und politische Feuilletons in der „Freiheit", der Tageszeitung der Unabhängigen Sozialdemokraten, geschrieben. Nelsons oft bewährter Spürsinn für Talente und sein Wille zur Qualität wußten auch Tucholsky für die Autorschaft seiner Revuen „Madame Revue" und „Bitte zahlen" zu gewinnen. „Bitte zahlen" war nicht nur eine Anspielung auf den Berliner Nepp, sondern darüber hinaus auf die deutschen Zahlungsverpflichtungen gegenüber dem Sieger Frankreich, die in Gold geleistet werden mußten und die deutsche Währung unerbittlich herunterdrückten.

Die stärkste Kraft des Ensembles war schon vom „Chat noir" her Nelsons Gattin selbst: Käthe Erlholz. Sie sang mit weichem Sopran, der auch die Berliner Schnoddrigkeit zu adeln wußte, wenn sie als große Dame in den Spreejargon glitt:

„Fang nie was mit Verwandtschaft an,
denn das geht schief, denn das geht schief . . ."

Wie verstand man das am Kurfürstendamm! Man war ja eine Familie . . . Reiste man nicht an die See, verbrachte man den Sommer in Bayern. Das gab Reminiszenzen, wenn der lächelnde Mund der Erlholz sang:

„Zieh dir dein Dirndl an
aus Tegernsee,
daß ich dich küssen kann
im grünen Klee.
Ja, so ein Dirndlkleid
ist so bequem.
Das sitzt dir vornerum,
das sitzt dir hintenrum,
das sitzt dir überall bequem."

Organ und Vortrag der Erlholz, ihre graziös wegwerfenden Bewegungen, die Texte Tucholskys, der bei allem Weltbürgertum echtester Berliner war, Nelsons Vertonung und sein meisterliches Klavierspiel, das auf dem Hintergrund des Orchesterchens im Scheinwerferlicht zu dominieren wußte – das gab ein kabarettistisches Gesamtkunstwerk, wie es in dieser Art einzig blieb. „Ich habe nie wieder einen Komponisten getroffen, der so auf meine Intentionen einzugehen verstand wie Rudolf Nelson!" schwärmte Tucholsky noch Jahre später.

Und in sein Juwel von Theaterchen sollte ein Nacktballett einziehen? „Nein, lieber Bellmann, das kann ich mir nicht vorstellen", wehrte Nelson in jener nächtlichen Runde ab. Doch Otto Bellmann hatte eine Schwäche für das Erotische und ließ nicht locker. Auch andere Lebemänner waren um den Spieltisch versammelt. Man riet Nelson, sich das Ballett Celly de Rheydt doch bei einer Probevorführung anzusehen. Nelson plante, sich die Ausstattung seiner nächsten Revue im Herbst etwas kosten zu lassen. Eine gute Sommereinnahme in der Zeit, in der er an der See tingelte, konnte nichts schaden ...

Die Probeaufführung fand statt. Das Resultat war ein Vertrag für das Ballett auf einen Monat. Infolge der guten Einnahmen wurde er auf weitere Monate verlängert. Eine lange Autoschlange parkte nun jeden Abend vor dem Nelsontheater, bis die Proben für die Herbstrevue wieder begannen.

Oberleutnant Seveloh konnte es sich nun leisten, mit Celly ein Appartement im Eden zu beziehen, aus dem die Garde-Kavallerie-Schützen-Division längst ausgezogen war. Doch als das Gastspiel bei Nelson zu Ende ging, geriet er in Gelddruck. Kein anderer Unternehmer fand sich, der einen neuen Vertrag angeboten hätte. Erst im Spätherbst meldete sich ein heller Kopf, der aus dem alten Volkslokal von Buggenhagen am Moritzplatz, vor den Toren des Ostens, ein Varieté gemacht, es mit einem Gastspiel des großen Volkssängers Otto Reutter eröffnet hatte und nun eine neue Zugkraft brauchte. Er schloß mit Seveloh ab. Nun fuhren jeden Abend Autos aus dem Westen am Moritzplatz vor, und auch die Kleinbürger aus der Nachbarschaft hatten ihre Freude daran. Da der Direktor ebenfalls am „Schwarzen Kater" in der Friedrichstraße beteiligt war, ließ er das Ballett am 1. Dezember dorthin übersiedeln. Die Inflation war inzwischen bergan gestiegen. Im Ausland sprach es sich herum, wie billig man sich für die heimische Währung in Deutschland amüsieren konnte. Holländische Arbeitergesangvereine, schwedische Lehrerklubs, tschechische Handwerkervereine machten eine Spritztour nach Berlin.

Wo verbrachten sie den Abend? Im „Schwarzen Kater", dessen Programm jeweils mit dem Ballett Celly de Rheydt schloß. Dazu kam ein Ereignis, das ihm neue Werbekraft verlieh: die Staatsanwaltschaft hatte Anklage wegen Verletzung der Sittlichkeit erhoben. Anfangs hatte das Ballett im Nelsontheater noch mit unbedeckten Brüsten getanzt. Die Theaterpolizei fand das unsittlich und erstattete Anzeige gegen Seveloh und Celly. Die Staatsanwaltschaft eröffnete das Verfahren. Ein Verbot des Balletts erfolgte nicht, weil Seveloh nun mit einer Art von Busenschützern tanzen ließ. Der Prozeß fand im Winter statt; er endete mit Geldstrafen von je fünfzehnhundert Mark für Seveloh und Celly. Als die Summen nach langer Zeit zwangsweise eingetrieben wurden, war die Inflation stürmisch weiter gestiegen. Seveloh konnte die Summen aus der Westentasche zahlen.

Er erhielt auch Konkurrenz Da gab es Herrn Theo

Oppermann. Er hatte davon gelebt, daß er bei Vereinsvergnügen billig das Recht erwarb, Tombolen zu veranstalten. Theo Oppermann dachte: Wo ein Nacktballett reussiert, kann auch ein zweites leben. Er attachierte sich eine hübsche, schlanke, blonde Tänzerin mit ein paar netten Mädchen. Seine Freundin nannte er Salome. Tanzte Celly „Morphium", so tanzte das Salomeballett, wie es firmierte, „Opium". Ein Scheich und seine Odalisken hüpften um eine Opiumpfeife herum. Zweiter Aufguß des Vorbilds. Der „Schwarze Kater" legte sich vis-à-vis an der anderen Ecke der Friedrichstraße im ersten Stock, wo es auch das Passagepanoptikum gab, eine Filiale zu: die „Weiße Maus". Sie eröffnete mit dem Salomeballett. Das Geschäft blühte hier wie dort.

Auch seriöse Bühnen nutzten auf literarische Art die Anziehungskraft des Nackten. Dr. Eugen Robert, vormals Theaterkritiker in Budapest, hatte in Berlin das Hebbeltheater gegründet, das er nicht halten konnte, und war auf mancherlei Umwegen, die auch über die Direktion der jungen Münchener Kammerspiele führten, in dem kleinen Experimentiertheater „Die Tribüne" neben dem „Knie" in Charlottenburg gelandet. Er inszenierte dort Frank Wedekinds „Franziska". In der Aufführung glitt auch eine nackte Frau über die Bühne, die schlanke Tschechin Olga Wojan, die sich das Leben nahm, als sie den Romancier und Essayisten Otto Flake unglücklich liebte. Die Mode der Nackteinlagen war reif geworden für ein Chanson von Theobald Tiger. Die junge Trude Hesterberg legte es auf die Bretter von „Schall und Rauch":

„Trag du als Iphigenie
Dessous, jedoch recht wenige.
Zieh dich aus, Petronella, zieh dich aus!

Denn du darfst nicht larmoyant sein,
denn nur so wirst du bekannt sein.
Und es jubelt bald das ganze Haus:
Zieh dich aus, Petronella, zieh dich aus."

Einmal waren wir mit Celly und ihrer Konkurrentin ausgegangen und früh in der „Flotte" gelandet, einem erst tief in der Nacht florierenden Lokal in der Flottwellstraße. Nachtvögel frequentierten es, wenn sie keine andere Bleibe mehr fanden, wo es etwas zu trinken gab. Kellner der Nachtlokale verkehrten hier nach ihrem Feierabend, und nicht gerade das beste Volk ließ sich blicken. Es war schon heller Vormittag, als wir wieder auf die Straße traten, die Herren übernächtigt, die Damen im Pelz und sehr geschminkt. Zwei Arbeiterfrauen gingen vorüber und wiesen mit Fingern auf uns: „Da geht der Abschaum der Menschheit."

So verworfen fühlten wir uns gar nicht. Salome und Celly waren gewiß keine großen Künstlerinnen, aber sie waren auch nicht obszön. Als sich die Beziehungen zwischen dem Oberleutnant Seveloh und Celly lösten, fand sie in dem gutmütigen Direktor Dr. Rosner vom Wiener Ronachertheater einen gütigen Ehemann, und als ich sie in den dreißiger Jahren in Wien wiedersah, war sie eine schlichte Bürgerin geworden.

Auch nach ihrem Abgang aus Sevelohs Ballett nutzte er die Firma Celly de Rheydt weiter. Ersatz für Celly waren zwei nordische Tänzerinnen, Iven und Karin Andersen. Jahre später verlor ein Hauptmann a. D. Göring sein Herz an Iven.

Ich sah das Paar des öfteren abends in der Majowskibar in der Meineckestraße, dicht am Kurfürstendamm.

„Majowski, ich kann heute nicht zahlen!" sagte der Hauptmann.

„Das macht doch nichts, Herr Hauptmann. Wenn Sie so gütig sein wollen, nur die Rechnung zu unterschreiben! Sie zahlen, wann es Ihnen bequem ist."

Der Hauptmann schrieb seinen Namen unter fünfundzwanzig Mark Zeche. „Heben Sie den Wisch auf. Der wird Ihnen einmal gut honoriert!"

„Wie Sie meinen, Herr Hauptmann", sagte Majowski.

Iven kramte einen Taler Trinkgeld aus ihrem Handtäschchen für den Ober. Dann schleppte sie Hermann Göring ab. Man hauste irgendwo in einem Zimmer am Kaiserdamm.

Andern Mittags hatte Iven es schwer, ihren Freund wach zu kriegen. Das Telephon hatte geklingelt.

„Hermann, steh auf! Adolf ist am Apparat."

Auch dieses Paar ging auseinander.

Als der Freund aus der Majowskibar schon General und Ministerpräsident war, ersuchte Iven um eine Audienz. Sie wurde gewährt. Der Ministerpräsident schenkte ihr tausend Mark an Zinsen der von ihr vorgeschossenen Trinkgelder in der Majowskibar.

Im Keller und im ersten Stock 3

„Sie müssen mal eine Skizze über die diversen Kellerlokale schreiben, die in der Inflationszeit so Mode waren. Sehen Sie nach, was aus ihnen geworden ist. Wer verkehrt dort jetzt? Wie sieht's da aus?" sagte der Ressortchef und äugte mich über die Hornbrille an.

Kellerlokale hatten wir ehedem drei Sorten. Erster Klasse war zum Beispiel der Niquetkeller dicht am Molkenmarkt. Dort aß man gut, die Börse verkehrte dort und die Prominenz aus der Redaktion der Vossischen Zeitung, als sie sich noch „Königlich privilegierte Vossische Zeitung von Staats- und gelehrten Sachen" nannte, noch in der Breiten Straße residierte und noch nicht von den Brüdern Ullstein aufgekauft war. Klassisch waren der Keller von Lutter & Wegner dicht am vormals Königlichen Schauspielhaus, der Keller unter dem Deutschen Theater, in dem das Publikum Max Reinhardts in der Pause belegte Brötchen aß und nach der Vorstellung Paul Wegner in Zivil beim Wein sehen konnte, während die Künstler des Hebbeltheaters in einem Bierkeller der nahen Großgörschenstraße ihre Strindberg-Erfolge feierten.

Klasse zwei waren die Kellerlokale für den kleinen Mittelstand, von denen sich auch in den besseren Vierteln einige fanden. Und dann gab es ... nun, es gab den Linienkeller I und den Linienkeller II in der Linienstraße, in der Borsigstraße den Borsigkeller des „Hundegustav", wie der

Zeichnung von Simmel 1920: Vornehme Gäste in der Kaschemme

Die Dame aus dem Westen: Sieh mal an, Hugdietrich, hier tanzen sie auch Schieber!

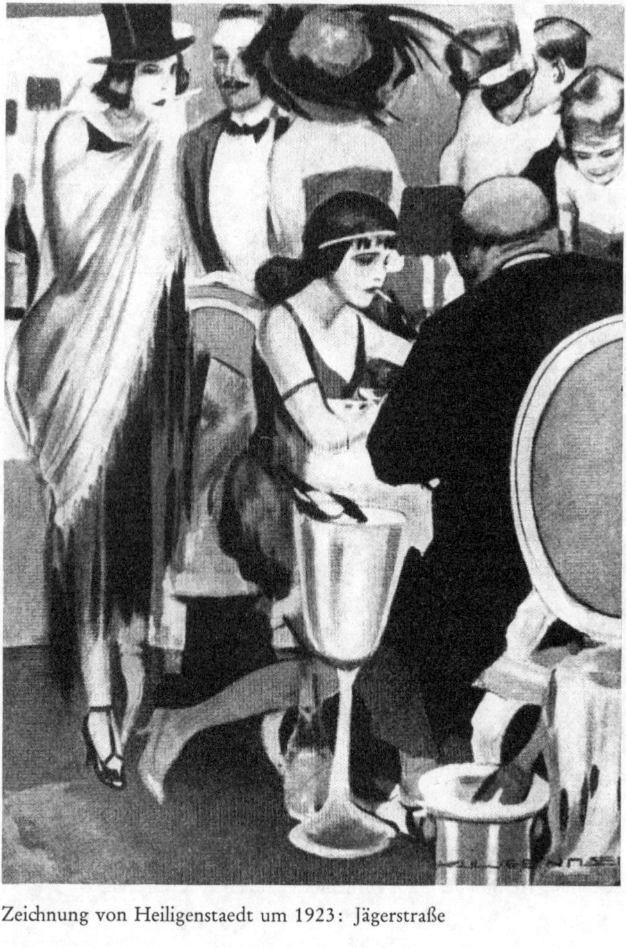

Zeichnung von Heiligenstaedt um 1923: Jägerstraße

„Wie rührend, der Dicke aus der Schweiz
macht meiner Schwester die französischen Schularbeiten."

Wirt hieß, weil er einmal Hundefänger gewesen war und von ihm die Sage ging, daß er überhaupt nur Hundefleisch esse. Es gab den Toppkeller in der Schwerinstraße, die Kaschemme von Rheese in der Neuen Schönhauser Straße, wo am Vormittag die Prostituierten der vorletzten Klasse feierten, wenn die polizeiärztliche Kontrolle bei der Sittenpolizei, der sie sich jede Woche zweimal unterwerfen mußten, gut abgelaufen war.

Eine besondere Konjunktur hatten die Keller in der Inflation erlebt. Bei ihnen wurde die Sperrstunde nicht so genau genommen. Diese Lokale wurden amtlich toleriert, weil die Polizei glaubte, das hier verkehrende „Publikum" auf solche Weise besser kontrollieren zu können. Sie waren aber auch für bessere Nachtschwärmer Gelegenheit, sich noch einen unter die Weste zu schütten, wenn die regulären Lokale längst dicht gemacht hatten. Man goutierte es, mit der Halb- und Unterwelt Ärmel zu reiben, um den Kitzel des gefährlichen Lebens zu spüren, der in der Berührung mit einer scheinbar anderen Welt entsteht.

Ich begann die mir aufgetragene Streife im Toppkeller - und dabei blieb es – in der Schwerinstraße, unweit Nollendorfplatz und Bülowbogen, wie der Durchgang unter der Hochbahn am Bahnhof Bülowstraße hieß, über den die Züge hinwegdonnerten. Zum Toppkeller mußte man durch einen langen, finsteren Toreingang. Ich war an diesem Abend der einzige Gast.

„Nicht viel los heute?" wagte ich nach einem zweiten Steinhäger den stämmigen Wirt zu fragen.

„Was soll denn los sein?" meinte er mürrisch.

„Ich meine . . . Können Sie denn von dem Umsatz leben? Er scheint ja nicht gerade groß zu sein?"

Der Wirt zeigte auf eine schwarze Tafel gegenüber der Theke, an der mit Kreide geschrieben stand:

Lotterie-Verein „Pyramide"
Spar-Verein „Festes Geld"

„Wenn Ihnen das nicht genügt ... Machen Sie doch selbst hier Betrieb", brummte der Wirt.

Wir kamen ins Gespräch. Er erzählte mir, wie sein Lokal nach der Stabilisierung der Währung solider und ruhiger geworden sei. Nun sei eben gar nichts mehr los.

Draußen ging mir die Sache durch den Kopf. Ich fuhr in die Jägerstraße, wo Elow sein „Kabarett der Namenlosen" machte. Das war eine gelungene Spekulation auf die ewige Lust der Berliner am Spott über Dilettantismus. Er stellte bühnenlüsterne junge Leute aufs Brettl, die sich ahnungslos lächerlich machen mußten. Das abendliche Publikum der Jägerstraße geizte nicht mit ironischem Beifall. Die Dilettanten lernten bald, ihn, übertreibend, noch mehr herauszufordern. Der und jener erlangte Virtuosität darin und machte Karriere ans professionelle Brettl. Eine hat es sogar zu einem Dauerengagement bei Theo Prosels „Simpl" in München gebracht, als Prosel noch der Erbe der Kati Kobus war.

„Möchten Sie nicht so ein Kabarett im Toppkeller in der Schwerinstraße machen?" fragte ich Elow in der Pause. Ich hatte die Atmosphäre des Toppkellers attraktiv gefunden. Aber Elow zeigte sich nicht interessiert. Sein „Kabarett der Namenlosen" ging ihm gut genug.

Ich fuhr nach dem Westen zurück, das heißt, wie immer zumeist ins „Romanische". Da saß mein Freund Rolli Gero, der Bruder Dinah Nelkens, ein begabter Reklamezeichner. Bei ihm verfing meine Propaganda. Eine Stunde später standen Rolli und ich an der Theke des Toppkellers.

„Heute in vierzehn Tagen – das ist ein Freitag und noch dazu ein Dreizehnter – eröffnen wir", war Rolli nach einigen weiteren Schnäpsen entschlossen.

Das war die Geburtsstunde des „Kabaretts der Unmöglichen"; den Namen hielt ich im Hinblick auf alle eventuellen Kritiken meiner Kollegen von der Presse für richtig. Schlimmstenfalls sollten sie sagen: Die sind wirklich unmöglich.

Alle Auftretenden waren reine Amateure. Sie wirkten anonym mit. Pünktlich am Dreizehnten eröffneten wir. Geld für Inserate hatten wir natürlich nicht. Inserate wären auch nicht originell gewesen. Zur Reklame und als Attraktion stellten wir einen offenen Leiterwagen an die Gedächtniskirche, mit dem eventuelle Besucher umsonst in die Schwerinstraße gefahren werden konnten. Der Wirt hatte sich bereit erklärt, den Wagen „auf Verdacht" zu stellen. Die Kosten sollten später von unserem erhofften Anteil am Mehrumsatz abgezogen werden. Primitiv auf einem ordinären Leiterwagen über die Tauentzienstraße und den Wittenbergplatz ins Dunkle der Schwerinstraße zu fahren, das mußte nach dem Geschmack der snobistischen Kurfürstendammler sein – so dachten, so hofften wir.

Stundenlang vor der festgesetzten Zeit standen wir geschminkt und kostümiert auf der selbstgezimmerten winzigen Bühne im Sälchen des Toppkellers und lugten durch den Vorhang. Ein paar Unentwegte aus dem „Romanischen" saßen schon an den Tischen. Als wir begannen, war der Saal keineswegs überfüllt, aber immerhin gut besetzt. Wir bildeten uns ein, einen Erfolg für uns buchen zu können.

Doch am zweiten Abend schien niemand zu kommen. Ein Gast erzählte uns, vor dem Haustor in der Schwerinstraße ständen finstere Gestalten und erklärten, der „Topp" sei proppenvoll. Wir nahmen anfangs kein Entree. Nur gegen Bezahlung aber wollten die Finsteren die Gäste in den Zuschauerraum lassen.

Ich sprach mit dem Wirt. Behutsam erklärte er mir, die Herren draußen seien Angehörige des zuständigen Ringvereins. Sie seien gewohnt mitzuverdienen. Ob ich sie vielleicht sprechen wolle? Ich wollte, ich mußte die Sache in Ordnung bringen. Die „Unmöglichen" standen auf dem Spiel. Also machte ich mich zu einer benachbarten Budicke auf. Sie war das Vereinslokal von „Glaube, Liebe, Hoffnung". So hieß der zuständige „Ringverein" in dieser Gegend.

Biedere Männer mit und ohne Bauch standen an der Theke herum, rauchten, tranken und unterhielten sich. Ihr Vorsitzender hieß Knatter. Der verhandelte mit mir. Es hörte sich ganz harmlos an. Hin und wieder kam von der Straße ein Mädchen ins Lokal, hatte mit einem der Männer in einer Ecke etwas zu besprechen und verschwand wieder, ohne Aufsehen zu erregen. Mädchen dieser Art stellten sozusagen das laufende Einkommen der Mitglieder dar.

Ich weiß heute noch nicht, ob der Begriff „Ringverein" etwas damit zu tun hatte, daß viele der Mitglieder einmal Ringkämpfer gewesen waren oder daß alle diese Vereine zusammen einen Ring bildeten. Es hieß, ein ungeschriebenes Gesetz bestimme, daß jeder etwas auf dem Kerbholz haben, daß er Knast geschoben haben müsse, ehe er überhaupt Mitglied werden könne. Buchstäblich so war es nicht, aber in der Praxis hatten die meisten Mitglieder irgendwie mit der bürgerlichen Ordnung karamboliert, sei es durch Veranlagung, Abneigung gegen geregelte Arbeit oder schlechte Gesellschaft, empfanden aber am Rande der Gesellschaft doch die Sehnsucht nach einem Anschluß, einer Anlehnung, nach Gemeinsamkeiten.

In der Öffentlichkeit hießen die Ringvereine „Unterweltvereine". Aktive Berufsverbrecher gehörten ihnen nicht an. Es war bei ihnen auch Satzung, daß derjenige austreten mußte, der vorhatte, ein Ding zu drehen. Einen geregelten Beruf pflegten die ordentlichen Mitglieder kaum auszuüben, wenn man nicht als solchen die Kunst verstand, eben ohne Beruf seinen Lebensunterhalt zu verdienen, ohne sichtbar mit den Behörden in Konflikt zu geraten. Ein großer Teil von ihnen wurde von den Mädchen ernährt – zumeist älteren Semestern, wie ja auch die Ringleute selbst schon den ersten Lenz hinter sich zu haben pflegten. Die Damen wie die Herren waren alle von Erfahrungen reichlich angenagt. Viele suchten ihr Einkommen auf der Rennbahn zu verbessern. Was ihnen ihre Mädchen zusteckten, legten sie in Wetten an. Die Rennen in Karlshorst begannen ja erst am Nachmittag, gerade zur rechten Zeit, wenn sich die Herren aus den „Buntkarierten“ erhoben und in Schale geworfen hatten. Nahezu jeden Tag fanden in Karlshorst, auf der Grunewaldbahn, in Mariendorf Rennen statt. Mit Vorliebe setzte man auch auf Pferde in Frankreich oder an der Riviera und kannte sich gut aus, welcher „Zosse“ dort Chancen hatte. Die Abende und Nächte verbrachte man in den Ringlokalen. In der Inflation bot der Rauchgifthandel, der Dienst als Spanner oder Schlepper Nebenverdienste. Aber tägliche berufsmäßige Arbeit – nicht in die Tüte!

Unvermeidlich, daß man gelegentlich doch einmal mit den Gesetzen in Konflikt kam. Dann kümmerte sich der Ringverein um die Braut oder die Familie und stellte in der Person des Rechtsanwalts Dr. Dr. Erich Frey den tüchtigen Verteidiger, im Bedarfsfall auch notwendige „Zeugen“. Sogar einen Literatur- und Presseberater hatte das Kartell der Ringvereine in der Person des Romanschriftstellers Dr. Artur Landsberger. Landsberger stammte aus einem gutbürgerlichen Hause des alten Westens. Seine Romane erschienen bei Georg Müller in München, der ihm ein ansehnliches monatliches Fixum zahlte. „Der Erfolg dieses Kitsches ermöglicht es mir, viel für die Literatur zu tun", erzählte Georg Müller oft. Früh verlobte sich Artur Landsberger mit der Tochter Dolly des Großwarenhausbesitzers Wolf Wertheim und dessen Frau, die unter dem Pseudonym Truth selbst Romane aus der Berliner Gesellschaft geschrieben hatte. Die Verlobung ging in die Brüche. Dolly stürzte sich aus dem Fenster, wurde aber von einer Tanne aufgefangen, die noch von Weihnachten her im Hofe stand. „Ein Gott ließ eine Tanne wachsen, um mein Kind zu retten", vertraute Frau Truth einem Reporter an.

Landsbergers kritisches Auge für die Schwächen der Gesellschaft von Berlin W mochte ihn auch zu Studien auf der Gegenseite geführt haben. So kam er in Fühlung mit den Ringvereinen, die sich von ihm in ihrem „public relations" beraten ließen. Als mit dem Tode seines Verlegers Georg Müller auch der Absatz seiner Bücher nachließ, setzten ihm die Brüder Ullstein, mit denen er verwandt war, eine Rente aus. Dafür hatte er jede Woche in der „B. Z. am Mittag" eine kleine Reportage aus der unteren Welt zu schreiben, die er so gut kannte.

Der bürgerlichen Welt tat es die Unterwelt auch in der Sitte der alljährlichen großen Bälle und Vergnügungen nach. Wenn's ging, trug man dazu Smoking, die „Damen" erschienen in neuen Kleidern. Der größte Ball dieser Art fand im Saalbau Friedrichshain statt, zuweilen auch im „Rheingold" in der Bellevuestraße. Dort sah ich einmal, wie unter dem Jubel aller Anwesenden ein imposanter, graumelierter Herr vor das große Orchester trat und einen zügigen Militärmarsch dirigierte. „Bravo, bravo, Albert!"

tobte das volle Haus. Albert verneigte sich strahlend – Albert Dettmann, der bekannte Kriminalkommissar! Die Kriminalpolizei hielt gute Fühlung mit den Ringvereinen. Den Mitgliedern war ja offiziell nichts nachzuweisen. Doch waren von ihnen oft Informationen über „Außenseiter" zu erhalten, und unangemeldete Razzien in den Ringlokalen führten hin und wieder auf die Spur eines gesuchten Verbrechers.

Gastwirte und selbst Besitzer vornehmer Lokale zahlten an die Ringbrüder Mitgliedsbeiträge. Das war Versicherung gegen unerwartete Zwischenfälle. Hatte ein Ringbruder Krach in einem fremden Lokal bekommen, genügte es, daß er ans Telephon ging und seinen Verein anrief. Es dauerte nicht lange, bis ein paar stämmige Herren im Lokal erschienen, Platz nahmen, einen Zwischenfall provozierten und dann das Lokal ausräumten. Es war geratener, sich von vornherein mit der Gilde gutzustellen; dann passierte nichts. Die Brüder – so nannten sich die Mitglieder unter sich – hielten auf Reputation in der bürgerlichen Welt, und wer es sich leisten konnte, erschien auch, wenn Harry Lamberts-Paulsen im „Weidenhof" am Schiffbauerdamm conferierte.

Harry Lamberts-Paulsen – großes As unter den Conférenciers jener Zeit. Geborener Westfale, Reserveleutnant des ersten Weltkrieges, hoch und schlank gewachsen, komödiantisches Blut. „Wir können es uns leisten, die charmante Sängerin vom Orchester begleiten zu lassen – am Knüppel Kapellmeister Erich Ziegel", conferierte er. Bei den Boxkämpfen im Sportpalast war er der berufene Sprecher; er hatte sich selbst als Boxer versucht. Als Peter Sachse im Zuge der dreizehn Kabaretts, die er nacheinander auf die Beine stellte, auch nach dem Westen zog und 1922 am Kurfürstendamm im Hause der Sezession – in den Monaten ohne Ausstellung – das Kabarett „Karussell" eröffnete, nahm er Harry Lamberts-Paulsen mit. Hinter dem Vorhang lauschte ihm jeden Abend beglückt der Poet des Feuilletons, Viktor Auburtin, den Peter Sachse für sein Eröffnungsprogramm zur Lesung einiger Skizzen engagiert hatte. Auburtin war auch sonst hier glücklich: „Peter zahlt mir an einem Abend mehr als Rudolf Mosses ‚Berliner Tageblatt' im ganzen Monat." Peter konnte es. Dank Auburtin, Lamberts-Paulsen und dem hier uraufgeführten „Choral der Seemannsleute" von Walter Mehring war jede Vorstellung des „Karussells" ausverkauft.

Lamberts-Paulsen ist früh gestorben. Eine große Zukunft wäre ihm sicher gewesen. Die Volksbühne hatte für ihn eine Hauptrolle in einem Stück vorgesehen, als Harry ins Krankenhaus mußte. Leberkrebs raffte ihn hinweg. Auf dem Friedhof neben dem Bahnhof Großgörschenstraße liegt er begraben, unmittelbar neben den Gräbern von Jakob und Wilhelm Grimm. Tausende gaben ihm das letzte Geleit; der katholische Geistliche, der ihm die Rede hielt, hatte keine Ahnung, wer der Tote war. Da bahnte sich Peter Sachse einen Weg durch die dichten Reihen der Trauernden und hielt dem Freunde eine letzte Conférence.

Bevor ich von den „Unmöglichen" her in direkten Kontakt mit der sogenannten Unterwelt kam, hatten wir immer die Kriminalpolizei in Anspruch genommen, wenn wir einen Blick in jene Kreise tun wollten. Der „dicke Maier" vom Alex, wie jedermann das Polizeipräsidium am Alexanderplatz nannte, war ein idealer Bädecker dafür, weil Maier das geeignete Spezialressort unter sich hatte.

Einmal saßen wir im „Mikado" in der Puttkamerstraße, dem Treffpunkt der Transvestiten, der Männer in Frauenkleidung, zumal der männlichen Prostituierten unter

Bernhard
Etté

Oskar
Joost

Eintänzer in der Barberina

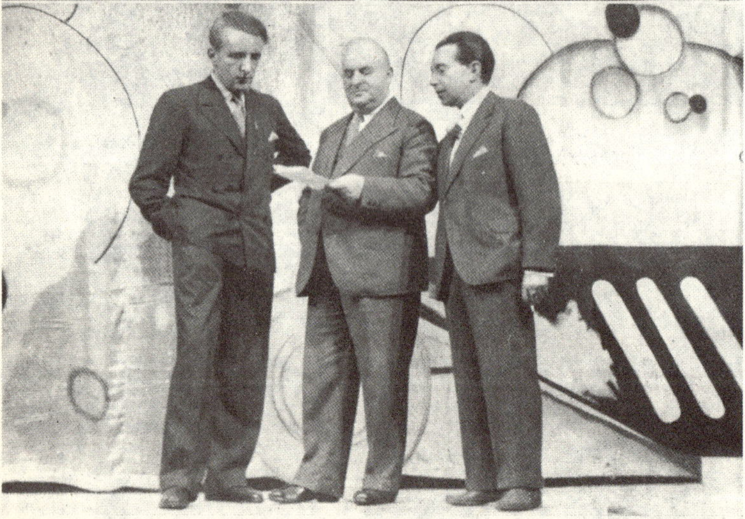

Oben links: Jenny Steiner und Hans Albers in „Ich will Sie küssen"
(Nelson Künstlerspiele) *Oben rechts:* Schneider-Duncker
Unten: Marcellus Schiffer, Rudolf Nelson, Friedrich Holländer

ihnen, im Bereich der südlichen Friedrichstadt. Die Herren, die in großen Abendkleidern tanzten, genierte es nicht, wenn ein Kriminalbeamter unter ihnen weilte. Sie hatten offiziell die Erlaubnis, in ihren Lokalen in ihrer abwegigen Kostümierung zu verkehren. Nur auf den Straßen durften sie nicht promenieren.

Aus diesem Umstand hatte der „dicke Maier" eine Sondernummer gemacht. Er ließ in jener Nacht ein paar Beamte vor dem „Mikado" warten und, wenn ein Jüngling dennoch in Frauenkleidern auf die Straße ging, diesen verhaften. Die „Herren" wußten ja, daß sie es nicht durften.

Am nächsten Morgen rief uns der „Dicke" in den Redaktionen an und lud uns ein, schnell mal zu ihm zu kommen. Da stand er schon vor einem Seitenausgang und lächelte in Erwartung der kommenden Dinge vor sich hin. Die am Abend zuvor Verhafteten sollten entlassen werden; er hatte sie ja nur aus Spaß hochgehen lassen. Da huschten sie auch schon aus dem großen Steinbau in ihren ausgeschnittenen Abendkleidern; der Bart war ihnen auf den geschminkten Wangen inzwischen gewachsen. Sie genierten sich furchtbar. Wie von Furien gepeitscht, sprangen sie in den nächsten Friseurladen, um sich zuerst einmal rasieren zu lassen. Wir hänselten Maier: „Sie sind natürlich an dem Friseurgeschäft beteiligt, wie?"

Die Unterwelt bot natürlich auch dem Spezialisten der künstlerischen Gestaltung des vierten Standes, dem unvergessenen Heinrich Zille, Modelle genug. Mit dem Skizzenbuch hatte er oft in den Kneipen der Ackerstraße gesessen, auch als er schon in eine Charlottenburger Mansarde gezogen war. Dort erreichte ihn nach der Revolution die Mitteilung des Kultusministers Konrad Hänisch, daß er zum Professor ernannt sei. Hänisch hatte sein Ministerium einige Wochen mit dem Unabhängigen Sozialdemokraten

Adolf Hoffmann geteilt, der sich mit den berühmten Worten aus dem Amt verabschiedete: „Hier sieht mir keiner wieder." Die Akademie der Künste tat sich die Ehre an, den Künstler in ihren Kreis zu wählen. Max Liebermann hielt selbst die Einführungsrede.

Er wohnte auch mit einer Deputation Zilles Begräbnis bei. Einen Tumult gab es da, als ein Trupp Kommunisten den toten Zille für sich reklamierte. Sonst taten sie nichts für sein Andenken.

Herzlich und ehrlich war die Gedenkfeier, zu der sich das Volk von Berlin ein Jahr nach Zilles Tode im Garten der Elitesänger am Kottbusser Tor versammelte. Der Rundfunk übertrug die Feier. Für das Theater der Elitesänger war ein Volksstück, „Pinselheinrichs Himmelfahrt", geschrieben worden, für das Herrmann Krehan milieuechte Bühnenbilder entwarf. Heinrich Zille hatte oben Heimweh nach Berlin. Petrus gab dem Meister den Auftrag, im Himmel eine echte Berliner Kneipe auszumalen. Als der Vorhang zum letzten Bilde aufging, stand Heinrich Zille malend auf einer Leiter, wie ihn zu Lebzeiten alle Welt gekannt hatte, mit der Nickelbrille und dem struppigen Spitzbart. Das Haus hielt den Atem an und hatte nasse Augen. Am 8. August 1931 wurde dazu im Garten der Elitesänger ein Zille-Denkmal eingeweiht. Cläre Waldoff, ewige Zilletype auf der Bühne, hielt die Weiherede: „Der du uns so viele echte Bilder geschenkt hast – jetzt schenken wir dir deins!" Die Hülle fiel, und Cläre Waldoff sang das schöne Zillelied von Willi Kollo:

„Denn der Menschen Lust und Weh,
das war dein Miljöh, das war dein Miljöh . . ."

Rings im Kreise standen die Komiker Berlins – in einer Ecke unter Schirmen, weil es zu regnen angefangen hatte,

Otto Reutter im Sommerpaletot mit der Melone, Paule Westermeier und Senta Söneland, Erich und Lucie Carow, Wilhelm Bendow und Fredy Sieg.

Und eine Fahne senkte sich, die Deputation der Ringvereine hatte sie mitgebracht. In Gehrock, Zylinder und schwarzen Glacéhandschuhen waren die Herren erschienen.

Hat das Zille-Denkmal Bonzen und Bomben überlebt?

Der Mann, der sein Schicksal nicht voraussah

4

Am 23. September 1937 erschien der „Daily Express“ in London mit dieser Schlagzeile auf der ersten Seite:

FRAU UND SOHN ERSCHOSSEN
MÖRDER RICHTET SICH SELBST

Der Bericht war aus Wien datiert und wußte: „Grace Cameron Dzino, die blonde achtundzwanzigjährige englische Gattin eines reichen türkischen Croupiers, wurde mit ihrem vierjährigen Sohn Rudi heute in ihrer Wohnung von ihrem Gatten erschossen. Dzino richtete dann den Revolver gegen sich selbst und starb auf der Stelle. Frau Dzino, die in Newcastle geborene Margaret Grace Cameron, und ihr Sohn starben fünf Stunden später in einem Hospital. Die Wiener Polizei erklärte heute abend, der Grund für das Verbrechen sei Eifersucht . . .“

„Daily Express“ fügte dem Bericht noch eine seltsame Story hinzu: Frau Dzino sei vor sechs Jahren von einem Hellseher gesagt worden, sie werde ihren Mann unter dem Kronleuchter eines Berliner Ballsaales kennenlernen und von ihm sechs Jahre später ermordet werden. Wer dieser Hellseher war, erwähnte Lord Beaverbrooks Blatt mit keinem Wort. Der englischen Zeitung war die Mordgeschichte nur deshalb die erste Seite wert, weil es sich bei der Toten um eine geborene Engländerin handelte. Aber die Vorgeschichte war tatsächlich recht interessant gewesen: jener Hellseher, Erik Jan Hanussen, recte Hermann Steinschneider aus Wien, war selber vier Jahre zuvor in Berlin, von Kugeln getroffen, aufgefunden worden. Das hatte er jedoch nicht vorausgesehen.

1929 war es gewesen.

„Noch während dieses Jahres werden Sie einen großen Wendepunkt in Ihrem Dasein erleben", sagte Erik Jan Hanussen zu der kleinen blonden Eintänzerin, die er ein paar Minuten vorher im Berliner „Palais de Danse" kennengelernt hatte. „Sie werden jemand unter einem großen Kronleuchter begegnen ... Sehen Sie zu, daß Sie diese einmalige Gelegenheit nicht vorbeigehen lassen!"

Das hübsche Mädchen englischer Abstammung sah den Mann skeptisch an, als glaube sie kein Wort. Hanussen heftete seinen Blick berufsmäßig suggestiv auf ihr Gesicht. Er fand sie anziehend. Sie schien genau zu wissen, was sie wollte, wenn es ihr im Moment auch nicht gut zu gehen schien. Sicherlich konnte sie einen Wendepunkt gebrauchen.

Ein paar Wochen später lernte der Hellseher Ismet Dzino kennen. Ein Bekannter hatte ihm erzählt, er wolle gern einem jungen, gut aussehenden Mann helfen, einem geborenen Jugoslawen, den er aus seiner Kriegszeit kenne und der jetzt in eine unangenehme Affäre verwickelt sei. Hanussen zahlte dem Hilfsbedürftigen die paar hundert Mark, um die es sich handelte, und rettete damit den ehemaligen Offizier. Aus Nächstenliebe? Es war eher eine Spekulation. Hanussen war auf der Suche nach einem Assistenten, einer Kreatur, die er sich bedingungslos unterwerfen konnte. Dafür schien ihm Ismet gerade recht, der nun dem Retter aus schimpflichem Untergang verpflichtet sein mußte.

„Was gedenken Sie zu tun, wenn Ihre alberne Geschichte beigelegt ist?" fragte Hanussen.

„Ich habe keine blasse Ahnung, was aus mir werden soll", antwortete Ismet Dzino.

„Wollen Sie mein Sekretär werden? Es wird eine Vertrauensstellung sein. Ich müßte mich vollkommen auf Sie verlassen können."

Seine Worte ließen fühlen, daß er sich bewußt war, den jungen Mann in der Hand zu haben. Und Hanussen wußte auch von der Suggestion, die von seinem Auftreten ausging. Es war die Zeit seiner größten Erfolge.

Das war nicht immer so gewesen. Er hatte düstere Jahre hinter sich. In Wanderzirkussen hatte er angefangen, hatte sich während des ersten Weltkriegs als Wünschelrutengänger wichtig gemacht. Dann war sein rastlos spekulierender Kopf auf einen Einfall gestoßen, der ihm großartig schien.

Die Sensation von Wien war ein Mann im Ronachervarieté geworden, dem großen Varietétheater, nach dessen Modell in pompösem Barockstil man auch das Metropoltheater in Berlin errichtet hatte. Breitbart hieß das herkulische Wunder, ein jüdischer Samson, der jeden Abend auf der Bühne schwerste Eisenketten wie Papier zerriß und alle Frauen faszinierte.

Der Direktor des Apollotheaters saß mit dickem Kopf in seinem Büro. Seitdem Breitbart die Begeisterung der Wiener entfachte, gähnten im Apollo leere Stuhlreihen. Sein Aufsichtsrat hatte ihm dieserhalb schon einen recht unfreundlichen Brief geschrieben.

„Der Herr wartet noch immer draußen", sagte die Sekretärin. Der Direktor sah mißtrauisch auf eine Visitenkarte auf seinem Schreibtisch: „Erik Jan Hanussen."

„Was will der Mann eigentlich? Niemals den Namen gehört ..."

„Er sagt, er will das Apollo sanieren ..."

„Also ein Schnorrer, was? Meinetwegen herein mit ihm!"

Dann trat ein mittelgroßer Mann mit dunklen, brennenden Augen ins Zimmer.

„Was kostet das Apollo?" fragte der Fremde sehr selbstsicher.

„So viel Geld haben Sie nicht Herr... Herr..." Der Mann hinter dem großen Schreibtisch suchte nach dem Namen. „Herr Hanussen. Ihr Name ist mir unbekannt."

„Morgen wird ihn die Welt kennen, Herr Direktor."

„Für Morgen geben wir nichts", erwiderte sein Gegenüber.

„Gut, sprechen wir von Geschäften. Wollen Sie die größte Sensation der Welt engagieren? Ich bin der Manager von Martha Farra. Sie ist mein Medium. Wenn ich sie telepathisch behandele, vollbringt sie vor dem Publikum, versteht sich, die gleichen Sensationen, die Breitbart jeden Abend im Ronacher vorführt."

Dem Direktor war das Verlockende dieses Angebots klar. Und er hatte selten einen Besucher gesehen, der so aufs Ganze gegangen war. Was Hanussen verlangte, war allerdings enorm: fünfzig Prozent der Abendeinnahme. Man schloß einen Eventualvertrag und verabredete eine Probe. Sie fand schon am nächsten Tage statt. Hanussen stellte noch eine Bedingung, die allerdings nicht außergewöhnlich für einen Artisten war: während seiner Nummer durfte kein Unbefugter die Bühne betreten. Er brachte sein eigenes Personal mit, sogar seinen eigenen Vorhangzieher und Beleuchter. Niemand durfte in der Nähe sein, der zum regulären Personal gehörte, wenn Hanussen mit der Farra arbeitete. Die ungeheure Anstrengung, die für Telepath wie für Medium mit der Arbeit verbunden sei, betonte Hanussen, erfordere dies.

Am übernächsten Tage klebten gewaltige Plakate an den Anschlagsäulen:

DER WEIBLICHE BREITBART
DAS WUNDER DER TELEPATHIE
DAS MEDIUM MARTHA FARRA
VORGEFÜHRT DURCH
ERIK JAN HANUSSEN

Und es wurde ein ganz großer Erfolg. In das laufende Programm war die Nummer Hanussens und seines Mediums als vorletzte eingebaut worden. Weil das Haus voll war, gefielen auch die vorhergehenden Nummern weit besser als bisher. Dann schoß Hanussen auf die Bühne, in Zylinder und Abendmantel, sehr repräsentativ. Er sprach ein paar Worte über die Magie der Telepathie – mit ungewöhnlicher Sicherheit, als habe er schon immer auf der Bühne gestanden. Danach trat Martha Farra auf, eine schöne Erscheinung, kleopatrahaft, mit dunklem Haar, diademgekrönt. Und wirklich vollführte das Mädchen das gleiche wie Samson Breitbart. Es zerbrach Ketten, stemmte die schwersten Gewichte, ließ kolossale Steine auf seinem schlanken Körper zertrümmern.

Das Publikum staunte und raste zum Schluß endlosen Beifall.

Breitbart schien entgöttert. Zwar wollten die Damen Wiens noch immer ins Ronacher, aber die Herren zogen das Apollo vor.

Die Direktion kam trotz der hohen Beteiligung Hanussens auf ihre Kosten und erhöhte immer wieder das Entree. Bis der große Krach kam.

Eines Abends streikte Hanussens Hilfspersonal. Hatte er die Leute nicht genügend bezahlt? Steckte die Konkurrenz, das Ronacher und der große Breitbart, dahinter? Martha Farra versagte an diesem Abend völlig. Sie zerriß keine Ketten und schien überhaupt nicht auf die Befehle ihres Herrn und Meisters zu hören. Hanussen erklärte dem Publikum, die Telepathie könne nicht wirken, da das Medium krank sei, und brach die Vorführung ab. Das Publikum tobte. Am nächsten Tage waren Martha Farra und Hanussen spurlos aus Wien verschwunden, und die ganze Stadt sprach davon, wie Hanussen sein Publikum und die Direktion zum Narren gehalten hatte. Die Requisiten waren präpariert gewesen. Die Ketten, die das Publikum vorher nachprüfen konnte, waren in einem geeigneten Augenblick vertauscht, die kolossalen Steine durch angeschlagene ersetzt worden. Es gab kein telepathisches Wunder, nur einen überaus geschickten Illusionsakt.

Gras wuchs über die Geschichte. Dann tauchte Erik Jan Hanussen in Deutschland auf und landete, immer kühner werdend, mit einem Hellsehakt in Berlin. Privatséancen wurden sein Hauptgeschäft. Seine Brieftasche war nun immer gefüllt. Er fuhr einen imposanten Wagen. Er wohnte am Kurfürstendamm. Das war die Zeit, als er sich Ismet Dzino verpflichtete.

„Sehen Sie", sagte Hanussen zu Dzino, „die Leute, die mich wegen ihrer Zukunft konsultieren, verlangen äußerste Diskretion. Niemand soll erfahren, daß sie mich aufsuchen. Deshalb ist es wichtig, über alles den Mund zu halten, was Sie bei mir sehen und hören werden. Das ist das A und O unserer Zusammenarbeit." Dzino schwor Stein und Bein. Er hat sein Gelöbnis gehalten.

Hanussen hatte eine schwache Seite. Er fühlte sich auch als Schriftsteller. „In Wien habe ich einmal ein Wochenblatt, ‚Der Blitz', gehabt. Jetzt gehe ich wieder mit der Idee um, eine eigene Zeitschrift zu gründen", erzählte er, als er eines Tages mit Dzino ins „Palais de Danse" fuhr, um sich zu zerstreuen. „Es kommen viele Leute in meine öffentlichen

Abende. Alle würden gern mehr über ihre Zukunft erfahren. Nicht alle können sich's leisten, zu mir in eine Privatsprechstunde zu kommen. Denn von denen nehme ich, was sie wert sind.“ Hanussen lächelte zynisch. „Diese anderen sollen in meiner Zeitschrift finden, was sie suchen. Da sollte doch Geld zu verdienen sein ...“

Sie traten in den großen Ballsaal. Wie es seine Gewohnheit war, wenn er ein Lokal betrat, sah sich Hanussen um, als müsse er mit einem einzigen Blick alle Anwesenden umfassen. In jener Zeit ging das „Palais“ nicht eben gut. An diesem Abend waren mehr Damen als Herren anwesend. Die Damen in Abendtoilette waren engagierte Tanzfrauen, die das Haus gegen ein Fixum gewonnen hatte, um die Herrenwelt zu unterhalten und dem Betrieb den Anschein zu geben, als ob etwas los sei. Hanussen kannte die meisten der Tanzfrauen. Eine lächelte ihm zu, als er mit Dzino dem Oberkellner folgte, der sie zu einem Tisch führen wollte.

Das Mädchen kam auf Hanussen zu. Er gab ihm die Hand und sagte zu Dzino: „Darf ich Ihnen Fräulein Cameron vorstellen ...“

Die schmale Blonde lächelte vielsagend, als erinnere sie, was Hanussen ihr vor ein paar Wochen gesagt hatte. Sie senkte ihre Augen in die Dzinos.

„Tanzen die Herren?“ fragte sie.

„Wir wollen erst etwas zu uns nehmen“, winkte Hanussen ab.

„Dann sehen wir uns noch“, gab das Mädchen zurück und forderte einen anderen Besucher zum Tanze auf, wie das ihre Mission war.

Weder Dzino noch die junge Engländerin mochte sich im Augenblick Gedanken darüber machen, daß sie einander gerade unter einem Kronleuchter vorgestellt worden waren. Nach dem ersten Glas Sekt wußte auch Hanussen nicht mehr genau, ob er dieses Zusammentreffen arrangiert oder ob seine Prophezeiung von neulich sich wirklich bewahrheitet hatte.

Immerhin, die Bekanntschaft zwischen dem Mädchen und Dzino hatte unter einem Kronleuchter begonnen ...

Um diese Zeit machte Dzino noch eine andere Bekanntschaft.

„Soldat gewesen?“ fragte ihn Graf Helldorf, dem er auf Hanussens Jacht bei einer Havelfahrt vorgestellt wurde. Der Sekretär antwortete mit seiner Regimentsnummer. Sie freundeten sich schnell an. Zwei verwandte Seelen hatten sich gefunden. Beide waren als bartlose Jungen in den Krieg gezogen. Beide bedauerten, daß die schönen, sorglosen Tage in der Armee vorbei waren. Dzino, dessen Vater einer der wenigen Jugoslawen in der k. und k. Armee gewesen war, hatte sich im Zivilleben nicht zurechtfinden können. Er hatte nichts gelernt und konnte einfach nicht rechnen. Graf Helldorf hatte einfach den Krieg auf eigene Faust fortgesetzt – zuerst in einem der vielen Freikorps, später in der nationalsozialistischen Bewegung. Sie zahlte den höheren Rängen in der SA, wenn sie über kein eigenes Einkommen verfügten, feste Monatsgehälter. Nicht eben hoch, von dreihundert Mark aufwärts. So wuchs Hitlers eigene Armee. Die Subventionen aus der Industrie erlaubten das.

Als Dr. Goebbels 1927 mit dem Auftrag Hitlers nach Berlin gekommen war, die Expansion seiner Bewegung auf eine breite Grundlage in der Reichshauptstadt zu stellen, hatte er keinen Pfennig in der Tasche. Bei der Reichstagswahl hatte die NSDAP in ganz Deutschland knappe 807 000 Stimmen auf sich vereinigt. „Wir müssen ein Blatt haben!“ sagte Goebbels. Er gründete den „Angriff“. Der

Drucker Schulze druckte in der Wilhelmstraße auf das Versprechen baldiger Zahlung hin. Der zuvor bei den Deutsch-Völkischen hospitierende Dr. Julius Lippert wurde Chefredakteur. Das Blatt fing kläglich an. Beim Anblick der ersten Nummer weinte Goebbels vor Wut.

Aber der „Angriff" machte sich. Das Vorbild ermunterte Hanussen, sich gleichfalls als Zeitungsgründer zu versuchen. Als sein Wochenblatt 1931 zum erstenmal erschien, hatten es die Nazis schon auf sieben Millionen Wähler gebracht. Hitler und Hanussen hatten eins gemeinsam: Sie setzten ihre Karriere auf die Suggestion großer Versprechungen. Der eine setzte auf Hellsehen in der Politik, der andere auf Politik im Hellsehen.

Als Dzino an diesem schönen sommerlichen Sonntagnachmittag über die märkischen Seen glitt, ahnte er nicht, daß Graf Helldorf sich entschlossen hatte, Dzinos Chef Hanussen mit Helldorfs Chef Hitler zusammenzubringen.

Mit dem hübschen blonden Fräulein, das er unter dem Kronleuchter des „Palais de Danse" kennengelernt hatte, traf sich Dzino bald auch außerhalb. Er holte sie nachts ab, wenn ihr Dienst im „Palais" zu Ende war. Er hatte Feuer gefangen und duldete nicht, daß sie mit anderen Gästen intim wurde. 1931 fuhr er mit ihr nach Wien und heiratete sie. Es gab für ihn nunmehr nur zwei Dinge, an die er fest glaubte: seine hübsche kleine Frau und Hanussen, der ihn vor dem Gefängnis gerettet und ihm eine Position geschaffen hatte, um die ihn viele beneideten. Endlich hatte sein Leben einen Sinn erhalten.

Das Jahr 1932 bildete einen Wendepunkt im Leben der drei. Hanussens Wochenschrift sagte hakenkreuzgeschmückt den Sieg Hitlers voraus. Es war nicht schwer. Die rapide ansteigende Arbeitslosigkeit beflügelte in der Masse der kleinen Leute die Überzeugung, daß es schnellstens anders werden müsse. Graf Helldorf hatte in dem Hellseher einen Finanzier in allen seinen Geldnöten gefunden. Sie waren nicht klein. Helldorf spielte. Früher hatte man ihn oft an den Spieltischen des Klubs „Bühne und Film“ gesehen – bis man ihn bat, nicht wiederzukommen, weil er im Verdacht des „corriger la fortune“ stand. An Hanussens großem Wagen wehte die Nazifahne, und der Graf lieh ihn sich oft aus.

Am 30. Januar 1933 kam die „Machtübernahme“. Nach einer schon Tage vorher in der Redaktion getroffenen Disposition hatte ich für den Abend die Kritik einer künstlerischen Veranstaltung wahrzunehmen. Ich fand mich gegen elf Uhr in der Redaktion ein, um mein Referat zu tippen.

„Hat Ihnen denn keiner gesagt, daß wir morgen nicht erscheinen?“ fragte mich der Chef, als er mich einsam über die Schreibmaschine gebeugt sah. Das Blatt war für vierzehn Tage verboten worden.

In seinem Privatkabinett sagte mir der Chef: „Wenn dieses Verbot bestehen bleibt und wir für vierzehn Tage weiter Gehälter und Löhne zahlen müssen, gehen wir vor die Hunde.“

Es ging in jenen Monaten den Zeitungen nicht gut. Die gewaltige Arbeitslosigkeit – acht Millionen Deutsche hatten keine Arbeit mehr und waren ohne Kaufkraft – drückte enorm auf den Umsatz der Zeitungen. Die Abonnentenziffern waren stark gesunken, die Inseratenteile schrumpften zusammen, die Großinserenten zahlten schleppend oder gar nicht, namentlich die Vergnügungsindustrie, deren Inserate einen wichtigen Faktor in den Einnahmen der Berliner Zeitungswelt darstellen.

„Fällt Ihnen nicht etwas ein, was wir tun könnten, um die Aufhebung des Verbots zu erreichen?“ fuhr Rolf Nürnberg fort. „Sie kennen doch Hanussen gut. Soll er doch mal seine Beziehungen zu den Nazis für uns einsetzen. Glauben Sie, daß er etwas erreichen kann?"

„Den Versuch sollte man auf alle Fälle wagen."

Ich rief Hanussen an und erzählte ihm von unserem Mißgeschick. „Hanussen, es trifft auch Sie. Ihre astrologische Zeitschrift wird doch auf unseren Maschinen gedruckt. Wenn wir hops gehen . . ."

„Kommen Sie um eins in meine Wohnung. Ich will sehen, was ich tun kann!" sagte Hanussen gönnerhaft.

Wir waren pünktlich da.

„Drinnen ist ein Mann, der Ihnen helfen kann. Aber keine Witze, meine Herren!" empfing uns der Hellseher. Das bezog sich darauf, daß Rolf Nürnberg, wenn er Hanussen in unserer Druckerei begegnete, ihn, den geborenen Juden, stets mit seinen Beziehungen zu den antisemitischen Nazis aufzuziehen pflegte.

Hanussen öffnete eine Tür: „Darf ich vorstellen? Graf Helldorf – Rolf Nürnberg und Pem vom ‚Zwölf-Uhr-Blatt'."

„Wenn mir einer vor zwei Stunden gesagt hätte, daß ich Ihnen die Hand geben soll", erklärte Nürnberg, „hätte ich sie mir lieber abhacken lassen. Aber es hängen das Schicksal und die Existenz von über hundert Angestellten und Arbeitern davon ab – also guten Abend, Graf Helldorf!"

Der Graf verzog keine Miene, vielleicht beeindruckte ihn das Auftreten des anderen, der bestimmt jünger war als er. Dann hörte er sich die Umstände des Verbots an, unterbrach mit keinem Wort und sagte zum Schluß:

„Ich will sehen, was ich für Sie tun kann, meine Herren!"

Das Verbot wurde vierundzwanzig Stunden später aufgehoben.

Dafür mußten wir uns bei Hanussen revanchieren – er

hatte uns schließlich geholfen, die gefährliche Klippe zu umschiffen.

„Sie haben einen Wunsch frei, Hanussen. Wählen Sie!" sagte am nächsten Tage Rolf Nürnberg zu dem Hellseher. Hanussen bemerkte: „Für den ganzen Monat März bin ich in der Scala engagiert. Ich wünsche mir, daß in Ihrem Blatt Pem die Scalakritik schreibt."

Dieser Wunsch hatte einen besonderen Anlaß: So gut ich Hanussen kannte, so kritisch stand ich seinen Produktionen gegenüber, wenn er auf einer Bühne auftrat. Ich ließ es mir nicht geradezu merken, daß ich ihn für einen Bluffer hielt, aber sein arrogantes, schroffes Benehmen gegen das Publikum mißfiel mir. Die Unterschätzung des Publikums gehörte zu seiner Taktik, es einzuschüchtern, zu seinen Tricks.

Ich wußte damals noch nicht, wie sehr er gerade zu diesem Zeitpunkt Propaganda brauchte. Er hatte einen Vertrag mit der Scala abgeschlossen, der ihm eine höhere Beteiligung an den Einnahmen des Hauses sicherte, wenn sie einen gewissen Betrag überstiegen ...

Er hatte sich noch etwas anderes ausgedacht, um in der Presse für sich zu wirken: Er lud einige Journalisten zur Einweihung seiner neuen Wohnung am Kurfürstendamm ein. Sein Heim sah genau so aus, wie man sich die splendide Klause eines modernen Cagliostro vorstellte. Unsichtbare Beleuchtung überall, ultramoderne Möbel, ein kreisrunder Tisch, in dessen Mitte er selber sitzen konnte. Geradezu prominent war die Gesellschaft nicht. Man konnte eher von Talmiprominenz sprechen. Allerdings waren Jules Marx, der Direktor der Scala, sein artistischer Berater Eduard Duisberg, der einmal als Chef der Eintänzerinnen der „Libelle" in der Friedrichstadt angefangen hatte, einige Schauspieler und Schauspielerinnen und als Tafelaufsatz

Graf Helldorf da, jetzt Chef der Gruppe Berlin der SA. Graf Helldorf, der Mann, der die ersten Pogrome auf dem Kurfürstendamm geleitet hatte.

Der Sekt perlte in den Gläsern. Später wurde gespielt. Dazwischen fand die große Séance statt, die später anläßlich der Erörterung des Reichstagsbrandes eine Rolle spielen sollte. Maria Paudler war die Rolle des Mediums zugeteilt. Die Beleuchtung wurde noch weiter gedämpft, und die blonde Schauspielerin stieß ihre Prophezeiungen aus:

„Ich sehe gesegnete Felder ... Deutschland wird glücklich sein. Es hat noch Gegner ... Sie versuchen einen letzten Stoß ... Jeder Widerstand ist nutzlos ... Sind das Schüsse? Nein! Aber da ist Feuer ... Flammen ... Verbrecher sind am Werk ..."

Wie ohnmächtig sank die Paudler zusammen. Dzino bemühte sich um die Schauspielerin, Hanussen aber beschwor die anwesenden Journalisten, nichts über diesen Teil der Party zu bringen ...

Nur einige Zeitungen berichteten über den Abend. Man konnte nicht wissen, was „oben" erwünscht war. Man riskierte leicht ein Verbot. Geratener wäre es zu schweigen. Irgendwo stand eine konfuse Meldung über geheimnisvolle Brandbomben im Berliner Schloß.

Die Äußerungen Maria Paudlers ließen sich für den nüchternen Beobachter leicht erklären. Sie hatte im Grunde nur wiederholt, was in Hanussens Kreis in diesen Tagen oft gesagt worden war und wovon Hanussen selbst mit besonderer Absicht vorher in ihrer Nähe immer wieder gesprochen hatte: von dem unbezweifelbaren Sieg Hitlers über seine Gegner, auch über die noch wühlenden Radikalen. Feuer und Flammen kamen immer vor, wenn Hanussen sich in telepathischen Experimenten erging. Sie waren bei ihm gewohntes Requisit. Als er nach Maria

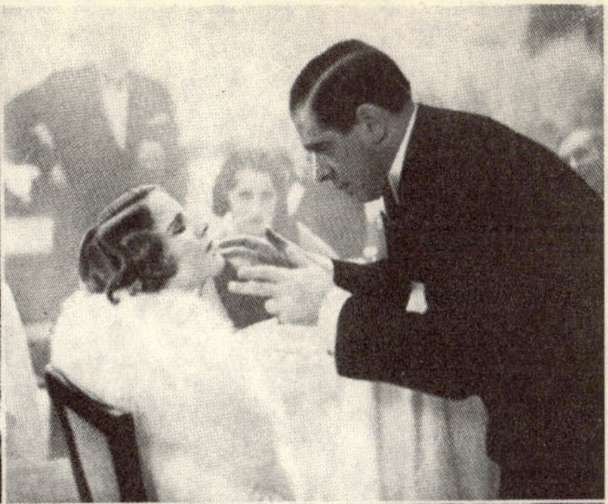

Oben links: Graf Helldorf *Oben rechts:* Hanussen hypnotisiert auf einem Ball die belgische Schönheitskönigin Fräulein Cameron
Unten: Eduard Duisberg, Direktor der Scala

Trude Hesterberg und Curt Fuß in der Haller-Revue
„An und Aus" im Admiralspalast

Paudlers „Prophetie“ die Journalisten bewogen hatte, über die Vision der Schauspielerin nichts zu bringen, hatte er vielleicht das Gefühl, zu weit gegangen zu sein.

Am 27. Februar brannte der Reichstag ...

Am 2. März saß ich in der zweiten Reihe des Parketts der Scala. Pressevorstellung des Programms mit Erik Jan Hanussen. Der zweite Teil begann mit einer Orchesternummer bei geschlossenem Vorhang. Das Haus verdunkelte sich, die Scheinwerfer sammelten sich auf Kapellmeister Otto Stenzel, der dafür jedesmal einen Extraapplaus quittieren durfte. Er hatte sein modernes Orchester sehr im Zug. Er wußte auch, was sein elegantes Profil, das er oft dem Publikum zeigte, wert war.

Eine artistische Nummer folgte, darauf ein Tusch. Der Vorhang hob sich wieder, und wie ich das schon so oft von ihm bei auswärtigen Gastspielen und Berliner Einzelabenden gesehen hatte, schoß Erik Jan Hanussen in Zylinder und Abendmantel auf die Bühne. Diener nahmen ihm die Überkleider ab. Experimente schlossen sich an, wie man sie von jeher von Artisten dieser Art gewohnt ist: Hanussen forderte das Publikum auf, Stecknadeln und Brieftaschen im Hause zu verstecken. So oft er sie mit verbundenen Augen fand, gab es Applaus und einen Orchestertusch. „Kalter Kaffee“, dachte ich und mit mir viele andere, „wie oft war das schon da!“

Dann setzte sich Hanussen groß in Positur: „Jetzt aber werde ich das Experiment wagen, das vor mir noch keiner gewagt hat! Ich bitte Sie, an ein Ereignis aus Ihrem Leben zu denken, mir aber nur den Tag zu nennen, an dem es geschah, nicht aber das Ereignis selbst. Das werde ich Ihnen sagen!“

„12. Dezember 1923“, rief jemand aus dem hinteren Parkett.

Hanussen schloß die Augen, verharrte einen Augenblick und schien aus schwerem Traum zu erwachen. „Ich sehe ein Haus ... Flammen schlagen aus dem Dach ... drei Menschen eilen eine Treppe herunter ... Kinder schreien ... aber alle sind gerettet ...“

Im gleichen Augenblick trat Hanussen ganz nach vorn an die Rampe und rief dem Zuhörer bestimmt und energisch zu: „Stimmt das mein Herr? Erklären Sie laut und deutlich, ob ich richtig gesehen habe, was sich am 12. Dezember 1923 ereignet hat!“

„Jawohl“, antwortete es aus dem Parkett.

Hanussen reckte sich empor, blickte gebieterisch über das ganze Haus, fuhr dann blitzschnell fort: „Ich bitte um ein anderes Datum!“

Es wurde ihm eines zugerufen. Wieder mimte er Trance. Dann sagte er: „Ich sehe Rußland ... eine Wüste von Schnee ... eiskalt ... ein Soldat steht Posten ... es ist ein Gefreiter ... er denkt an seine Heimat ... er fiebert plötzlich ... er hat das Gefühl, daß zu Hause in diesem Augenblick etwas Schreckliches passiert ... da trifft ihn eine verirrte Kugel ... der Soldat sinkt um ... in der gleichen Sekunde stürzt in der Heimat ... warten Sie ... es ist im Rheinland ... eine junge Frau, vom Herzschlag getroffen, zusammen ...“

Jedes Wort hatte er mimisch unterstützt, als stellte er dar, was er schilderte, und von neuem zur Rampe tretend, fragte er den Zurufer streng: „Stimmt es? Geschah das an jenem Tage?“

„Es war haargenau so“, kam die Antwort.

Hanussen ließ die Leute nicht zur Ruhe kommen: „Ein anderes Datum, bitte!“

„30. Juli 1898“, wurde aus einer Loge gerufen.

„30. Juli 1898“, wiederholte der Mann auf der Bühne.

„Lassen Sie mich sehen ... ich sehe ein Haus in einem tiefen, grünen Wald ... ein Riese liegt auf einem weißen Bett ... der Riese tut seinen letzten Atemzug ... eine ganze Welt hält den Atem an ... Bismarck ist gestorben ...“ Hanussens Züge glitten plötzlich aus dem Bann seiner Vision in ein charmantes Lächeln hinein: „Mein sehr verehrter Herr! Wenn Sie den Hellseher Erik Jan Hanussen prüfen wollen, dürfen Sie nicht übersehen, daß er auch Historiker ist. Ich habe nicht um historische Daten gebeten, sondern um Tage aus dem privatesten Leben!“

Dem Publikum gefiel das Extempore außerordentlich. Nun mehrten sich die Stimmen, die Daten zur Bühne emporriefen. Hanussen antwortete immer schneller. Die gesprochenen Visionen jagten sich. Dem Publikum verging der Atem. Und immer kam auf die Frage: „Stimmt es, stimmt es?“ die erstaunte, mit Herzklopfen gegebene Antwort: „Jawohl, es stimmt.“

„Hypnose!“ meinten die Skeptiker, aber das Geschäft in der Scala hatte sich auf alle Fälle gehoben. Und doch ergab es sich schon nach der ersten Woche, daß Hanussen den Monatsumsatz an Eintrittsgeldern durch sein Auftreten nicht genug steigern würde, um auf den vereinbarten Extrabonus Anspruch erheben zu können.

„Ihr habt mich über den Löffel balbiert!“ tobte Hanussen im Scalabüro. „Ich trete nicht mehr auf!“

Duisberg antwortete kalt: „Wollen Sie publik werden lassen, daß Sie nicht vorausgesehen haben, was für ein schlechtes Geschäft Sie machen würden? Schöner Hellseher, würde das Publikum sagen!“

Hanussen hatte seinen Meister gefunden. Er trat weiter auf. Aber er sann Tag und Nacht, wie er in dieser bewegten Zeit sein Schäfchen scheren könne. Wie kam man, wenn die Finanzen nicht von der Bühne her zu sanieren waren, an das Geld der breiten Masse heran? Er hatte schon immer eine schwache Seite für die Presse gehabt. Auf dem Instrument der öffentlichen Meinung zu spielen, war seine größte Sehnsucht. Doch sein Wochenblatt warf keine üppigen Überschüsse ab.

Er wagte einen großen Coup. Eines Tages fuhr er in seinem riesigen Mercedes vor dem siebenstöckigen Haus des Zeitungsverlags Rudolf Mosse in der Jerusalemer Straße vor, in dem das „Berliner Tageblatt", die „Berliner Volkszeitung" und das „8-Uhr-Blatt" gedruckt wurden. Er ließ sich melden. Hanussen wußte, daß man bei Mosse Kopfschmerzen hatte. Lachmann-Mosse, als Schwiegersohn des Gründers der Firma Regent des Hauses, war vorsichtig bereits nach Paris emigriert. Für die von ihm mit Vollmachten Versehenen brachen dornige Zeiten an. Die vorzugsweise jüdischen Inserenten wagten nicht mehr, in den Mosseblättern zu annoncieren. Die Auflagen sanken unerträglich. Wo sollten jeden Freitag die Lohnsummen für den umfangreichen Betrieb herkommen?

Und eines Tages ließ sich ein Herr Ohst in hoher SA-Uniform melden und erklärte, er sei beordert, die kommissarische Leitung des Verlages Rudolf Mosse zu übernehmen. Alle wichtigen Geschäftsvorgänge seien ihm vorzulegen. Für seine Tätigkeit sei ihm ein Monatsgehalt von fünfhundert Mark zu zahlen.

Den Oberen des Verlags war es klar, daß es ohne Einflußnahme der Partei sowieso nicht mehr lange gehen würde. Dieser Herr Ohst machte keinen unintelligenten Eindruck. Vielleicht ließ sich über ihn einstweilen ein tragbares Verhältnis zur Partei gewinnen, bis wieder ein anderer Wind ...

Der Kommissar wurde toleriert; er leistete sogar nützliche Dienste, wenn er in seiner Uniform mit den imponierenden Abzeichen in Begleitung eines Bevollmächtigten des Verlags bei einer Großbank erschien, um wieder einmal zwanzigtausend Mark für den Lohntag als „Überbrückungskredit“ zu beheben.

Erik Jan Hanussen wurde von Generaldirektor Karl Vetter empfangen.

„Ich weiß, daß auf diesem Verlag schwere Sorgen lasten“, begann Hanussen.

„Hat das Ihre Hellsehkunst schon erkannt?“ fragte Karl Vetter.

„Ich bin gekommen, Sie von diesen Sorgen zu befreien.“

„Auf das Rezept könnte man gespannt sein.“

„Übergeben Sie mir das ‚Berliner Tageblatt‘. Ich werde es wieder zu mächtiger Blüte bringen. Meine Beziehungen zu den maßgebenden Kreisen sind bekannt. Sie brauchen keine Angst um Ihre Position zu haben. Ich werde Sorge tragen, daß Ihre Bezüge erhöht werden. Wann kann die Übernahme erfolgen?“

Karl Vetter legte seine Zigarette weg: „In diesem Zimmer ist mindestens einer verrückt – Sie, der uns so etwas zu sagen wagt, oder ich, der ich mir das anhöre.“

„Mein Vorschlag ist abgelehnt?“

„Ich glaube nicht, daß ihn der Verlag überhaupt zur Kenntnis nimmt.“

„Das würden die Herren zu bereuen haben! Sie werden wohl nicht mehr lange hier regieren!“

„Um das vorauszusehen, braucht man kein Hellseher zu sein“, dachte Karl Vetter.

Hanussen warf sich in Positur: „Überlegen Sie sich meinen Vorschlag in aller Ruhe! Ich gebe drei Tage Bedenkzeit. Wenn ich dann allerdings keine positive Antwort bekomme, sorge ich dafür, daß mit dem ‚Berliner Tageblatt‘ Schluß ist!“

Wie ein Blitz war der Hellseher im Mosse-Haus erschienen. Wie ein Blitz verließ er es wieder.

Man nahm ihn in der Jerusalemer Straße nicht ernst. Um so mehr Gewicht schien ihm der beizulegen, der gleich darauf das Zimmer Vetters betrat: Kommissar Ohst.

„Das war doch der Hochstapler Hanussen, der eben hier war?"

„Erik Jan Hanussen."

„Was wollte er?"

Karl Vetter berichtete den Rapid-Dialog, den er mit Hanussen geführt hatte.

„Im Ernst? Er wollte das ‚Berliner Tageblatt' ausgeliefert haben?"

„Drei Tage Bedenkzeit wollte er uns einräumen."

„Drei Tage? Drei Tage hat *er* nicht mehr! Sein Maß ist voll!" schrie Kommissar Ohst und jagte mit rotem Kopf davon.

Vor dem Auftreten in der Nachmittagsvorstellung pflegte Hanussen im „Grünen Zweig" Kaffee zu trinken. Der „Grüne Zweig" war das Café und Abendlokal neben dem Haupteingang der Scala. Besucher, die sich verabredet hatten, pflegten sich hier zu treffen und vor oder nach der Varietévorstellung etwas zu genießen. Jetzt führte Toni Ott das Lokal, eine nach Berlin verschlagene Wienerin. Ob sie Hanussen von Wien her kannte oder ob sie einer neuen Bekanntschaft einen älteren Anstrich geben wollte, war nicht genau auszumachen – jedenfalls spielte sie sich als Vertraute Hanussens auf, als er zwei Tage nach dem Besuch im Mosse-Verlag nachmittags in den „Grünen Zweig" kam.

„Jan – etwas gefällt mir nicht!"

„Was gefällt dir nicht?"

„Gestern waren zwei jüngere Leute hier und haben sich nach dir erkundigt... Ob du hier verkehrst? Wann du kommst? Heute waren sie schon wieder da."

„Wahrscheinlich Freikartenschnorrer."

„Die sahen anders aus... Geheimpolizei oder so was. Ich würde dir raten, sei auf der Hut!"

„Bist närrisch geworden, Toni? Mir tut niemand was. Du wirst noch sehen, was aus mir wird!"

„Nein, nein, nein – ich weiß nicht, wie mir ist... Ich habe Angst um dich... Ja, ich sag' bloß, sei auf der Hut!"

Toni Ott hatte recht. Hanussen hätte auf seiner Hut sein sollen. Toni Ott bekam ihn nie mehr zu sehen. Niemand vom Personal der Scala, niemand vom Publikum der Scala, niemand von ganz Berlin bekam ihn mehr zu sehen.

Als Hanussen im „Grünen Zweig" seinen Kaffee ausgetrunken hatte und seinen Hut vom Kleiderständer nahm, traten zwei jüngere Männer auf ihn zu: „Herr Hanussen, wir haben mit Ihnen zu reden..."

Das hat der Kellner im Lokal noch gehört. Dann sah er, wie Hanussen mit den beiden in seinen vor dem Scalator stehenden Wagen stieg und davonfuhr.

Als der erste Teil des Nachmittagsprogramms im Varieté zu Ende war und die Pause eingeläutet wurde, war Hanussen noch immer nicht hinter den Kulissen. An die Pause schloß sich ein Orchestervorspiel, dann folgten zwei artistische Nummern, dann hätte er auftreten müssen. Schon nach dem Orchestervorspiel pflegte er sonst im Frack und Abendmantel hinter den Kulissen zu erscheinen und mit den Artisten und dem „Fräulein Nummer" zu schäkern.

Regisseur Simon dachte: „Heute dehnt aber Hanussen seine Jause bei Toni Ott lange aus." Er läutete den „Grünen Zweig“ an und bat, Herrn Hanussen zu bestellen, es sei Zeit, nach hinten zu kommen.

„Hanussen?“ fragte der Kellner. „Der ist nicht mehr hier. Der ist schon vor einer Dreiviertelstunde mit zwei Herren weggefahren. Der müßte doch schon längst wieder zurückgekommen und hinter der Bühne sein.“

Regisseur Simon suchte alle Artistengarderoben ab, ob sich Hanussen vielleicht dort niedergelassen habe. Aber er war heute noch nirgends gewesen. Darauf klingelte der Regisseur hinauf zum Direktionsbüro. Vielleicht hatte Hanussen eine Besprechung mit Eduard Duisberg?

Nein, Eduard Duisberg war gar nicht im Hause.

Simon ließ von zwei Bühnenarbeitern alle Lokale und Läden der Nachbarschaft absuchen. Gegenüber der Scala lag die „Kleine Scala“, das Bierlokal von Martha Schwanebeck, bei der sich die Artisten und ihre Freunde wie zu Hause fühlten. Auch Hanussen kehrte hier oft ein. Heute hatte er sich noch nicht blicken lassen.

Regisseur Simon ging ins Lokal von Toni Ott, die eben von Besorgungen zurückkam.

„Toni – wo ist Hanussen?“

Toni wurde blaß: „Mein Gott, ist etwas passiert?“

„Er ist nirgends aufzufinden. In fünf Minuten ist sein Auftritt dran.“

„Maria und Joseph! Meine Ahnungen ... und ich habe ihn so gewarnt“, sagte Toni Ott.

„Wovor gewarnt?“ fragte der Regisseur.

„Ich weiß nicht ... ich hatte ein schlimmes Gefühl für ihn. Dir kann ich's ja sagen, Simon. Seit zwei Tagen trieben sich hier ein paar Männer herum. Mir schien, als beobachteten sie Hanussen. ‚Jan, sei auf der Hut‘, habe ich ihm gesagt. Er hat mich ausgelacht. Meine Ahnungen ...“

Simon jagte wieder zu seinem Platz auf der Bühne. Telephonisch gab er noch dem Direktionsbüro Weisung, Hanussens Wohnung anzuläuten. Drei Minuten später meldete das Büro: „In der Wohnung von Herrn Hanussen meldet sich niemand."

Das Gewicht der ganzen Vorstellung lastete nun auf Regisseur Simons Schultern. Wenn Hanussen bis zu seinem Auftritt nicht erschienen war, mußte seine Abwesenheit vor dem Publikum irgendwie entschuldigt werden. Eine peinliche Aufgabe, der sich Simon zu unterziehen hatte. Er fügte der Mitteilung von einer „unerwarteten, ganz plötzlichen Erkrankung Hanussens" hinzu: Diejenigen Besucher, die Hanussen zu sehen wünschten, bekämen am Ausgang ihre Karten für diesen Nachmittag in Gutscheine zum Besuch einer Vorstellung umgetauscht, in der Hanussen wieder auftreten würde.

„Uff!" atmete Simon auf, als er wieder hinter den Vorhang kam.

Nun erschien Eduard Duisberg. Er billigte Simons Maßnahmen und ließ sich von Toni Ott und dem Kellner im „Grünen Zweig" erzählen, was vorgefallen war.

Auch Duisberg hatte Beziehungen. Einer seiner Freunde aus dem Weltkrieg war jetzt ein hohes Tier: Fleischer, Chef der Geheimen Feldpolizei der SA. Duisberg läutete ihn an: „Tu mir den Gefallen, schnell mal zu mir zu kommen. Wir sind in Sorge. Ich kann am Telephon nicht so sprechen."

Fleischer kam sofort. Als er hörte, daß beim Bühnenportier Standartenführer der SA nach Hanussen gefragt hatten, läutete er alle Parteistellen an, die eine Vorführung Hanussens veranlaßt haben konnten.

Keine Stelle wußte etwas. Die Sache wurde rätselhaft.

„Ob wir Graf Helldorf benachrichtigen? Er ist mit Hanussen intim", regte Duisberg an.

Fleischer schüttelte den Kopf. „Graf Helldorf ist nicht in Berlin. Die Berliner SA führt jetzt sein bisheriger Stabsleiter Ernst; Stabschef Röhm hat ihn zum Gruppenführer befördert. Der Graf ist in Potsdam – als Leiter der Vollblutzucht."

„Das ist mir ganz neu", staunte Duisberg.

„Dem Grafen kam es auch überraschend. Scheint sich um eine Strafversetzung zu handeln. Es muß Verschiedenes nicht in Ordnung sein... Man könnte doch einmal in Hanussens Wohnung fahren. Vielleicht ist er wirklich erkrankt, und niemand ist bei ihm?"

In Wahrheit dachte sich Fleischer etwas anderes. Aber er wollte seinen Freund Duisberg nicht noch besorgter stimmen.

Als sie beim Portier des Kurfürstendammhauses ankamen, erfuhren sie, daß Hanussen am Nachmittag mit zwei Männern vorgefahren und mit ihnen in seine Wohnung gegangen sei. Nach einer Viertelstunde sei er mit seinen Begleitern wieder heruntergekommen, sehr blaß gewesen und zusammen mit ihnen in seinem Wagen weggefahren.

„In Richtung Scala?"

„Nein, in Richtung Halensee..."

Duisberg und Fleischer sahen sich an und schwiegen.

Im Mosse-Haus hatte sich Kommissar Ohst drei Tage lang nicht sehen lassen. Als er am dritten Tage erschien, übergab er einem Botenjungen im Hause eine schwarze Diensthose mit dem Auftrag, sie zum Reinigen in die nächste Filiale der Wäscherei Landrock zu tragen.

Der Botenjunge erzählte später erschrocken im Hause, die Hose sei voller Blutflecken gewesen.

Ein paar Wochen später wurde im Walde vor Potsdam eine männliche Leiche gefunden. Man flüsterte in der Stadt, bei dem schon in Verwesung übergegangenen Körper handele es sich um die Überreste Hanussens. Der Sekretär Dzino wurde aus seiner Wohnung geholt und zu dem schaurigen Fund geführt. Kein Zweifel, das war der Chef gewesen. Dzino identifizierte ihn an den goldenen Zahnsurrogaten und anderen körperlichen Merkmalen. Er mußte ein Protokoll unterschreiben.

„Herr Dzino, Sie haben zu jedermann zu schweigen! Sonst . . ."

Keinerlei amtliche Mitteilung erging.

In der Scala sagte Direktor Marx zu Eduard Duisberg: „Hanussen hin, Hanussen her, er mag ein Scharlatan und Windbeutel gewesen sein . . . Daß aber ein Mann, der bei uns als Star engagiert ist, vor der Tür unseres Hauses verschwinden kann und niemand Aufklärung gibt, was aus ihm geworden ist – das ist mir nicht geheuer. Ich gehe weg. Ich übergebe Ihnen alle meine Vollmachten. Das andere ist Sache der Rechtsanwälte."

Direktor Marx emigrierte nach Paris. Für die Scala zeichnete fortan neben einem kaufmännischen Direktor als Chef Eduard Duisberg. Die Scala war gleichgeschaltet, wie es damals hieß.

Dzino zerbrach sich den Kopf genau so vergeblich wie alle, die seinen Gönner näher gekannt hatten, über die letzten Geheimnisse um Erik Jan Hanussen. Hatten die Nazis heimliches Gericht an dem Mann vollzogen, der es gewagt hatte, sich öffentlich als ihr Vertrauter aufzuspielen, obwohl er Jude war? Hatte Graf Helldorf den Mann beseitigen lassen, dem er tief verschuldet war und mit dem befreundet gewesen zu sein, kompromittierend sein mußte? Oder hatte Kommissar Ohst, Freund Helldorfs, im Bunde mit diesem, eine Privatrache vollzogen, als Hanussens kecker Versuch, sich die Macht über das „Berliner Tageblatt" zu sichern, auch Ohsts Privatpfründe gefährdete?

Viele Fragen und keine Antwort.

Es geschahen jeden Tag so viele Dinge, daß schnell Gras über den Fall Hanussen wuchs. Graf Helldorf brauchte nicht lange die Vollblutzucht bei Potsdam zu betreuen. Er durfte wieder nach Berlin zurück und wurde Polizeipräsident der Reichshauptstadt.

In Hanussens Wagen fuhr sein ehemaliger Sekretär Dzino mit seiner blonden Frau nach Wien. Ich traf ihn dort. Er war nicht zu bewegen, über den Fall Hanussen zu sprechen. „Sein Wagen fiel mir zu, weil ich noch Gehaltsansprüche hatte. Ich habe ihn verkauft. Erstens, weil ich ohne Mittel dasaß, zweitens will ich durch nichts mehr an Hanussen erinnert werden. Mich schaudert . . ."

Dzino wurde Croupier. Dann machte er eine Schule für Croupiers auf. Sein Einkommen wurde immer dürftiger. Seiner blonden Frau hatte er nichts mehr zu bieten. Ihre Liebe erkaltete, sie knüpfte neue Beziehungen an. Das Ende war der Bericht im „Daily Express" vom 23. September 1937: „Croupier Dzino schoß auf seine Frau, sein Kind und dann auf sich selber . . ."

Herzblut mit Rum, zwei Eier im Glas ... 5

„Draußen ist ein junger Mann, der Sie sprechen möchte", sagte Herr Nietz, der lange, blonde Portier des „Romanischen Cafés".

„Warum kommt er nicht rein?" fragte mein Tischnachbar in seinem lyrischen Tonfall.

Dann stand der schüchterne junge Mann an unserem Tisch.

„Mein Name ist Billy Wilder, eigentlich Samuel Wilder ... Ich komme aus Wien, eigentlich aus Krakau", stellte er sich vor.

„Setzen Sie sich doch, bitte. Und was kann ich für Sie tun?" fragte ich.

„Wenn Sie mich zum Beispiel zu einer Tasse Kaffee einladen könnten ..."

Das war man im „Romanischen Café" gewohnt und nicht nur von meinem Tischnachbarn Renato Mondo, der seine „Gläubiger" mit den Worten begrüßte: „Heute will ich dich nicht anpumpen. Heute brauche ich kein Geld – gib mir eine Mark!"

Renato Mondo war wohl der erste DP, längst bevor es diesen Begriff gab. Er war DP aus dem ersten Weltkrieg. Er stammte aus Rumänien, war auf dem Wege über Wien ins „Romanische" geweht worden und lebte weniger oder mehr vom Schnorren. Er war nicht die einzige Figur dieser Art in diesem Caféhaus, das so solide aussah. Es war von

Baurat Schwechten gleich im Anschluß an den Bau der Kaiser-Wilhelm-Gedächtniskirche entworfen worden, um deren Fertigstellung sich Wilhelm II. intensiv gekümmert hatte. Als ihm Baurat Schwechten den Entwurf für die Kirche vorlegte, war der mit einem Sternchen über der Turmspitze versehen, das sich auf eine Fußnote der Zeichnung bezog. „Der Stern über der Turmspitze ist eine vortreffliche Idee!“ lobte Wilhelm II. Schwechten wagte keinen Einspruch gegen den Irrtum von S. M., und so wurde der Kirche als Krönung der Stern aufgesetzt.

In dem romanischen Eckhaus, das sich von der Tauentzienstraße bis zur Budapester Straße zog, wohnten Ärzte, Rechtsanwälte, solides Volk. Das Café im Erdgeschoß war ihresgleichen gewesen. Die Boheme hatte einen Block weiter im alten „Café des Westens“, Ecke Kurfürstendamm und Joachimsthaler Straße, gehaust. Zwei Jahrzehnte lang hatte das diesem Café den Namen „Café Größenwahn“ eingetragen. Da hatte Roda Roda 1904 seine Berliner Nächte verbracht, als er, noch mit einem stattlichen Schnurrbart geziert, erstmals von Wien nach Berlin umsiedelte, und der geistreiche Deutsch-Argentinier Rudolf Johannes Schmid hatte dem alten Paul Lindau, der sich als Boulevardier Berlins fühlte, gesagt: „Es muß etwas Wohltuendes um den Ruhm sein. Wie muß man sich fühlen, wenn die Welt zu einem aufblickt!“ Lindau hatte geschmeichelt genickt. „Sagen Sie es uns, Herr Doktor. Sie müssen es ja wissen ... Sie *waren* ja berühmt!“ Hans Heinz Ewers war hier jung und wurde von Rudolf Johannes Schmid begrüßt: „Willkommen Meister – Sie Aschinger der Magie!“ Die Leute vom „Sturm“ schlugen im Café Größenwahn ihr Quartier auf, Else Lasker-Schüler, der Prinz von Theben, und ihr Gatte Herwart Walden. Allen schleppte zu dem Glas Wasser, das ihr Hauptkonsum war, wenn er ihnen nur eine Tasse Kaffee kreditieren konnte, der „Rote Richard“, der kleine, bucklige Zeitungswart des „Größenwahn“, Berge von Journalen herbei. Nach dem ersten Weltkrieg strebte der Wirt zu besseren Renten. Er schloß das „Café des Westens“ zur Renovierung. An die klassische Zeit erinnerte nur im ersten Stock noch das „Kabarett Größenwahn“ Rosa Valettis. Dr. Eugen Robert, Direktor der „Tribüne“, hatte es ihr finanziert. „Was heißt denn finanzieren“, plauderte Rosa später aus. „Das Geld für den Vorhang hat er vorgeschossen!“ – Für den schwarzen Samtvorhang, der mit den Namenszügen von François Villon, Rodolphe Salis und anderen Ahnen des wahren Kabaretts bestickt war. Er hob sich über der jungen Kate Kühl und ihrem „langen Franz“ und Blandine Ebingers Lied, gedichtet und vertont von dem genialen Friedrich Holländer:

„Een Jroschen liegt auf meiner Ehre,
een Jroschen, unscheinbar und kleen . . .“

Als das alte „Café des Westens“ damals geschlossen wurde, um die unrentable Boheme auszuräuchern, suchte sie ein neues Obdach und war auf das vornehme „Romanische Café“ verfallen – wahrscheinlich, weil es in seinem Erdgeschoß – wer weiß, wie dahin verschlagen – alle Bände des großen Brockhaus gab, willkommene Nachschlagegelegenheit für freie Mitarbeiter der Presse. Der Umzug der Boheme vom Kurfürstendamm zur Budapester Straße war ein Ereignis. Dem Wirt des „Romanischen“ waren die neuen Stammgäste willkommen. Er kannte ihre Eigenarten noch nicht – zum Beispiel, daß manche keine Zeche machten, sondern sich mit den Kellnern geeinigt hatten, ihnen nur das doppelte Trinkgeld des Umsatzes schweigend in die Hand zu drücken, den sie als reguläre Gäste hätten machen müssen. Kaum denkbar, daß der Wirt den Trick nicht gemerkt haben sollte. Aber er sprach nicht darüber, der gutherzige Mäzen.

Ja, es gab im „Romanischen" viele Figuren, von denen man nie erfuhr, wovon sie ihre Existenz bestritten. Auch sahen durchaus nicht alle wie verkannte Künstler aus, die auf den Tag warteten, der ihnen Entdeckung und Anerkennung bringen sollte. Viele hatten schon vor dem ersten Weltkrieg im Pariser „Café du Dome" und während des Krieges im Züricher „Voltaire" genau so wenig getan.

In diesem Treffpunkt der Boheme an der Gedächtniskirche kannte jeder jeden – erst recht unter den Cliquen und Gegencliquen, die sich heftig befehdeten.

An diversen Stammtischen wurden kurzlebige Zeitschriften gegründet und langfristige „Kredite" aufgenommen. Wie von selbst hatte sich eine Zweiteilung des Cafés ergeben. Gleich links vom Eingang saßen die Arrivierten mit dem Stammtisch Max Slevogts, der hier mit vielen prominenten Kollegen residierte, zu denen sich auch Roda Roda gesellte, als er nach einem Münchener Zwischenjahrzehnt nach Berlin zurückkehrte, weil ihm die aufkeimende „Bewegung" das bajuvarische Klima verleidet hatte. Die beiden Teile des Cafés waren das „Schwimmer-" und „Nichtschwimmer-Bassin". Eine Treppe führte hinauf zur Galerie, die sich die Schachspieler reservierten. Da kämpfte Oscar Homolka mit seinen unzertrennnlichen Trabanten Staufen und Ströhm, während seine Gattin Grete Mosheim geduldig unten wartete. Wie ein Gespenst geisterte ewig der ausgezehrte Maler John Höxter durch die Räume, immer auf dem Weg zur Toilette. Er, der immer so aussah, als sei er dem Tode geweiht, legte jede erschnorrte Mark in Morphium an. Im Grunde war er begabt. Er hatte auch einmal in eine gutbürgerliche Familie eingeheiratet...

Oben: Der Stammtisch der Maler Slevogt und Orlik
Unten links: Klabund – Carola Neher
Rechts Mitte: Alfred Flechtheim – *Rechts unten:* John Höxter in der Revue „50 Jahre Flechtheim"

Oben links: Roda-Roda *Oben rechts:* Else Lasker-Schüler
Unten links: Anton Kuh *Unten rechts:* Bert Brecht

„Und was können wir sonst noch für Sie tun?" fragte Renato Mondo den neuen dritten Mann am Tisch, den Zuzügler Billy Wilder aus Wien, nachdem ich seinen Kaffee bezahlt hatte.

„Mir sagen, wo ich heute nacht schlafen soll", antwortete Billy Wilder resolut. Er kannte die Sitten und Gebräuche der literarischen Boheme aus dem Wiener „Café Herrenhof", dem Sitz der dortigen Boheme. So schlief also der junge Mann die ersten Nächte seines Berliner Aufenthalts auf dem Sofa meines möblierten Zimmers, auf dem viele vor ihm und nach ihm schliefen, obwohl meine Wirtin das gar nicht gerne sah. Wirtinnen, speziell Berliner Schlummermütter, haben es nicht gern, wenn man Gäste hat, die man selbst kaum kennt. Erst viel später habe ich erfahren, wie Billy Wilder nach Berlin gekommen war.

In Wien war Fritz Jacobsohn eingetroffen, der jüngere Bruder des „Weltbühnen"-Herausgebers Siegfried Jacobsohn. Fritz hatte in Berlin als Musikkritiker begonnen, als einer der begabtesten. Dann vertrat er eine amerikanische Zeitung. Dann wurde er Pressechef für den Film und seine neuen Stars. Die Ufa holte ihn für ihre Propaganda. Einmal führte er mich stolz in den langen Untergrundbahntunnel unter der Leipziger Straße, dessen dem Publikum zugänglichen Teil er mit Fresken des Nibelungenfilms von Fritz Lang hatte ausmalen lassen. Um seinen verschiedenen Arbeitgebern gerecht werden zu können, hatte er einen vielfachen „Einstundentag" erfunden. „Fritze" war Reklamechef bei Hermann Haller, als er aus dem Eispalast im Admiralspalast ein großes Revuetheater gemacht hatte. Nach dem Abschluß der Berliner Saison gastierte die Haller-Revue in Wien. „Fritze" reiste als Vorreiter voraus und hatte sich einen besonderen Coup ausgedacht: Auf der

Reise von der Spree zur Donau sollte eines der in der Haller-Revue mitwirkenden weltberühmten Tiller-Girls von dem damals bekannten Filmstar Igo Sym, dem späteren ersten Mann der Diseuse Loni Heuser, angeblich entführt werden.

„Fritze" Jacobsohn war zu Billys Wiener Chefredakteur gegangen, um dessen Blatt die exklusive Chance anzubieten, das verschwundene Tiller-Girl wiederzufinden. Der junge Billy Wilder bekam den Auftrag, sie zu suchen.

„Wo ist die Entführte?" fragte er Fritz Jacobsohn.

„Im Vertrauen: Sie ist mit Igo Sym auf dem Semmering."

Billy Wilder zuckte bedauernd die Schultern: „Es ist mir leider nicht möglich mitzumachen. Ich bin im Hotel die letzte Rechnung schuldig."

„Fritze" Jacobsohn sah schon die Schlagzeile „Entführtes Tiller-Girl wiedergefunden" verschwinden. Er fragte Billy: „Wieviel sind Sie schuldig?"

Wilder nannte eine nicht sehr hohe Summe. Jacobsohn gab sie ihm, brachte ihn zum Hotel und würde vermutlich heute noch warten, wenn er nicht weggegangen wäre. Denn Billy Wilder zahlte keine Rechnung, sondern entschwand durch die Hintertür aus dem Hotel Wandel, ging zum Bahnhof, löste für „Fritzes" Geld eine Fahrkarte nach Berlin und fuhr direkt ins Romanische.

Als Gast war er mir auf alle Fälle lieber als der gute Mondo, der selten eine Bleibe hatte. Entweder weil ihm die Miete fehlte oder weil er sich für die Fremdenpolizei, mit der er immer im Kampfe stand, keine feste Adresse wünschte. Ohne Paß schwebte der erste DP in ständiger Gefahr, abgeschoben zu werden. Die Beamten kamen gern um sechs Uhr morgens. Sie kannten Mondos Gewohnheiten nicht, der niemals so früh aufstand.

So schlief er oft in Wartesälen und benutzte die Toilette des „Romanischen" als Waschraum, was nicht unbedingt zu seiner Sauberkeit beitrug. Für sein Frühstück fand er immer mitleidige Mädchen, die er mit „Königin" oder „Fürstin" anredete, und die ihm dafür zwei Eier im Glas, das damals übliche Frühstück der Berliner Caféhausgäste, oder ein Paar Würstchen in Gulaschsaft spendierten – oft seine einzige Mahlzeit am Tage.

Bald sah man Billy Wilder nur noch in seinen freien Stunden im „Romanischen" – ausgezeichneter Journalist, der er war, hatte er nämlich eine Stellung bekommen. Wer schreiben konnte und journalistische Anlagen hatte, brauchte sich damals keine grauen Haare wachsen zu lassen. Es gab noch an die zwanzig Tageszeitungen in Berlin, dazu unzählige Zeitschriften und eine endlose Reihe von Fachblättern. Wenn man das Adreßbuch aufschlug, fand man nahezu in jedem Haus jemand, der etwas mit der Presse zu tun hatte.

Billy mietete sich bei Frau Schulz-York am Viktoria-Luise-Platz 11 ein und verdiente sich seinen Unterhalt. Renato Mondo gönnte ihm seinen Erfolg. Er selbst hatte wohl niemals solche Ambitionen. Billy selbst konnte nun schon Freunde protegieren: den Filmautor Walter Reisch, der späterhin mit dem Drehbuch zu „Maskerade" einen Welterfolg errang und heute zu den bestbezahlten Hollywoodautoren gehört, und den Schlagerdichter Fritz Rotter, der allein mit „Ich küsse Ihre Hand, Madame" eine runde Million verdiente. Den beiden ging es eigentlich viel besser als dem jungen Reporter, aber vielleicht hatte er schon eine untergründige Ahnung von seiner eigenen späteren Karriere als Filmregisseur und wollte seinen strebenden Freunden helfen.

„Willst du mir einen großen Gefallen tun und heute

nachmittag zum Tanztee ins Edenhotel kommen?" fragte mich Billy Wilder eines Tages.

Irgend etwas war mit seiner Berliner Zeitungsstellung schief gegangen, und kurz entschlossen war er Eintänzer im „Eden" geworden. Er war ein guter Tänzer. Einen Smoking besaß er, und die erforderliche zweite Sprache, die jeder Gigolo können muß, sprach er auch – nämlich Englisch.

„Du bist wohl wahnsinnig geworden", antwortete ich und dachte an die drei Mark fünfzig, die ein Teegedeck im „Eden" kostete. Soviel wollte oder konnte ich nicht in unsere Freundschaft investieren.

„Ich habe gestern mit einer wunderschönen Frau getanzt. Sie war in Begleitung eines seltsam aussehenden Mannes. Der hat mich gefragt, ob ich wirklich von Beruf Eintänzer sei. ‚Eigentlich bin ich Journalist', sagte ich. ‚Warum schreiben Sie nicht Ihre Erlebnisse als Eintänzer auf? Ich könnte sie unterbringen', entgegnete der Fremde. Und nun wüßte ich gern, ob du ihn kennst. Sie sind heute wieder da. Es kommt darauf an, ob er genügend Einfluß hat, so eine Artikelserie von mir zu placieren..."

So ging ich denn an diesem Nachmittag ins Edenhotel. Billy führte mich auf die Balustrade, auf der die Kapelle Oscar Joost saß, und von der aus ich zusehen konnte.

Noch bevor mein Freund, der Gigolo, die wunderschöne Dame zum Tanz auffordern konnte, von der er geschwärmt hatte, wußte ich schon, daß der seltsam aussehende Begleiter die Macht und den Einfluß hatte, Billys Serie unterzubringen. Billys Partnerin, die ihn für jeden Tanz bezahlte, war Carola Neher, die bekannte Schauspielerin. Der merkwürdige Mann war der Dichter Klabund, Carolas angetrauter Gatte, der wegen seines Lungenleidens selbst nicht tanzen durfte.

Während dann Billy Wilder auf meiner Schreibmaschine – seine eigene war beim Pfandleiher – jene Zeitungsserie „Eintänzer im Edenhotel" tippte, tauchte eine neue Figur im „Romanischen" auf: ein Amerikaner, der fließend sächsisch sprach. Er hätte von Hans Reimann erfunden sein können. Er hieß Robert Siodmak. Jahre zuvor hatte ich ihm Berlins Nachtleben gezeigt, als er noch junger Mann im Bankhaus Mattersdorf in Dresden gewesen war. Aus Sachsen hatte er mir eines Tages einen Brief geschrieben: Er habe die Idee, das erste deutsche Magazin zu gründen, und wenn ich dreißigtausend Mark hineinstecken könne, würde ich viel Geld verdienen. Da ich weder dreißigtausend in der Tasche noch eine blasse Ahnung hatte, was ein Magazin eigentlich sei, mußte ich bedauern. Und nun saß Siodmak, der Gründer des Magazins, neben uns an der Gedächtniskirche, hatte hundertachtzigtausend Mark Schulden und sein Blatt an F. W. Köbner verkauft.

Nun wollte er zum Film. Wieso er sich dafür geeignet hielt, wußte der Himmel.

Inzwischen hatte Billy Wilder seine Serie auf Klabunds Fürsprache an die „B. Z. am Mittag" verkauft und einen Teil seiner Kaffeehausschulden bezahlt. Und war über Nacht ein bekannter Mann geworden, wenigstens um die Tische des „Romanischen" herum. Es kostete ihn einige Freikaffees für Renato Mondo. Auch Frau Schulz-York, seine brave Wirtin, bekam die rückständige Miete. Und nun war Billy in großer Form, erzählte pointenreiche Geschichten, mit einem Worte, er fühlte sich als gemachter Mann.

Mit tausend Mark Vorschuß schickte ihn das große Verlagshaus in der Kochstraße an die Riviera, um das Gigolothema nunmehr vor internationalem Hintergrund abzuleuchten. Das wurde sein Verhängnis. Bis heute weiß niemand, warum er nach einigen Wochen ohne eine Zeile zurückkam und ohne einen Restpfennig vom großen Vorschuß. Und warum er nicht seiner Phantasie die Sporen gab, zu erdichten, was er offenbar nicht erlebt hatte. Die Folge war, daß er niemals wieder einen Artikel bei Ullsteins absetzen konnte, weil ihm jede Mark Honorar zugunsten des Vorschusses abgezogen worden wäre, denn er hatte ja die Artikelserie nicht geliefert, für die ihm der Vorschuß gezahlt worden war. Nur Viktor Wittner, einer seiner Freunde aus Wien, druckte zuweilen etwas von ihm. Wittner redigierte jetzt den „Querschnitt", die anspruchsvolle, aber snobistische Zeitschrift, die der Kunsthändler Alfred Flechtheim in Düsseldorf gegründet und in der zum Beispiel Erik Charell noch gezeichnet hatte, bevor er Tänzer und später der große Revue-König Berlins wurde. Aber Flechtheim hatte das Blatt an Ullsteins verkaufen müssen.

Damals schrieb Billy Wilder seinen berühmten Artikel „Der Mann, den man gerne haßt" über Erich von Stroheim. Darauf drahtete der große Hollywood-Regisseur: „Wer ist der Strolch, der es gewagt hat, mich zu kritisieren?" Zwanzig Jahre später holte sich Billy Wilder Stroheim für die Hauptrolle seines ersten Rommel-Films „Fünf Gräber auf dem Weg nach Kairo" und sagte zu seinem neuen Star bei der Begrüßung: „So ist das Leben, Herr von Stroheim! Mal waren Sie der große Regisseur und ich der kleine Journalist. Nun sind Sie Darsteller bei mir, und ich bin der Regisseur. Aber glauben Sie mir: Ich war mir immer bewußt, daß Sie Ihrer Zeit um zehn Jahre voraus waren . . ."

Stroheim blickte empört durch sein Monokel und erwiderte kühl: „Was heißt zehn Jahre? Mindestens zwanzig Jahre war ich meiner Zeit voraus, Herr Wilder!"

Das lag aber noch im dunklen Schoß der Zukunft verborgen. Vorläufig hatte Billy wieder mal kein Geld. Für karge Bezahlung verkaufte er „Gags“ an Joe Pasternak, der für die Universal-Filmgesellschaft Eddy Polo-Sensationsstreifen produzierte. Und Billy saß weiterhin bis tief in die Nacht hinein im „Romanischen“ zwischen der „roten Lotte“ und Wanda und den anderen Stammgästen, die auf das große Wunder warteten.

Viele hielt man für Stammgäste, obwohl sie eigentlich nur Gastspiele gaben. Sie tauchten auf und verschwanden, ohne eine Spur zu hinterlassen – es sei denn einen Schwanz von Anekdoten und Legenden. Zu diesen Granden des „Romanischen“ gehörte Egon Erwin Kisch, der in Prag geborene „rasende Reporter“, dem es gelang, zuerst die größte Spionageaffäre des Vorweltkrieges zu publizieren, die Affäre Redl. Kisch reiste um die Welt, hob die Reportage auf das Niveau des Feuilletons und gehört nach seinem Tode zu den Klassikern des Journalismus, denen er selbst einen Sammelband widmete.

„Ich sehe Sie noch in fünfzig Jahren mit zahnlosem Mund und einem Vollbart hier sitzen und vor sich hinmurmeln: ‚Ich habe den Kisch noch persönlich gekannt'“, sagte er, von einer weiten Reise zurückgekehrt, als er mich noch am selben Tisch im „Romanischen“ fand.

Der König der Schnorrer, Anton Kuh, kam nur selten vorbei. Der dünne Mann mit dem ewigen Monokel, der sich immer nervös mit der flachen Hand ins Gesicht schlug, hatte sein Feld bereits in höhere Sphären verlegt, wo es lohnendere Objekte für ihn gab. Wenn die Stammgäste des „Romanischen“ arme Zimmervermieterinnen auf den Zins warten ließen, logierte er im Hotel Adlon.

„Kuh – können Sie sich denn das leisten?“ wagte ich ihn einmal zu fragen.

„Ich habe im Adlon soviel Schulden, daß es mir eigentlich schon gehört“, war die Antwort.

Er wußte die schönsten Anekdoten zu erzählen – auch von sich selbst –, wobei er die bissigsten Epigramme formulierte, die niemals den Transport aufs Papier aushielten. Wenn er eimal ganz schwer im Druck war, gewann er Max Reinhardt oder Viktor Barnowsky dazu, ihm eins ihrer Theater für einen Sonntagvormittag zur Verfügung zu stellen. Dann hielt er gegen splendides Entree einen Vortrag, ganz aus dem Stegreif, funkelnd von boshaften Bonmots, und die besten Köpfe Berlins füllten beifallrasend das Haus. Ganze Generationen von Hollywoodautoren leben noch heute von seinen Geistreicheleien.

Anton Kuh durfte ganz von oben auf die Zunft der kleinen Schnorrer herabsehen, die sich im „Romanischen“ mit einem Kaffee oder ein paar Mark zufrieden gaben, und von denen die meisten wohl verhinderte Bürger waren, die viel lieber ein solides, stabileres Leben geführt hätten, wenn es ihnen nur möglich gewesen wäre. In Wirklichkeit kamen sie hierher, weil sie sich wenigstens in stundenlangen Gesprächen in der Hoffnung auf ihren kommenden Durchbruch, auf die allgemeine Anerkennung wiegen konnten. Waren sie arriviert, wurden sie seltener im „Romanischen“, waren sie an Beruf und Familie gekettet und fuhren mit einem Lächeln der Geringschätzung im Mercedes vorüber ...

„Was gibt es Neues, Doktorchen?“ fragte ein Journalist den tüchtigen Theateranwalt Dr. Otto Joseph, der zuweilen hier seinen Kaffee trank. Das „Romanische“ war auch Nachrichtenbörse, Quelle für Informationen, die man in Zeilenhonorare verwandeln oder ausstreuen konnte. Den Theaterleuten lag an Reklame, am Genannt- und Gedrucktwerden, an der kleinen Notiz im morgigen Blatt.

Im „Romanischen" war auch Moritz Seeler Stammgast, von dem keiner wußte, wovon er eigentlich lebte. Er hatte sich große Verdienste um die literarische Avantgarde erworben. Bald nach dem ersten Weltkrieg hatte er die „Junge Bühne" gegründet, die in Matineen so begabten Dramatikern wie Brecht, Bronnen, Zuckmayer, Gurk und Barlach zum Durchbruch verhalf. Seine Entdeckungen waren in den Spielplänen der Geschäftstheater heimisch geworden, aber Seeler saß noch immer im „Romanischen". Einmal hatte er in Form von Epigrammen das Vorwort zu einem Buch seines Freundes, des Schauspielers Hans Heinrich von Twardowski, geschrieben. Twardowski war naher Verwandter des ersten Geschäftsführers des Demokratischen Clubs, der ins Auswärtige Amt hinüberwechselte und heute Pressechef in Bonn ist. Twardowskis Buch hieß „Der rasende Pegasus", im Vorwort nannte Moritz Seeler Rabindranath Tagore „den heliotropen Psalm" und Theodor Daeubler wegen seines Bartes „ein Pseudonym des lieben Gottes". Einmal war Seeler Mitautor einer Friedrich Holländer-Revue, die „Rings um die Gedächtniskirche rum" hieß und einen alten, schmachtenden Schlager lokalisierte:

„Zwei dunkle Augen,
zwei Eier im Glas,
ein bißchen Herzblut
mit Rum . . ."

Aber davon konnte man schließlich nicht ewig leben, und Moritz Seeler war keiner von denen, die sich ihren Kaffee auf Kredit oder Pump bestellten. Eines Tages brachte er das Kunststück zustande, Billy Wilder, Robert Siodmak und ein paar andere davon zu überzeugen, daß man einen Film machen müsse. Natürlich keinen Film nach der Methode der Filmkonfektionäre, sondern eben . . .

Siodmak, der regieliche Ambitionen hatte und Erfahrungen im Umgang mit Finanziers, trieb den Kredit auf. Ein weitläufiger Verwandter erklärte sich bereit, das Projekt mit siebzigtausend Mark zu finanzieren. Billy schrieb das Drehbuch und bekam ganze siebzig Mark dafür. Der einzige der Gruppe, der etwas vom Film verstand, war der Kameramann Eugen Schüftan, der nicht nur ein ausgezeichneter Techniker war, sondern auch ein Erfinder von vielen Graden.

Gedreht wurde fast ausschließlich im Freien, für Atelieraufnahmen standen nur zwei Tage zur Verfügung. Das Avantgardistische bestand unter anderem darin, daß man keine Professionells als Darsteller beschäftigte, sondern „echte" Menschen. Man holte sich die Mitwirkenden von der Straße.

Im Februar 1929 fand die Uraufführung von „Menschen am Sonntag" im U.T. am Kurfürstendamm statt. Es wurde ein großer Avantgarde-Erfolg. Trotzdem bekam der Geldgeber, der alte Nebenzahl, seine siebzigtausend Mark niemals zurück.

Am Abend vor der Premiere saß Billy Wilder am Tisch des Ufa-Dramaturgen Robert Liebmann, der selber einmal Journalist bei der „B. Z. am Mittag" gewesen war, und sagte: „Wenn es wahr ist, daß Sie mich zur Ufa bringen wollen, wenn Ihnen morgen abend mein Film gefällt, heirate ich die Kitty ..." K. war Billy Wilders Freundin, und ich habe niemals herausfinden können, warum der breitschultrige, einflußreiche Mann deshalb „Menschen am Sonntag" geneigter hätte beurteilen sollen.

Aber der Streifen, in dem eigentlich wenig vorging, gefiel Liebmann tatsächlich, und der Autor Billy Wilder wie auch der Regisseur Robert Siodmak hatten bald ihren hübschen Ufa-Vertrag in der Tasche, was sie jedoch keineswegs dem „Romanischen“ entfremdete. Natürlich aßen sie nunmehr in anspruchsvolleren Lokalen, bei Stöckler am Kurfürstendamm, bei Horcher oder bei Schlichter in der Lutherstraße, aber das zwielichtige Milieu des Cafés, seine Magie, zog sie weiterhin an. Auch als sie schon eigene Autos steuerten, kamen sie noch ins „Romanische“. Es war die Atmosphäre, die attraktiv wirkte und Arrivierte und Prominente vom richtigen Stoff immer wieder anzog, wie auch saturierte, wohlhabende Bürger. Vielleicht war es die hoffnungsgesegnete Jugend, die hier den Ton angab und sie daran erinnerte, daß man einst auch höhere Ideale gehabt hatte. Man hatte schließlich selbst nächtelang Spengler und die Leitartikel Theodor Wolffs diskutiert, die er jeden Montag, leuchtend formuliert, im „Berliner Tageblatt“ schrieb. Und dann hatte man doch nicht die schlanke Blonde, sondern eine kleine Dicke geheiratet und die Ideale hinter sich gelassen, war irgendwie in die Gutbürgerlichkeit des festen Monatsgehalts, der Dividenden und des weichen Sofas untergekrochen. Mit leicht schlechtem Gewissen, aber mit gepolsterter Brieftasche. „Wissen Sie, man muß doch leben. Man hat Familie, man hat Kinder ...“ Man beschwichtigte sein Gewissen, indem man sich ab und zu wieder einmal – in einigem Abstand, versteht sich – neben denen sehen ließ, die vorläufig noch immer ihren himmelstürmenden Idealen nachjagten.

Da war der Herrenschneider Moldauer, der aus Rumänien heraufgekommen war, gemeinsam mit dem Griechen Stawropulos Unter den Linden seinen Salon betrieb, und dem alle Welt die Rechnungen schuldig blieb, so daß man sich zuweilen den Kopf zerbrach, wovon er so gut lebte. Er hatte eine schöne Frau vom Film geheiratet, die blonde Lee Parry. Ursprünglich hatte sie Benz geheißen und war die Tochter des Sängers Benz in München, der in Schwabing ein berühmtes Künstlerlokal aufmachte, in dem später auch Karl Valentin mit Lisl Karlstadt gastierte. Dem runden Moldauer machte es Spaß, neben denen zu sitzen, die sich bestimmt keinen Anzug bei ihm leisten konnten. Ob er damit rechnete, sie würden sich eines Tages in seine Kundenliste eintragen lassen? Man wußte ja nie im „Romanischen“, was aus den Tischnachbarn werden konnte, nicht wahr?

Es gab viele Karrieren, die im „Romanischen“ begannen, aber wenige, die in ihm endeten. Selbst der bucklige „Rote Richard“, der einstige Zeitungspaladin vom „Café Größenwahn“, war avanciert. Schräg gegenüber vom „Romanischen“ war im ersten Stock eine vornehme Tanzstätte mit einem Café im Erdgeschoß erstanden. Das Etablissement hieß natürlich „Palais“ ... „Palais am Zoo“. Dort hielt Richard jetzt die „Neue Freie Presse“, das „Neue Wiener Journal“ oder die „Frankfurter Zeitung“ bereit. Hier wußten die Gäste wenig um seine alten Verdienste um die deutsche Literatur. Als er aber starb, gab ihm das halbe „Romanische“ das letzte Geleit.

Das „Romanische“ war für die meisten Aus- oder Übergang. Karrieren, die hier begannen, liefen bis nach Hollywood, in ein großes Theater oder in ein Landhaus, das aus Tantiemen wuchs. Billy Wilder gehört längst zu den höchstbezahlten Regisseuren der Hollywooder Traumfabrik gleich Robert Siodmak und vielen anderen. Nur John Höxter ist unweit der Gedächtniskirche gestorben. Renato Mondo hat kurz vor dem zweiten Weltkrieg seine ewige Wanderschaft auf dieser Erde in einem Lungenhospital in Frankreich beendet und ist in eine Welt übergesiedelt, die keine Pässe, Vaterländer und Aufenthaltsgenehmigungen kennt.

Zuletzt traf ich ihn in Paris. Er wartete noch immer auf

das große Wunder, ohne daß er etwas dazu tat, es zu beschleunigen. Er hat diese Welt trotzdem geliebt und ihre Menschen, obwohl sie ihm viel angetan haben. Hinter seinem Pseudonym barg sich der bürgerliche Name „Welt".

Wie ein Symbol wirkt das heute.

Ihm gehörte nichts, und er langte nach der Welt.

Frühlingserwachen 1928 6

Wir verschlangen den „Reigen"-Prozeß, der in den Zeitungen ausführlich beschrieben wurde. Arthur Schnitzlers gewagtes, psychologisch subtiles Stück um zehn erotische Erlebnisse, in denen jedesmal eine Sekunde vor zwölf der Vorhang fällt, führte die Direktorin Gertrud Eysoldt auf, die neue Freiheit von der Zensur nützend. Heute kann kein Direktor damit Kasse machen. Der Autor hat in seinem Testament weitere Aufführungen untersagt, die Möglichkeiten des Films freilich hat er vergessen. Gertrud Eysoldt, eine Entdeckung des „Überbrettl"-Barons Ernst von Wolzogen, dann „Puck" in Max Reinhardts „Sommernachtstraum", hatte den Saal der Staatlichen Hochschule für Musik in der Hardenbergstraße gepachtet und in ein Kammerspieltheater verwandelt. Gegen den „Reigen" tobten die Mucker. Sie fanden durch merkwürdige Kanäle auch Wege ins preußische Kultusministerium, das sie bedrängten. Das Ministerium war der Hausherr der Hochschule. Es wollte nicht offen gegen Schnitzler opponieren, fand aber einen listigen Trick, Gertrud Eysoldt aus einem formalen Grund aus dem Hause zu vertreiben. Die Direktorin ließ sich verklagen. Das zog sich hin.

Jeden Abend las Gertrud Eysoldt vor dem Vorhang die Klageschrift vor, ehe er sich über dem ersten Bilde öffnete. Das verlängerte die Serie der Aufführungen beträchtlich. Der Prozeß war kein Ruhmesblatt für den preußischen

Staat. Gertrud Eysoldt wurde von Rechtsanwalt Wolfgang Heine brillant vertreten. Es war pikant, daß ihre Sache ein Jurist führte, der bis vor kurzem selbst noch Minister gewesen war. Da Heine auch Mitbegründer des Goethebundes war, der schon vor der Jahrhundertwende den Anschlag der Mucker in der „Lex Heinze" vereitelt hatte, war ihm der neue Kampf um die Freiheit der Bühne Herzenssache. Er legte den pharisäischen Hintergrund der Klage bloß und brachte die Gutachten namhafter Künstler und Schriftsteller bei, die sich für Autor und Direktion einsetzten. Wir jungen Leute standen natürlich auf seiner Seite. Wir fanden die Opposition gegen das Stück überholt, uns hatte es nichts Neues gebracht.

Die Hardenbergstraße, in der die Mucker ein Attentat gegen die Freiheit der Kunst versuchten, sah alsbald auch ein politisches Attentat, das einen Prozeß nach sich zog. Am 15. März 1921 wurde vor dem Hause Hardenbergstraße 17, um halb zwölf Uhr vormittags, der ehemalige Großwesir Talat Pascha von dem vierundzwanzigjährigen Studenten Salomon Tailirian niedergeschossen und seine Frau schwer verletzt. Talat Pascha war politischer Flüchtling, sein Tod endete ein Leben, das einmal zu dauernder Größe bestimmt schien und nun zur Vergeltung erlosch, weil Talats Staat die Menschenrechte geschändet hatte. Als kleiner Postbeamter hatte er in Konstantinopel mit seinem Freunde Enver Bey die jungtürkische Revolution angeführt, die das Sultanat Abdul Hamids stürzte. Talat und Enver, jener als Großwesir, dieser als Kriegsminister, traten an die Spitze des Staates und schlossen dann das Bündnis mit Deutschland, das ihnen half, im ersten Weltkrieg den englischen Anschlag auf die Dardanellen zu vereiteln. Als Deutschland und die Mittelmächte 1918 den Krieg verloren, mußte Talat flüchten und fand in Berlin bei den früheren Bundesgenossen Zuflucht. Die Kugeln, die ihn in der Hardenbergstraße ereilten, waren die Vergeltung für die Grausamkeiten, deren sich die Jungtürken im Kriege durch eine fluchwürdige Ausrottungspolitik gegen die Armenier schuldig gemacht hatten.

Der Attentäter wurde von Rechtsanwalt Dr. Johannes Werthauer verteidigt. Dr. Werthauer hatte in jüngeren Jahren die Presse viel beschäftigt. Es hatte wenige Prozesse gegeben, in denen er nicht in vehemente Differenzen mit dem Vorsitzenden geriet, die in den Blättern viel Raum einnahmen. Das tat seiner Popularität gut, zumal, als er, der große, schlanke Mann mit dem polierten Schädel, auch noch Betty d'Armand, eine der schönsten Frauen des Metropoltheaters heiratete. Hatte sie seinem Temperament Zügel angelegt? Werthauers Namen fand man jedenfalls seltener in den Spalten der Sensationen, Werthauer wurde zu einem auch in seriösen Kreisen angesehenen Anwalt. Er führte nicht nur diskrete Ehescheidungsprozesse der oberen Zehntausend, sondern vertrat auch die Kaliindustrie in Aktienprozessen, und in dem Prozeß gegen den Studenten Tailitian gewann er politisches Format, indem er vor der Verhandlung all die bisher im Zeichen der türkisch-deutschen Allianz geheimgehaltenen Greuel publizierte, die die Türken während des Krieges gegen die Armenier begangen hatten. Tailitian, der mit angesehen hatte, wie seine Eltern und Verwandten vergewaltigt und niedergemacht wurden, sprach das Gericht frei.

Die Namen der bekanntesten Anwälte wurden uns sehr geläufig. Da war der Doktor Alsberg, der in jungen Jahren neben dem Dichter Herbert Eulenberg im Hörsaal gesessen hatte, auch selbst ein erfolgreiches Stück im Renaissancetheater aufführen ließ und den Richtern rechtsphilosophische Vorträge von hohem Niveau hielt. Ein

An der Gedächtniskirche · Links die Terrasse des Romanischen Cafés

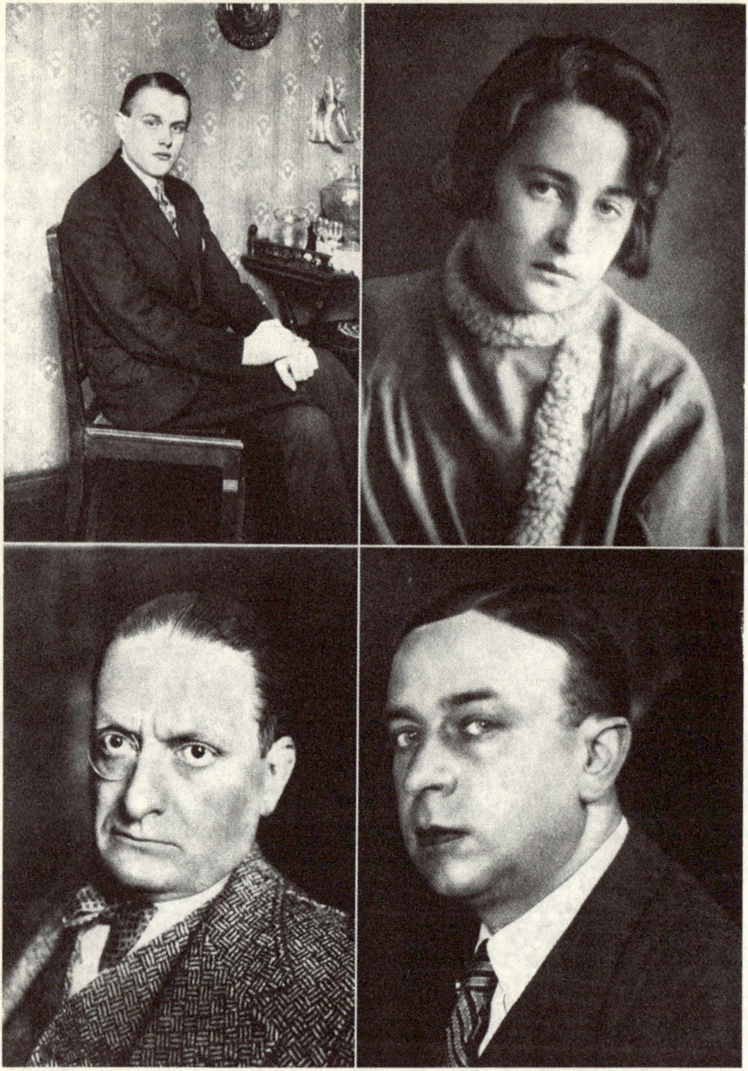

Oben links: Paul Krantz *Oben rechts:* Hildegard Scheller
Unten links: Dr. Dr. Erich Frey *Unten rechts:* Dr. Alsberg

Leben ohne die forensische Philosophie mochte er nicht mehr leben; er wählte nach 1933 in der Schweiz den Freitod.

Sein Kollege Dr. Richard O. Frankfurter ließ sich jeden Mittag um zwölf Uhr die „B. Z. am Mittag“ in den Gerichtssaal reichen. War am Vorabend Premiere gewesen, las er in ihren Spalten die geschliffene Kritik, die er für das Ullsteinblatt viele Jahre zu schreiben pflegte, er, der Mann mit dem Friedrich Nietzsche-Profil. Autor war auch Dr. Dr. Frey, allerdings mehr für Operetten, deren Stars dann in der Bellevuestraße in sein smyrnabelegtes Büro hinaufstiegen, wenn sie etwas mit der Dame Justitia zu tun hatten. Sonst erkämpfte er auch für Ganoven milde Urteile, wie sein Kollege Walter Bahn, der vorzügliche Strafverteidiger. Arthur Wolff war der Anwalt des „Deutschen Bühnenvereins“ und des Generalintendanten, Graf von Hülsen. Rechtsanwalt Grünspach der Anwalt der Künstler der Sezession, Rechtsanwalt Joseph wie auch neuerdings wieder der juristische Berater der Filmwelt, seitdem er über London aus Peru heimgekehrt ist und in München praktiziert.

„... Und somit bitte ich die anwesende Öffentlichkeit und die Vertreter der Presse darauf Rücksicht zu nehmen, daß das, was hier in den nächsten Tagen verhandelt werden wird, nicht für jedermanns Ohren bestimmt ist ...“ sagte ungefähr der Vorsitzende, als er am 9. Februar 1928 im großen Saal in Moabit den ersten Verhandlungstag gegen den Oberprimaner Paul Krantz eröffnete. Der Oberprimaner war angeklagt, seinen Freund Günther Scheller zum Mord an dem Kochlehrling Hans Stephan angestiftet zu haben. Dr. Frey, der Verteidiger des Angeklagten, putzte nervös sein Monokel. Der Saal war überfüllt. Draußen, in den Gängen des Gerichtsgebäudes, mußte die

Polizei unter den vielen Neugierigen, die nicht mehr Einlaß gefunden hatten, Ordnung schaffen. Die Pressetribüne wies internationale Besetzung auf. Die ganze Welt schien an dem Prozeß interessiert. In allen Weltsprachen hatten Millionen Zeitungsleser die Vorberichte verschlungen.

Die Mahnung des Vorsitzenden an Öffentlichkeit und Presse, das Thema des Prozesses diskret zu behandeln, kam zu spät. Längst war überall bekannt, was sich vor einem halben Jahr in jenem Hause in Steglitz abgespielt hatte. Aber man erwartete von der Hauptverhandlung noch ein weiteres Vorhanglüften. Man erhoffte sich noch intimere Sensationen. Die Dinge, um die es hier ging . . . Mord . . . Liebe . . . Eifersucht . . . Geschlechtsbeziehungen unter Jugendlichen . . . vielleicht sogar noch Homosexualität . . ., interessierten jeden. War der nun tote Günther Scheller anomal gewesen? Hatte er etwas mit dem von ihm gemordeten Stephan gehabt? Würde die Schwester Hilde Scheller, die überhaupt der Anlaß zur Tat gewesen war, aussagen? Durch die Zeitungen war schon das Gedicht des Angeklagten gegangen:

„Auf dem Boden liegt die Leiche
meines Freundes Robert Krause.
Aus der Wunde sickert langsam
rotes Blut zur grauen Erde.
Neben ihm sitzt stieren Blickes
er, der ihn ermordet hat.
Es verglimmt die Zigarette
zitternd in der Mörderhand . . ."

Der Vorsitzende rief die Zeugen und die Sachverständigen auf. Unter ihnen saßen der Leiter des Sexualwissenschaftlichen Instituts, Magnus Hirschfeld, und der Dramatiker Arnolt Bronnen, der wie der Verteidiger ein Monokel trug. Dann rekapitulierte bereits der Staatsanwalt die Vorgänge jener verhängnisvollen Juninacht in Steglitz. Steglitz war damals ein ruhiges Beamtenviertel. Es rühmte sich der wenigsten Ehescheidungen von Groß-Berlin. Beamte erhalten Pensionen, ihre Witwen werden versorgt: solche Ehebindungen lösen sich nicht leichtsinnig. Aber viele Väter waren im Kriege gefallen. Kleine Vermögen hatte die Inflation aufgezehrt. Der verminderten älteren Generation fehlte die Kraft, die Jugend im Zaum zu halten. Unter ihr hatte sich nun im Leben das abgespielt, was eine Generation zuvor durch Frank Wedekind in „Frühlingserwachen" dichterisch gestaltet worden war. Und die Wirklichkeit schien stärker. Saßen nicht hinter Paul Krantz Millionen von Eltern – die eigentlichen Angeklagten dieser Tragödie?

Der Angeklagte Paul Krantz machte keinen unsympathischen Eindruck. Ein begabter Jüngling, der auf dem Mariendorfer Oberrealgymnasium eine Freistelle hatte. Ein lebendiger Kopf, der schon mehrere Male das Elternhaus verlassen hatte, um in die weite Welt hinauszuwandern. Einmal hatte man ihm in München, wo man ihn aufgriff, das Geld für die Rückfahrt nach Berlin geben müssen.

Es begann in einer Juninacht. Paul Krantz hatte sein erstes Liebeserlebnis mit Hilde, der hübschen Schwester seines Freundes Günther Scheller. Sie war früh entwickelt, leichtlebig, ganz auf dem Wege, eine Wedekindsche Lulu zu werden. Lulu, die kleine Bestie aus einem anderen Wedekindstück. Für sie bedeutete eine solche Nacht nichts. Um so mehr für den faustisch veranlagten Paul Krantz. Auf ihn machte die erste Nacht mit einer Frau großen Eindruck. Paul ahnte nicht, daß ein anderer, der Kochlehrling Hans Stephan, gleichfalls bei Hilde in Gunst stand. Alle vier waren über ihre Jahre hinaus selbständig. Sie repräsentierten typisch eine Zeit, in der die Jugend sich zu viel selbst überlassen blieb. Die grausige Tragödie spielte sich ab, als gäbe es auf der ganzen Welt keinen Menschen, keinen Erwachsenen, der Zeit und Interesse für die Jugend habe.

Am nächsten Tage trafen sich die beiden Freunde Paul Krantz und Günther Scheller vor dem Hause der Schellers. Sie gingen hinauf und tranken Obstwein – zu mehr langte ihr Primanertaschengeld nicht. Oben bei Hilde war Hans Stephan. Als sie Paul und Günther kommen hörte, versteckte Hilde den Freund in der Wohnung. Sie wußte, daß ihr Bruder Stephan nicht leiden konnte. Oder ahnte sie, daß er eifersüchtig war?

Es klingelte. Hildes Freundin Ellinor Ratti kam zu Besuch. Um die Geliebte der vergangenen Nacht eifersüchtig zu machen, flirtete Paul mit Ellinor. Dann verließ Günther Scheller das Haus, Krantz, Hilde und Ellinor waren allein.

Hilde holte Stephan aus dem Versteck, der Bruder war fort, auf Pauls Empfindungen nahm Hilde-Lulu keine Rücksicht. Hoch und heilig mußte Paul versprechen, Günther nichts von der Anwesenheit Stephans in der Wohnung zu erzählen. Ellinor ging, Bruder Günther kehrte mit einer neuen Flasche Obstwein zurück. Hilde und Hans Stephan versteckten sich im Schlafzimmer, Paul und Günther ließen sich allein in der Küche nieder und tranken weiter Obstwein. Leicht angeschwipst, brach Paul sein Wort und gab dem Freunde Günther preis, wer sich nebenan bei seiner Schwester befand.

Da fiel ein Schuß.

Hilde stürzte aus dem Nebenzimmer: „Was ist los?" Die Jungen beruhigten sie. Paul Krantz hatte mit der Waffe, die ihm gehörte, gespielt. Aus Versehen war sie losgegangen.

„Dumme Jungen!“ sagte Hilde und ging zurück. Was sich zwischen den beiden Freunden wirklich abgespielt hatte, blieb unklar. Doch versuchten sie alsbald, die von Hilde wieder verschlossene Tür aufzubrechen, bis die Türklingel schrillte. Ellinor kam zurück. Die beiden Mädchen gingen ins Schlafzimmer, in dem sich auch Stephan versteckt hielt.

Und dann knallte die Pistole. Zwei Schüsse – zwei Sterbende: Hans Stephan und Günther Scheller. Kurze Zeit danach wurden Paul Krantz und Hilde Scheller verhaftet. Das war der ganze Tatbestand, soweit man ihn rekonstruieren konnte. Und da saß also der einzige männliche Überlebende der Nacht vor den Richtern.

Eine falsche Aussage wurde ihm nachgewiesen. Einmal erinnerte er sich, gesagt zu haben: „Dann sterben wir alle zusammen.“ Abschiedsbriefe wurden gefunden. Einer von Günther Scheller begann mit der Anrede: „An das Weltall.“ Alle Briefe besagten, daß Günther zuerst Stephan erschießen sollte. Dann sollte Paul Krantz Günther Scheller töten und zuletzt Selbstmord begehen.

Was sich wirklich zutrug, ist vor Gericht nicht auszumachen. Paul Krantz erkrankte während der Verhandlung. Dr. Frey legte vorübergehend die Verteidigung nieder und plädierte dann für Freispruch von Paul Krantz.

„Ich habe den Worten meines Verteidigers nichts hinzuzufügen. Ich habe das Gefühl, daß ich unschuldig bin. Nehmen Sie mir nicht die Möglichkeit, daß ich als Mann gutmachen kann, was ich als Kind moralisch gefehlt habe“, sagte Paul Krantz in seinem Schlußwort, bevor sich das Gericht zur Beratung zurückzog.

Die Beratung währte lange. Immer wieder besprach man im Zuschauerraum, was man in Steglitz und in ganz Berlin seit Wochen diskutierte: Paul Krantz war eifersüchtig auf

Hilde und Hans Stephan. Durchaus einleuchtend ... aber warum wollte Günther Scheller den Geliebten seiner Schwester erschießen? Um seinen betrogenen Freund Krantz zu rächen? Um die Ehre seiner Schwester wiederherzustellen? Oder fühlte er sich am Ende selbst betrogen? Aber von wem? Von Hilde oder von Stephan? Hatte das Jugenddrama homosexuelle Hintergründe?

Paul Krantz wurde von der Anklage der Anstiftung zum Morde freigesprochen und nur zu drei Wochen Gefängnis wegen verbotenen Waffentragens verurteilt. Diese drei Wochen galten durch die Untersuchungshaft für verbüßt.

Paul Krantz ging späterhin nach Frankreich, schrieb unter einem angenommenen Namen ausgezeichnete Romane und lehrt heute an einer amerikanischen Universität Literaturgeschichte.

Angeklagt stand in jenem Prozeß eigentlich die Zeit. Alle Beteiligten, die beiden Toten und die beiden Überlebenden, waren Produkte der Nachkriegsjahre. Die ganze große Verwirrung, die der Wechsel der Moralanschauungen mit sich gebracht hatte, starrte den Zuhörern im Gerichtssaal ins Gesicht. Die Eltern der Jugendlichen hatten noch Lippenstifte für verwerflich gehalten und Zigaretten für unmoralisch. Sie hatten keine Zeit gehabt, davon Notiz zu nehmen, daß die Anschauungen im Fluß waren. Vielleicht hatten sie ihre Augen vor den Einflüssen, denen ihre Kinder unterlagen, verschlossen, wußten sie nichts von den erotischen Zeitschriften, die die neue Generation aufklärten, hielten sie Magnus Hirschfeld, Otto Weininger und Hans Blüher, die offen die Einflüsse und neuen Aspekte der Sittlichkeit und des Geschlechtslebens diskutierten, einfach für unanständig. Die ältere Generation hatte die junge in die Heimlichkeit, ins Verbergen getrieben, und in diesem Prozeß wurden ihr mit einemmal die Augen geöffnet. Es kamen Dinge zur Sprache, vor dem Gericht und vor der Öffentlichkeit, von denen man bisher einfach keine Kenntnis genommen hatte, obwohl seit jenen Revolutionstagen, in denen Matrosen das erste „schwule“ Lokal, die „Conti-Diele“, besuchten, die „Anders-als-die-anderen“-Nachtklubs bekannte Attraktionen für alle Fremden in Berlin waren, und die hochgestiefelten Mädchen auf der Tauentzienstraße nächtens patroullierten. Mit einem Wort: die gewandelten Moralbegriffe wurden hier nicht mehr in Frage gestellt, sondern standen unversehens offen, unverhüllt und eindeutig vor aller Augen. Die Augen konnte man vor so blutigen Tatsachen nicht mehr verschließen. Es rückte in den Hintergrund des Interesses, wer wen zum Morde angestiftet hatte, ob Günther oder Paul der Stärkere war, der Einfluß auf den anderen genommen hatte. Alle diese Fragen erschienen unwichtig angesichts der großen Anklage gegen die veränderte Zeit.

Berlin war nicht lasziv, als es die Einzelheiten dieses Prozesses verschlang, sondern erwachsen und reif für die Aufklärung.

Charell improvisiert eine Weltkarriere 7

Bis zur Mitte von Karl Vollmöllers neuer Pantomime „Venetianische Nächte“ war die Premierenstimmung in Max Reinhardts Deutschem Theater ausgezeichnet. Dann geschah ein Malheur. Die Handlung schrieb vor, daß über die leere Bühne ein Briefträger zu gehen hatte. Im gleichen Augenblick sollte sich im Hintergrund eine Tür öffnen und ein Hochzeitszug erscheinen. So war's im Manuskript gedacht. Doch die Tür ging nicht auf. Sie war verklemmt. Die Pantomime kam ins Stocken. In der Handlung drohte ein Loch. Es konnte die ganze Premiere schmeißen ...

Der Kapellmeister unten vor seinem Pult merkte die Katastrophe. Es mußte etwas geschehen. Aber was?

Er rief dem Darsteller des Briefträgers auf die Bühne hinauf: „Nicht abgehen! Improvisieren Sie etwas!“

Und der Darsteller improvisierte. Er tanzte ... eine Minute, zwei Minuten, drei Minuten lang ... und das wurde Schicksal. In diesen drei Minuten wurde eine der größten Theaterkarrieren der zwanziger Jahre geboren.

Die Improvisation des tanzenden Briefträgers war so genial, daß sie das Publikum hinriß. Inzwischen war hinter der Bühne der Schaden an der Tür behoben worden. Sie tat sich auf, der Hochzeitszug konnte endlich erscheinen, der Abend war gerettet.

Am nächsten Tage schrieb der große Musikkritiker Oscar

Bie im „Börsencourier": „Herr ..., der den Briefträger mimte, ist ein tänzerisches Genie. Er ist der deutsche Nijinski." Was Professor Bie schrieb, wog in Gold. Er war der Autor eines berühmten Standardwerks über die Oper, das mit den Worten begann: „Die Oper ist ein unmögliches Kunstwerk." Den jungen Fant, den Novizen, der den Briefträger mimte, hatte er den deutschen Nijinski genannt, und Nijinski war der größte Tänzer der Welt, der Partner der Pawlowa und der Karsavina ...

An jenem gefährdeten Abend in Reinhardts Deutschem Theater war der Jüngling, der ihn rettete, erst ein Anfänger. Sieben Jahre später waltete er als Direktor des Großen Schauspielhauses und wohnte in einem Palais am Pariser Platz. Dreizehn Jahre später kreierte er den größten Bühnenerfolg der Welt, der bis heute achtzehn Millionen Mark allein an Autorentantiemen eingespielt hat.

Dieser blutjunge Mann, heute ein Weltname, war Erik Charell.

Lächelnd erinnerte sich Charell, der mir in der Hotelhalle gegenübersaß: „Der Aufstieg führte immerhin über einige Umwege. Zuerst wurde ich nach den ‚Venetianischen Nächten' mit einem Ballett in die Schweiz geschickt. Während der Kämpfe des ersten Weltkriegs im Osten und Westen machte Deutschland in der Schweiz Kulturpropaganda mit Künstlergastspielen. Gewissermaßen unter dem Motto: Wer so tanzt, so Bach spielt, kann doch auch politisch keine schlechte Sache vertreten."

Aus der Schweiz kam dann auch etwas nach Berlin. Gleich nach dem Kriege. Im Züricher „Café Voltaire" hatten deutsche Emigranten den Dadaismus erfunden, Oberdadaist war der Architekt Baader. Die Dichter Hans Arp und Richard Hülsenbeck, der letztere heute in New York ein gesuchter Seelendoktor, waren seine Assistenten. Im Berliner Meistersaal in der Köthener Straße veranstalteten die Dadaisten Vortragsabende. Es gab Konzerte auf Autohupen, Nähmaschinen, Schreibmaschinen und Gießkannen. Ihr Dichter Kurt Schwitters dichtete:

„Anna Blume ...
Wer bist du, geliebtes Frauenzimmer?
Rindertalg tröpfelt auf meinen nackten Rücken
man kann dich auch von hinten lesen.
Du bist von hinten wie von vorn
A-n-n-a...“

Nach Bern gastierte Erik Charell zuerst einmal in Bukarest mit einem Ballett. Ein hoher deutscher Staatsmann geriet darüber ins Stolpern: der Staatssekretär des Äußeren, Richard von Kühlmann, der im Bunde mit dem k. und k. Außenminister Graf Czernin mit den Rumänen einen Sonderfrieden abschließen sollte. Abends saß der elegante Herr von Kühlmann in der Loge der Bukarester Oper und applaudierte Erik und seinen Tänzerinnen. Die Rumänen hatten zu Pariser Einflüssen geneigt; nun wollten im Auftrage des Auswärtigen Amtes die Deutschen zeigen, daß auch sie etwas von schönen Frauen und wehenden Künsten verständen. Daß der Staatssekretär den Künstlern und Künstlerinnen aus der Heimat im Theater aus der Loge zusah, war nicht mehr als ein Höflichkeitsakt.

Aber in Berlin wurde eine Affäre daraus. Kühlmann war der Rechten verhaßt. In ihren Augen war er zu weich, weil er nicht anstrebte, die rumänischen Ölfelder ganz unter deutschen Einfluß zu bringen. Die schärfste Chauvinistenfeder führte Graf Ernst von Reventlow, ein verärgerter Kapitänleutnant a. D., dem man im Kriege kein Kommando anvertraut hatte. Von dem Weltgeist und dem Esprit seiner Schwester, der berühmten Königin der Münchener Boheme, Franzisca von Reventlow, war kein Hauch auf ihn übergegangen. Der Graf schrieb die hartnäckigen außenpolitischen Leitartikel der ultrarechten agrarischen „Deutschen Tageszeitung". In ihr startete er schärfste Angriffe gegen den ballettbesuchenden Staatssekretär. Die Artikel machten auf den Kaiser und die Halbgötter Hindenburg und Ludendorff im Großen Hauptquartier Eindruck. Und als nicht viel später Herr von Kühlmann auch noch in einer Reichstagsrede meinte, das künftige Europa sei mit militärischen Mitteln allein nicht zu schaffen, mußte er in die Versenkung.

Wo das Ballett Charell nun fernerhin im Ausland auftauchte, hieß es „das politische Ballett". Charell erinnerte sich weiter: „In die Heimat zurückgekehrt, konnten wir uns bei Direktor Barnowsky im Lessingtheater mit abendfüllenden Pantomimen produzieren. Gewöhnlich leiteten wir den Abend mit einer einaktigen Oper ein. Eine war Offenbachs ‚Circe und ihre Schweine'. Eine wundervoll begabte junge Künstlerin sang die Sopranpartie: Käte Dorsch. Das war noch, bevor sie die große Schauspielerin wurde. War es nicht Hans Müllers ‚Flamme', in der sie sich darstellerisch durchsetzte? Nach dem Gastspiel im Lessingtheater zogen wir durch die großen Varietés. Wir traten sechs Monate im Berliner ‚Wintergarten' auf. Unter seinem Dach brannten aus magischem Dunkel heraus zweitausend Glühbirnen. Es sah wie ein Sternenhimmel aus. Ich inszenierte auch den ‚Bajazzo' als Ballett, und Werner Krauss mimte die Titelrolle."

Ein paar Jahre später. „Habe ich Sie nicht schon mal irgendwo gesehen?" fragte Charell ein älterer, weißhaariger Herr, als er am Lido seine Haut von der vielen Schminke seiner jungen Jahre reinwaschen wollte.

Der nette alte Herr sprach mit amerikanischem Akzent, hieß Otto H. Kahn und war einer der reichsten Leute der Welt.

„Ich habe mich finanziell daran beteiligt, Max Reinhardt zu einem Gastspiel nach Amerika zu holen", sagte der Millionär im Wasser. „Ich möchte, daß Sie mitkommen, Herr ... wie war doch Ihr Name?"

Am selben Abend saß Charell mit seinem neuen amerikanischen Gönner, dem großen Max Reinhardt und Reinhardts Manager für Amerika, Rudolf Kommer, zusammen, um über das Amerika-Gastspiel weiterzusprechen. Rudolf Kommer hatte schon vor dem ersten Weltkrieg Reinhardt in England und Amerika die Wege geebnet. Dieser ehemalige Korrespondent der „Frankfurter Zeitung" in London stammte aus Czernowitz und ließ sein Leben lang auf seine Visitenkarte drucken:

Rudolf H. Kommer
aus Cz.,

um Witzen über seine Herkunft vorzubeugen. Sein Steckenpferd war es, Vorreiter der deutschen Bühnenkunst im Ausland zu sein. Kommer hatte zeit seines Lebens nur zwei Adressen: das „Ritz Hotel" in London und das „Waldorf-Astoria" in New York, und der berühmte amerikanische Kritiker Alexander Woollcott hat ihm in seinem Buch „Während Rom brennt" ein Denkmal unter dem Titel gesetzt: „Wovon lebt eigentlich Rudolf Kommer?"

In New York spielte Max Reinhardt die schon von ihm in Deutschland gegebene Pantomime „Das Mirakel". Joseph Schildkraut wirkte mit und eine der schönsten Frauen Englands, Lady Diana Manners, die spätere Gattin des englischen Ministers, Botschafters und Talleyrand-Biographen Duff Cooper.

Werner Krauss mimte den Spielmann. Am Tage der

öffentlichen Generalprobe war er so erschöpft, daß Erik Charell für ihn einspringen mußte. Doch bei der Premiere trat Krauss auf. Das „Mirakel" wurde ein ungeheurer Triumph für Reinhardt. Er konnte den Verdienst gut gebrauchen, denn in Berlin machte ihm das Große Schauspielhaus Kopfschmerzen. Der Versuch, das Vorbild des antiken Theaters zu wiederholen, scheiterte allen Anstrengungen zum Trotz. Vielleicht wegen der schlechten Akustik des Riesenraums, vielleicht auch, weil das Publikum fehlte, um jeden Abend das Große Schauspielhaus mit Klassikern zu füllen. Reinhardt war deprimiert. Ganz Berlin war ihm verleidet. Das Deutsche Theater und die Kammerspiele verpachtete er seinem langjährigen Dramaturgen, dem Schriftsteller Felix Holländer. Die Holländers waren eine musische Familie. Der Bruder Felix Holländers, Viktor, komponierte jahrelang die Revuen des Metropoltheaters. Viktors Sohn, Friedrich, wirkt seit langem in Hollywood. Mit seinen Liedern für den „Blauen Engel" setzte sich Marlene Dietrich endgültig durch.

Und wen hielt Max Reinhardt für berufen, ihm die Last des Großen Schauspielhauses abzunehmen? Erik Charell.

„Charell", sagte er, „Sie waren doch mit mir in New York. Dort füllt man ständig größte Häuser mit musikalischen Revuen, mit den Ziegfeld- und Irving Berlin-Shows. Ich halte Sie für den geeigneten Mann, so etwas in einer künstlerisch gesteigerten Form auch bei uns zu machen. Nehmen Sie mir das Große Schauspielhaus ab!"

Sieben Jahre nach seinen Anfängen wurde Erik Charell auf einen Gipfel berufen. Er bewährte sich.

„Was geschäftlich zu vereinbaren ist, besprechen Sie mit meinem Bruder", hatte Max noch gesagt. Edmund Reinhardt war das geschäftliche Gehirn des großen Zauberers, er war Charell immer ein guter Freund.

Es galt zunächst, für das Publikum des Großen Schauspielhauses einen Übergang von der Klassikerpflege zur leichteren Kost zu finden. Charell verpflichtete für einige Abende aus New York Paul Whiteman, den Pionier des klassischen Jazz, mit seinem großen Orchester. Die Berliner hörten zum ersten Male Gershwins „Rhapsody in Blue".

Und dann kam das große Ereignis der ersten Charell-Revue. Ironisch auf der Überschrift der in den vorangegangenen Jahren in alle Welt gefunkten Mitteilungen aus Moskau fußend, hieß sie „An Alle". Die schönste Bilderfolge nannte sich „Mütter der ganzen Welt". Für den Humor sorgten Wilhelm Bendow, Oscar Sabo und die junge Margo Lion, die Trude Hesterberg in ihrer „Wilden Bühne" entdeckt hatte, und Claire Waldoff sang komisch erstaunt:

„Warum soll er nich mit ihr
vor die Türe stehn?
Warum soll er nich mit ihr
mal konditern gehn?
Warum soll er nich mit ihr,
weh'n die Frühlingslüfte zart,
machen auf der Spree
eine Mondscheinfahrt?
Warum soll er nich mit ihr
mal 'nen Witz riskiern?
Warum soll er nich mit ihr
mal die Liebe spüren?
Warum soll er nich mit ihr?
Warum soll er nich mit ihr?
Ja, die Mutter, die is nich dafür ..."

Als Tänzerin trat Tilly Losch auf. Aus England brillierten die schlanken Tiller-Girls mit ihrer rhythmischen

Gymnastik. Eine ganze Jazzkapelle begleitete unten im Orchester die Vorstellung. Der junge, blonde Bernhard Etté war für ihre Leitung vorgesehen, doch zog er bald die Tanzsäle vor. Auf der Bühne trat als Nummer eine zweite Jazzband unter Julian Fuß auf, der später im Edenhotel spielte und sich dann in der Nürnberger Straße ein Nachtlokal einrichtete. Ganz Berlin aber sang die Lieder der Revue:

„Mein Liebling heißt Mädy,
und Mädy ist süß ..."

und

„Weißt du, was das heißt:
Heimweh ..."

„An Alle" steigerte den Typ der bisherigen Revuen zu künstlerischen Höhen. Schon lange vor dem ersten Weltkrieg hatte das Apollotheater in der südlichen Friedrichstraße die Berliner mit dem Typ bekannt gemacht. Hier hatte Paul Lincke mit weißen Glacéhandschuhen den Taktstock geschwungen, und aus seiner Operette „Frau Luna" wurden

„Schlösser, die im Monde liegen ..."

und

„Glühwürmchen, Glühwürmchen
flimmre, flimmre ..."

Weltschlager.

Dann hatte die Revue im Metropoltheater in der Behrenstraße ein höheres Niveau erklommen, als Joseph Giampietro und Fritzy Massary für sie gewonnen wurden – Giampietro, ein unerhörter Darsteller, der bei Reinhardt in Gorkis „Nachtasyl" gespielt hatte und nun eine Karikatur des wilhelminischen Gardeleutnants hinlegte:

„Donnerwetter, Donnerwetter,
wir sind Kerle:
Jeder einzelne 'ne Perle –
Donnerwetter – tadellos!"

Fritzi Massary aber wurde die unbestrittene Königin der Berliner Revue und Operette. Sie blieb es auch, als Max Pallenberg die Leibeigenschaft über sie verhängte.

Nach dem ersten Weltkrieg versuchte es zuerst James Klein mit Revuen in der Komischen Oper. Nebenan wurde im Admiralspalast die Eisbahn abgebaut und in ein Revuetheater verwandelt, wo Hermann Haller, der Direktor, mit seinen schmissigen Revuen und den Komikern Max Ehrlich und Curt Lilien große Erfolge hatte. Mit den musikalischen Schwänken „Immer feste druff" und „Drei alte Schachteln" hat er eine Million gemacht. Hallers großes Verdienst war auch die Förderung der deutschen Operette und Künnekes, dessen „Vetter aus Dingsda" die ganze Welt eroberte.

Bei Erik Charell herrschten außerordentlicher Farbensinn, Bewegung und ein Hauch Internationalität. Die Bühnenbeleuchtung hatte ein neues Eigenleben bekommen. Nach „An Alle" kam gegensätzlich „Für Dich" mit dem brillanten Komiker Paul Morgan, dem schlanken Tenor Jankuhn und der ungarischen Diva Irene Ambrus. Max Reinhardts Bühnenausstatter Ernst Stern und der in Kanada gestorbene Walter Trier hatten eine malerische „Alpensymphonie" entworfen. Wilhelm Bendow führte mit einem langen Zeigestock Dioramen vor, darunter:

„Wilder Mann von vorne –
Wilde Frau von hinten."

In der nächsten Revue „Von Mund zu Mund" spielte Marlene Dietrich eine winzige Rolle.

Fritzi Massary in der Gilbert-Operette
„Die Geliebte seiner Hoheit“

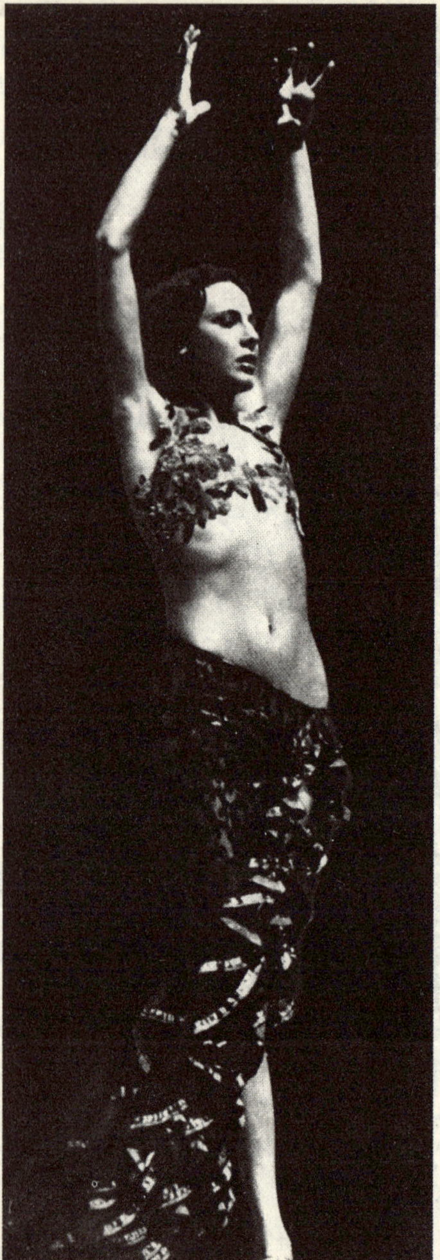

Die Tänzerin
La Jana

In jeder Saison neue, unerhörte Revueattraktionen zu gewinnen, sie in der Folge sich überstürzender Bilder eigentlich nur wenige Minuten auf der Bühne zu beschäftigen, aber eine ganze Spielzeit an Berlin zu binden, wurde allmählich immer schwerer und auch kostspieliger. Ein deutsches Rahmenensemble, das nicht weniger erstklassig sein durfte, verteuerte den Apparat. Anstatt das Revuegenre zu Tode zu reiten, ging Charell zu Stücken über, die er mit seinem fruchtbaren Geschmack aufpulverte und auf die Anforderungen seiner Tropfsteinhöhle zuschnitt. Gilberts und Sullivans unsterblicher „Mikado“ erlebte eine glänzende Renaissance mit Max Pallenberg in der Hauptrolle, und in Leo Falls „Madame Pompadour“ trat seine Gattin Fritzi Massary auf. Von ihren märchenhaften Gagen, die sie allerdings in immer ausverkauften Häusern wieder einspielten, leisteten sich die beiden eine Weltreise. Den Film, den Max dabei aufnahm, führte er uns einmal vor. „Wir haben alle Kontinente gesehen – aber Sie glauben nicht, wie von Station zu Station unser Heimweh nach dem Kurfürstendamm wuchs ...“, erzählte er.

Und dann kam Charells „Casanova“. Da sang der von der Staatsoper beurlaubte Michael Bohnen, und wir sahen La Jana. Eigentlich hieß sich Henny Hiebel, stammte aus Frankfurt und war von Haller für seine Revue „An und aus“ engagiert worden, in der sie über Nacht ein Star wurde. Sie gehörte nicht zu den Tänzerinnen der Weltklasse, aber sie hatte den schönsten Körper, den man sich denken kann. Die ganze Stadt sprach von ihr. Bei Charell wurde sie sehr entblößt auf einem silbernen Tablett in die Menge getragen, tanzte ein paar Schritte und wurde zur Sensation. Später griff der Film nach ihr. Bei einer Tournee während ders zweiten Weltkrieges holte sie sich in Riesa eine Lungenentzündung.

„Schonen Sie sich! Setzen Sie aus!" mahnte Heinz Hoffmeister, Direktor der gleichnamigen Mannheimer Gastspieldirektion.

„Ich denke nicht daran. Ich kenne meinen Körper. Ich weiß, was ich ihm zumuten kann."

Sie irrte sich und büßte es mit schnellem Erlöschen.

Schöne, begabte und geniale Tänzerinnen – wie viele haben wir zwischen 1920 und 1930 im Lichte der Berliner Scheinwerfer an uns vorüberziehen sehen! Gerade den Unvergessensten leuchteten die Bühnenlichter nicht lange. Die Parzen schnitten ihnen den Lebensfaden zu früh ab. Danse macabre ....

In der ersten Truppe, mit der Erik Charell auf Reisen gegangen war, hatte Lena Amsel getanzt. Ein zartes Vöglein mit beseelten Bewegungen. Auf einer Reise durch Frankreich verbrannte sie in einem Auto. – Einen großen Namen ertanzte sich Lucy Kieselhausen. Von einer Tournee kam sie zurück nach Berlin. Im Badezimmer reinigte sie ihre Handschuhe, die Tür hatte sie hinter sich abgeriegelt. Funken aus dem Ofen setzten die benzingetränkten Handschuhe in Brand. Plötzlich loderten Flammen über sie hin. Bevor das Unglück bemerkt wurde, ehe man die Tür erbrochen hatte, war sie in Qualen umgekommen.

Und Anita Berber?

Ihr Vater war der berühmte Geiger des Leipziger Gewandhausorchesters, Felix Berber, ihre Mutter die rassige Diseuse Lucie Berber. Anita kam aus der Ballettschule von Rita Sacchetto, in der höhere Töchter tanzen lernten, wie sie in der Schule des Lettevereins Kochen und Haushalt studierten. Anita lernte mehr als der Durchschnitt, und ihr schöner, biegsamer Körper zeichnete sie vor allen Mitschülerinnen aus. In einer Nelson-Revue tanzte sie einen Shimmy im Smoking, eine Kreuzung aus Grazie und Verworfenheit. Im Publikum waren Männer wie Frauen hingerissen. Sie verzehrte sich in ihren Darbietungen. Sie gestaltete nicht nur die Laster der Zeit, sie erlebte sie und machte sie mit.

Sie gab Tanzabende mit Sebastian Droste, dem Sohn einer reichen Hamburger Patrizierfamilie. Die Berber degradierte jeden neben sich zum Statisten. Sebastian Droste wie der weitaus begabtere Deutschamerikaner Henry, mit dem sie die letzten Jahre ihres Seins zusammenlebte, bildeten nur den Hintergrund für ihre lasterhaften Tänze. Einer der letzten, in denen sich Anita und Henry zeigten, hieß „Die Schiffbrüchigen". Da war der Nachen ihres Lebens schon vom Untergang bedroht. Anita Berber war immer skandalumwittert. Zuweilen antwortete sie auf die Proteste des Publikums mit obszönen Gesten. Wo sie noch auftrat, strömte man hin in Erwarung des Krachs. Sie war mit Kokain, Morphium und Alkohol durchtränkt und im ganzen die typische Repräsentantin einer Zeit, die aus den Fugen geraten schien.

Das letztemal sah ich sie in einer Faschingsnacht vor dem Hause des aus Düsseldorf nach Berlin übergesiedelten Kunsthändlers und Begründers des „Querschnitts", Alfred Flechtheim. Er gab ein privates Maskenfest für seinen Kreis, der gewiß nicht philiströs war. Anita wurde nicht eingelassen. Sie rief vergeblich die halbe nächtliche Tiergartenstraße zusammen . . .

Einige Zeit hörten wir nichts mehr von ihr.

„Die Berber ist im Süden todkrank", hieß es dann in den Bühnengarderoben. Der Süden – das war Bagdad, wo sie mit dem Tode rang. Ohne einen Pfennig Geld.

Wir veranstalteten eine Kollekte, und in letzter Minute konnte Anita zurückgebracht werden, um in Berlin zu sterben.

Als ihr Mann, der Tänzer Henry, zu ihrem Begräbnis erschien, lag sie schon zwei Meter tief in der Erde. Henry hatte sich verspätet, weil er noch ein paar weiße Rosen auftreiben wollte.

Willy Karzin hielt die Trauerrede. Er war ein alter Kabarettist, ein Kunstpfeifer, der immer da war, wenn es galt, Künstler zusammenzubringen, um für in Not geratene Kollegen Wohltätigkeitsveranstaltungen zu arrangieren: Er starb in Wittenau in der Irrenanstalt.

Von den Schülerinnen der Rita Sacchetto aber glich eine durch ihre Vitalität das frühe Verlöschen all der anderen aus.

„Nein, gnädige Frau – das geht doch zu weit", sagte Oberregierungsrat von Glasenapp, als ihm die Sacchetto die Schülerinnen ihres Kurses am Ende eines Schuljahres vorführte.

Von Glasenapp war der Chef der Theaterabteilung des Polizeipräsidiums. Solange es eine Zensur gegeben hatte, war er Oberzensor gewesen. Als sich in Berlin Frank Wedekind mit Frau Tilly trauen ließ, hatte er diabolisch Herrn von Glasenapp zum Hochzeitsfrühstück eingeladen. Daran erinnerte sich später der Herr von Glasenapp gern, um zu beweisen, welch ein toleranter Zensor er gewesen war ...

„Die da meine ich", sagte der Oberregierungsrat und zeigte auf Valeska Gert Glasenapp war vielleicht der erste, dem die groteske Schamlosigkeit dieser Tänzerin und Mimikerin auffiel, aber nicht der letzte. Die Gert war als Valeska Samosch geboren und trat zuerst mit ihrem Bruder als Parkettänzerpaar auf. Keiner konnte behaupten, daß sie hübsch oder auch nur anziehend sei. Sie machte aus ihrem Aussehen eine Kunst, mischte seltsame Naturlaute in ihre Ausdrucksbewegungen und wurde ein Begriff, eine

Sonderklasse der Exzentrizität. In New York gründete sie eine „Bettlerbar", über die sie selbst ein Buch schrieb. Jetzt leitet sie wieder eine Künstlerbar in Berlin mit einer Filiale auf Sylt, die „Ziegenstall" heißt. Valeska tritt nicht nur selber auf – auch ihre Kellnerinnen gehen zuweilen auf die Bühne und zeigen, daß sie mehr können als nur Gäste bedienen.

Um die Zeit, als Herr von Glasenapp Anstoß nahm, tanzte die große Tänzerin Isadora Duncan schon nicht mehr. Sie war auf einer Autofahrt von einem wehenden Schleier erwürgt worden. Sie kann man als die Ahnin jener modernen Künstlerinnen bezeichnen, die sich im Nachkriegsberlin einen Namen schufen, wenn man nicht noch Olga Desmond nennen will, die noch früher als Nackttänzerin Furore machte, bevor sie sich als Gattin eines Fabrikanten für Bühnenausstattung ins Privatleben zurückzog.

Erik Charell saß in seinem Büro und zerbrach sich den Kopf. Er kam nicht weiter mit den Plänen für die Schau 1930/31. Was ihm die Mitarbeiter vorlegten, schien ihm nicht durchschlagend genug.

Da ging das Telephon. Leopoldskron wurde gemeldet – die Sommerresidenz Max Reinhardts im vormals bischöflichen Palais bei Salzburg. Reinhardt hatte es bezogen, seitdem er mit „Jedermann" jedes Jahr den Auftakt der Salzburger Festspiele stellte.

„Wir haben dringend mit Ihnen zu sprechen, Charell", sagte die Stimme des Zauberers. „Wir erwarten Sie mit dem nächsten D-Zug."

Zuerst machte Charell Ausflüchte, dann kam er doch. Als er vom Bahnhof zum Schloß fuhr, fiel ihm die jüngste Anekdote ein, die man von Schloß Leopoldskron erzählte.

Da war der Berliner Komiker Curt Bois nach Leopoldskron eingeladen. Erstaunt sah Bois die livrierten Diener an, die überall umherstanden, und die vielen großen Leuchter mit den brennenden Kerzen.

„Wie schade, Herr Professor", sagte er. „Kurzschluß?"

Dann saß Charell um einen Tisch mit Reinhardt und seinen Direktoren zusammen.

„Charell, Sie haben bewiesen, was Sie können. Sie können noch viel mehr. Sie müssen die zentrale Leitung aller meiner Bühnen übernehmen. Ich muß mich ganz den Aufgaben widmen, die im Ausland auf mich warten."

Der Berliner Revuekönig verneigte sich: „Das ehrt mich sehr, Herr Professor. Aber ..."

„Es könnte ein Aber geben?" staunte Reinhardt und spielte mit der Zunge in der Wange.

„Ich werde nur noch eine Inszenierung im Großen Schauspielhaus machen. Dann will ich mein Unternehmen schließen und anderswo hingehen."

„Sie sind wohl nicht gescheit."

„Die Wahrheit ist, daß ich mich nicht mehr ganz wohl und sicher in Deutschland fühle", sagte Charell. „Die Nationalsozialistische Partei wächst zusehends. Ich glaube nicht mehr an eine Zukunft für unsereinen."

„Man darf kein Pessimist sein", rief es aus der Tafelrunde. Doch Charell blieb bei seiner Ablehnung des ehrenvollen Auftrags.

Dann kam ein Anruf für ihn aus St. Wolfgang. Dort war der Besitz von Emil Jannings. Er hatte von der Anwesenheit Charells auf Leopoldskron erfahren. Ob er am Abend frei sei? Ob er nicht mit Jannings im „Weißen Rößl" speisen wolle?

Im „Weißen Rößl" bestellte Jannings „Jrünen Aal mit Jurkensalat".

„Führen wir nicht", lehnte der Kellner hochmütig ab.

„Wär'n ma lieber nach Aalbeck jejangen."

Der Kellner war indigniert. Jannings lachte schallend und beichtete, daß er diese Szene immer mit dem Kellner vor Gästen aus Berlin aufführe. Es sei ein bekannter Dialog aus dem Lustspiel „Weißes Rößl" von Blumenthal und Kadelburg, das vor Jahrzehnten alle deutschen Bühnen bevölkert habe. Es spiele hier in St. Wolfgang, und die Wirtin des „Weißen Rößl" habe in ihm eine große und reizende Rolle.

Danach ging man zu anderen Dingen über, aber das „Weiße Rößl" ging Charell nicht aus dem Kopf. Von seinem Hotelzimmer in Salzburg rief er noch in der Nacht den Bühnenverlag Felix Bloch Erben in Berlin an, der seit alters her die größten Bühnenerfolge im Verlag hatte. In seinen Geschäftsbüchern standen die berühmtesten deutschen Autoren. Man verband ihn mit der Privatwohnung von Fritz Wrede, dem Inhaber. Wrede war Wiens elegantester und beliebtester Conférencier gewesen und hatte dann in Berlin die Witwe aus dem Bühnenverlag geheiratet.

„Wrede, ich brauche schnellstens das Buch vom ‚Weißen Rößl'", rief Charell in den Apparat.

„Die alte Schwarte können Sie haben. Die Aufführungsrechte gebe ich Ihnen nicht. Ich will Sie nicht unglücklich machen. Das Stück gefällt nicht mehr."

Es wurde der größte Erfolg in Charells Laufbahn. Er ließ es bearbeiten, von Robert Stolz und Ralph Benatzky mit bezaubernden Liedern ausstatten, und wenn das Publikum das Große Schauspielhaus betrat, leuchteten ihm die grünen Wälder von St. Wolfgang entgegen, die über den Vorhang hinaus ins Proszenium wuchsen. Camilla Spira war die Rößlwirtin, Otto Wallburg der blubbernde Kaufmann Giesecke aus Berlin, und als Oberkellner Leopold sang Max Hansen mit seinem Charme:

„Es muß was Wunderbares sein
von dir geliebt zu werden . . ."

Durch zwei Spielzeiten lief das Stück im Großen Schauspielhaus, aber Charell erneuerte seinen Pachtvertrag nicht. Im Winter 1932 inszenierte er schon seinen „Casanova" in London.

Oben: Probe der Lawrence-Tiller-Empire-Girls
zur Haller-Revue „An und Aus“
Unten: Teegesellschaft bei Erik Charell
Mitte: Erik Charell Rechts: Paul Morgan und Wilhelm Bendow

Links: Henny Porten und Richard Tauber
Oben rechts: Gitta Alpar *Unten rechts:* Max Hansen

Bretter, die die Welt bedeuten 8

Der Bühnenportier der Hamburger Kammerspiele, die sich unter der Direktion des aus München gekommenen Herrn Erich Ziegel in die erste Reihe der deutschen literarischen Bühnen gespielt hatten, überreichte dem jungen Schauspieler ein Telegramm.

Fritz Kortner warf nur einen Blick auf den Absendeort, biß sich auf die Lippen und steckte die Depesche ungelesen in die Tasche. Er war des Inhalts der Depesche schon gewiß. Fritz Kortner gehörte noch der k. und k. Armee an. Sein gleichfalls theaterbesessener Hauptmann hatte ihm den militärischen Urlaubspaß, der für Reisen über Österreichs Grenzen hinaus lediglich Frontsoldaten mit nahen Verwandten in Deutschland gestattet war, gegen alle Vorschriften nur unter der hoch und heilig beschworenen Bedingung gegeben, daß er sofort nach Wien zurückkehre, wenn von dem Hauptmann ein telegraphischer Ruf einträfe. Das Telegramm war der Ruf.

Aber der Schauspieler wollte nichts davon wissen, ehe er nicht den Vorschuß kassiert hatte, der ihm vom Direktor zugestanden worden war. Er ging zur Kasse. Die Scheine bauschten sich in der Tasche. Jetzt erst las er das Telegramm und fand bestätigt, was er geahnt hatte. Er sagte jedoch den beiden Herren nichts davon, mit denen er in dem illustren Restaurant Pfordte am Gänsemarkt speiste. Sollte er sich den Wein bitter werden lassen durch die Erinnerung an den unter falschen Voraussetzungen behobenen Vorschuß?

„Unglaublich! Seht doch mal!“ sagte Erich Engel, der Dramaturg der Kammerspiele, und wies durchs Fenster auf den Gänsemarkt. Kortner und der dritte der Runde, Karl-Heinz Martin, der am Hamburger Thalia-Theater inszenierte, folgten der Richtung seines Fingers: Soldaten zogen grölend und johlend umher, und wenn ihnen ein Offizier begegnete, grüßten sie nicht, sondern rissen ihm die Schulterstücke ab.

„Und der nimmt das hin?“ staunte Karl-Heinz Martin.

Die Herren verließen das Lokal. Draußen sahen sie, wie vier Matrosen einem blutjungen Leutnant den Degen abforderten, ihn erhielten und sich triumphierend davonmachten. Blaß blieb der Leutnant zurück.

„Entschuldigen Sie“, sagte Kortner zu dem Offizier, „das lassen Sie sich ohne weiteres gefallen? Sie sind doch Offizier!“

„Es ist Revolution“, antwortete der junge Mensch, der achselzuckend sein Schicksal hinnahm.

Revolution? Die Sorge, die den Schauspieler Kortner noch während des Essens gequält hatte, wie er seinem Direktor beibringen könne, daß er auf der Stelle nach Wien zurückkehren müsse, ohne den angeknabberten Vorschuß zurückzahlen zu können, drückte ihn nun nicht mehr. Er zerknüllte das Telegramm in der Tasche, er war gerettet. Er brauchte nicht zu seiner Kompanie zurück. Er brauchte seinen Vorschuß nicht zurückzuerstatten ...

Einige probenreiche Wochen verstrichen, dann stand er zum erstenmal auf der Bühne der Kammerspiele. Man gab „Der Einsame“, ein Stück um den Dichter Grabbe. Der Autor hieß Hans Johst. Dichter und Darsteller wurden stürmisch gefeiert. Fritz Kortner wurde über Nacht Koryphäe in Hamburg. Ein Stück nach dem anderen spielte er. Die Hamburger trugen ihn auf Händen.

„Aber was nützt mir Hamburg?" sagte er, wieder einmal beim Essen, zu Karl-Heinz Martin. „Die rechte Chance hat man nur in Berlin."

„Und warum gehen Sie nicht nach Berlin?"

„Weil ich praktisch mit allen Berliner Direktoren über Kreuz bin, die in Frage kommen", sagte Kortner und erzählte, wie er einmal beim Königlichen Schauspielhaus am Gendarmenmarkt einen Vertrag nicht angetreten habe.

„Ich bin in Berlin auch mit allen Direktoren verkracht", lachte Martin. „Es bleibt uns nur der Weg, selbst ein Theater in Berlin zu gründen. Ich habe da schon was auf der Lanze ..."

Das blieb nicht nur ein Gespräch beim Mittagessen. Karl-Heinz Martin schritt zur Tat. Er gründete in Berlin die Tribüne – in einem kleinen Saal dicht am Knie in Charlottenburg, ein Pioniertheaterchen für neue Dichter und neue Wege der Bühne. Die Jugend pochte an die Tür der deutschen Theaterkunst. Die Tribüne hatte fast keine Rampe. Die Spielfläche erhob sich nur wenige Zentimeter über den Zuschauerraum. Der grenzte seinerseits dicht an die Bühne. Revolutionär machte Karl-Heinz Martin aus den beschränkten Gegebenheiten seines Räumchens ein Prinzip: keine Distanz mehr zwischen Zuschauern und Schauspielern, engste Wechselbeziehungen zwischen Parkett und Bühne. Das entsprach den Forderungen des Gegenwartsmenschen, dem Stil der neuen Dramatik, die unmittelbar ins Herz von Zuschauern und Zuhörern wirken sollte.

Der Dichter, den Karl-Heinz Martin für seine Berliner Premiere erwählt hatte, konnte ihr nicht beiwohnen. Ihm war es mit dem neuen Menschen ganz ernst gewesen. Als man in München zu Ostern 1920 noch einmal Revolution machte, war er dabeigewesen und büßte das nun im bayerischen Zuchthaus auf der ehrwürdigen Plassenburg oberhalb der Mauern der berühmten Bierstadt Kulmbach. Dort wollte man Revolutionäre durch historische Filme seelisch umkrempeln. Die Plassenburg ist nicht lange mehr Seelensanatorium geblieben. Die Stadt Kulmbach machte ein Museum aus ihr – ein Zinnsoldatenmuseum, in dem alle berühmten Schlachten der Weltgeschichte durch Zinnfiguren dargestellt wurden. Der Potsdamer Verleger Bonnes, der die Zinnschlachten finanzieren half, hatte sich damit keineswegs den Dank des nächsten militärischen Jahrzehnts verdient. Er fiel unter dem Fallbeil des 20. Juli 1944.

Als man am Knie in Charlottenburg im Herbst 1920 Generalprobe für Ernst Tollers „Wandlung" in der Tribüne abhielt, saß eine junge Schauspielerin in dem winzigen Zuschauerraum. Sie war an der Volksbühne engagiert und spielte eine Rolle in Kleists „Penthesilea". Auf der Generalprobe der Tribüne war sie von der Dichtung Tollers, der Inszenierung Martins und der Darstellung Kortners so hingerissen, daß sie an diesem Abend vergaß, in die Volksbühne zu gehen. Ihr Dialog mußte gelesen werden; keiner wußte, wo das Mitglied Johanna Hofer steckte. Sie ist bis heute Frau Kortner geblieben. Als sie ihn in der Berliner Tribüne zum erstenmal sah, war sie die dritte zweier begabter Schwestern, die sich als Tänzerinnen unter den Namen Katta Sterna und Maria Solvey alsbald auch einen Namen machten.

Die Premiere in der Tribüne war ein ungeheurer Erfolg. Es war der Durchbruch des expressionistischen Theaters und des Schauspielers Fritz Kortner in Berlin. Hier sprach zum erstenmal der Schauspieler direkt zum Publikum und stieß das Wort aus sich heraus in die Seele des Hörers. Die schiefen Dekorationen waren symbolische Nebensache.

Von dem Triumph sprach ganz Berlin. Man strömte in das kleine Theaterchen, das bisher ein frommes Gemeindesälchen gewesen war. Es war schwer, eine Karte zu bekommen. Wir hatten mehr Glück, wenn wir uns an der Kasse des Deutschen Theaters in der Schumannstraße anstellten, um noch Stehparkettplätze für die nächste Reinhardtpremiere zu bekommen. Aber wir diskutierten bereits über den Tod und das Ende eines Theaterstils, den wir nun auch als verspielt und überlebt empfanden.

Die Tribüne war klein, konnte im Monat nur auf fünf- bis sechstausend Menschen unmittelbar wirken. Was war das für einen unruhigen jungen Künstler, der den Ruf des Schicksals vernahm? Als Karl-Heinz Martins Pläne für die Tribüne noch sehr auf dem Papier standen, hatte Fritz Kortner noch ein zweites Eisen ins Feuer gelegt.

Die Zeitungen meldeten, daß der preußische Kultusminister Hänisch nun auch an die Reform des ehemaligen Hoftheaters am Gendarmenmarkt in Berlin gehen werde. Konrad Hänisch war ein reformfreudiger Sozialdemokrat aus dem Lehrerstande, für dessen Erlösung aus dem preußischen Pädagogendrill er schon im alten Landtag mutige Reden gehalten hatte. Er redigierte auch sozialreformerische Blätter. Seine literarische Tätigkeit hatte ihm den Ruf ins Ministerium eingetragen. Der neue Minister hatte noch keine schwarze Hose vorzuweisen, wenn er repräsentieren mußte. Der Polizeiarzt Dr. Dreuw, Vorkämpfer gegen die unwürdige Form der polizeiärztlichen Untersuchungen der Prostituierten in Preußen, lieh sie ihm.

„Kultusminister Hänisch hat den bisher in Königsberg tätigen Regisseur Leopold Jessner zum Intendanten des Staatstheaters berufen", meldeten die Zeitungen vier Wochen später. Jessner war auch Sozialdemokrat. Ein guter Ruf als moderner Theatermann ging ihm voraus.

Fritz Kortner wagte es, mit ganzen zehn Mark in der Tasche schnell einmal von Hamburg nach Berlin zu fahren. „Kennst du jemand, der mir eine Verbindung zu Jessner schaffen könnte?“ fragte er seinen Freund und Kollegen Manfred Fürst.

„Ich kenne einen Fritz Jessner, der mit Leopold Jessner verwandt ist.“

„Wenn ich Fritz Jessner kenne, werde ich auch Leopold Jessner kennenlernen.“

Fritz Jessner war ein hilfsbereiter Mann. „Aber mein lieber Herr Kortner“, sagte er, „Leopold und ich sind zur Zeit miteinander böse. Ich kann unmöglich ... Außerdem weiß ich bestimmt, daß Leopold mit seinen Berliner Besprechungen fertig ist und morgen früh vom Bahnhof Charlottenburg nach Königsberg zurückreist. Er muß dort seinen Vertrag lösen und den Umzug vorbereiten.“

„Ich muß ihn aber sprechen. Zeigen Sie ihn mir wenigstens! Ich weiß nicht mal, wie er aussieht.“ Aktuelle Photos gab es damals kaum in der Berliner Presse.

Der gute Fritz Jessner stand am nächsten Morgen in aller Frühe auf, ging mit Fritz Kortner zum Bahnhof Charlottenburg und verschwand wieder, während der junge Schauspieler sich auf den großen, breitschultrigen Mann stürzte, der ihm bezeichnet worden war: „Herr Intendant, ich möchte bei Ihnen spielen!“

Der hatte zunächst nur die eine Sorge, sich einen Platz im Coupé zu sichern. Wußte auch gar nicht, mit wem er es zu tun hatte. Beugte sich dann aber aus dem Wagenfenster und fand noch Zeit, Kortner ins Auge zu schauen.

„So was! ... Wie Sie bloß ausschauen!“

Der Zug pfiff. Leopold Jessner sagte noch: „Sie werden bei mir spielen! Wenn ich wieder in Berlin bin, sprechen wir darüber.“

Während der Zug aus der Halle glitt, blieb Fritz Kortner mit einer Hoffnung und der Gewißheit zurück, daß er vorerst Berlin nicht von der größten, sondern von der kleinsten Bühne aus erobern müsse.

Aber sein Erfolg in der Tribüne wirkte sich aus. Leopold Jessner vergaß sein Versprechen am abfahrenden Zuge in der Halle des Bahnhofs Charlottenburg nicht. Als der neue Intendant am Gendarmenmarkt „Wilhelm Tell" vorbereitete, stand auf dem ersten Probenzettel: Melchthal... Fritz Kortner. In der Premiere spielte er bereits den Geßler. Albert Bassermann gab den Wilhelm Tell. Alles in allem war es eine umwerfende Aufführung. Am Tag danach, es war der 12. September 1919, stand aus der Feder des Kritikers Alfred Kerr zu lesen: „Das ehemalige Königliche Theater war gestern zum ersten Male wirklich königlich."

Der Staub eines Jahrhunderts, am Gendarmenmarkt Tradition, war wie weggeblasen. Schillers Gestalten traten als Menschen ans Licht. Sie sprachen auch wie Menschen, ohne rollendes Pathos. Die Szene auf dem Rütli war in Stufen aufgegliedert – die historisch gewordene Jessnersche Treppe stellte sich zum ersten Male vor. Der Intendant wandte sie später in fast allen seinen Inszenierungen an, so daß sie fast zur Manie wurde. Vorerst war sie augenfälliges Symbol der Abkehr von der Tradition.

Schon ein paar Jahre vorher saßen in einem kleinen Palais am Kupfergraben zwei Männer in ernstem, wienerisch getöntem Gespräch bis zum Morgengrauen zusammen.

„Edmund, wenn wir jetzt nicht alle Segel voll Wind nehmen, werden wir überfahren."

„Dich überfährt keiner, Max."

„Ich will mich nicht in die zweite Front drängen lassen. Aber ein neuer Stil ist im Kommen, dem wir etwas Konkurrenzloses entgegensetzen müssen."

Die beiden Männer, die in der Stille der Nacht Schlachtpläne wälzten, waren die Brüder Max und Edmund Reinhardt. Edmund war der kaufmännische Helfer, der fanatisch ergeben alle Verwaltungsarbeit, alle Geschäftssorgen auf seine Schultern nahm, damit der Bruder ganz der Magie seiner künstlerischen Vision leben konnte. Ein fürstlicher Haushalt erlaubte das auch. Welchen Aufstieg hatte Max Reinhardt hinter sich gebracht! Als Episodist in der Schule Brahms' hatte er begonnen. Mit Kollegen hatte er dann in dem Überbrettl von „Schall und Rauch" neben dem Café Viktoria Unter den Linden zum ersten Male seine direktoriale Begabung erprobt. Aus dem „Schall und Rauch" war das Kleine Theater geworden, das er mit Oscar Wildes „Salome" eröffnete. Dann war man nach dem Schiffbauerdamm, von da ins Deutsche Theater umgezogen, dem dicht daneben Embergs Tanzsalon eine reichlich anrüchige Nachbarschaft war. Man räucherte sie aus und machte aus dem Tanzboden die Kammerspiele. Zwei Theater – immer noch ein zu schmaler Rahmen für Max Reinhardts Genie.

Man gastierte auch im Zirkus Schuman mit weitgespannten klassischen Aufführungen nach antikem Vorbild. Als das nicht aus dem Gebäude zu treibende Stallodeur Max auf die Geruchsnerven fiel, beschloß man schon während des Krieges, den Zirkus anzukaufen und umzubauen. Geld hatte man. Die Geldgeber der Anfangsjahre hatten sich immer mit mäßigen Zinsen begnügt, vor allem August Huck, der Zeitungsmagnat, dessen Sohn Wolfgang Lia Eibenschütz, eine der schönsten Frauen des Reinhardtensembles, zur Frau nahm.

Reinhardt zog aus seiner schönen Wohnung in der Straße In den Zelten gleich neben dem verschwiegenen Berliner Buenretiro des Dresdner Industriellen Karl August

Oben links: Leopold Jessner *Mitte links:* Karl-Heinz Martin
Unten links: Erwin Piscator *Rechts:* Max Reinhardt

Oben: Alfred Kerr
Mitte: Ferdinand Bruckner
Unten: Viktor Barnowsky

Lingner zum Kupfergraben und ließ das einstige Knobelsdorffsche Palais zu einem intimen Fürstensitz umbauen. Die Speisekarte seines französischen Kochs wurde zum Erlebnis der Gäste aus dem In- und Ausland. Die Gagen mancher Prominenter seiner Bühnen konnten sich mit dem Salär des Kochs nicht vergleichen.

Alle Gagenverhandlungen führte Bruder Edmund. Wenn die Künstler über die ihnen zu niedrig vorkommenden Angebote murrten, beschwichtigte Edmund: „Bedenken Sie, was es heißt, bei Max Reinhardt zu spielen! Herrn Jannings hat mein Bruder aus Nürnberg geholt. Er war froh, im Sommer bei uns einen Schwank zu spielen. Jetzt scheffelt er Dollars in Amerika!" Emil Jannings war später großzügig genug, in der Hochblüte der Inflation seinen Berliner Freunden zu einem geringen Kurs Papiermark in mitgebrachte USA-Dollars umzuwechseln. Er selber würde schon neue aufzutreiben wissen. Nur sein alter Freund aus Nürnberg und Berlin, Kollege Werner Krauss, mit dem er saftige Streiche in den Vierteln um die Schumannstraße herum verübt hatte, schien noch immer nicht gelernt zu haben, wie man große Gelder verdiene. Aber er würde ihn noch in die Schule nehmen. Er würde ihn auch noch zu einem großen Filmer machen. Stand er nicht schon an der Spitze der Berliner Schauspieler?

„Pölzig muß ganz anders Dampf hinter den Umbau setzen", sagte Max Reinhardt in dieser Nacht zum Bruder Edmund. „Jeder Tag, den wir später eröffnen, kostet uns ein Vermögen. Aber unser Großes Schauspielhaus wird uns keiner nachmachen ..."

Großes Schauspielhaus – so würde der umgebaute Zirkus Schumann heißen. Hans Pölzig, der Baumeister der großen Maße, der vom Bau der Breslauer Ausstellungshallen her in aller Munde war, hatte ein Märchen von Raumpoesie entworfen: eine riesige Tropfsteinhöhle, die dem gigantischen Theater doch noch zu erträglicher Akustik verhalf. Die Eröffnung fand am 29. November 1919 mit der „Orestie" statt.

Was für Sorgen sich die Brüder Reinhardt mit diesem Objekt aufluden, sollte sich erst später herausstellen.

Der Intendant des Staatstheaters hielt Berlin weiter in Atem – immer mit seinem Protagonisten Fritz Kortner. Bald sprach man die Namen Jessner und Kortner gemeinsam aus, wenn man vom Staatstheater sprach. Jessner gab Frank Wedekinds „Marquis von Keith" und vernachlässigte auch die Klassiker nicht. Das Haus hatte Zeitnähe bekommen: Wechselbeziehungen zwischen gegenwärtiger Politik und klassischen Umwertungen. Als mitten im Kampf um die Ruhrbesetzung durch Frankreich Jessner den „Tell" nochmal inszenierte, sah er anders aus als der erste. Über die Treppe sei scheinbar Gras gewachsen, ulkten die Leute. Oder reagierten die Theaterbesucher nur verschieden auf nationalistische Dialoge? Als man Grabbes „Napoleon" ansetzte, gab es zum ersten Male ernsthafte Differenzen zwischen dem Intendanten und seinem Protagonisten. Ludwig Hartau spielte die große Rolle für den ablehnenden Kortner, und kurz darauf mußte Jessner eine wichtige Szene streichen, weil der Rathenau-Mord geschah.

Es gärte noch immer in Deutschland und im Berliner Theaterleben. Das neue Regime im Staatstheater hatte auch die anderen literarisch angehauchten Bühnen zu immer neuen Anstrengungen gezwungen. Sie rückversicherten sich, indem sich jede ein oder zwei Zweigunternehmen angliederte. Wo die Literatur nicht die Kosten deckte, mußte es die Unterhaltung tun. Max Reinhardts Epigone war der elegante Viktor Barnowsky, der sich das Deutsche Künstlertheater attachiert hatte, wo der Komiker Max Adalbert im Berliner Jargon die Pointen fallen ließ und mit Trude Hesterberg in der „Scheidungsreise“ sang:

„Wer wird denn weinen,
wenn man auseinandergeht,
wenn an der nächsten Ecke
schon ein andrer steht?
Man drückt sich still die Hand
und denkt sich heimlich bloß:
Na, endlich bin ich wieder
ein Verhältnis los.“

Die Kompagnons Meinhardt und Bernauer, die zuerst mit „Bösen Bubenbällen“, dann mit flotten Possen im Berliner Theater in der Charlottenstraße Geld gemacht hatten, rehabilitierten sich. Im Hebbeltheater hatten sie nicht nur Strindberg als Star, sondern auch eine interessante Schauspielerin. Die in Odessa Geborene hatte für die deutsche Bühne Carl Hagemann in seiner Hamburger Epoche entdeckt. Daysy Orskan hatte sie damals geheißen. Nach Berlin verpflanzt, stand sie als Maria Orska auf der Bühne: rassig, schlank und schön, von pikanter Intelligenz. Der junge Hans von Bleichröder, um dessentwillen sich schon eine Prinzessin vergiftet hatte, verliebte sich in sie. Als die Beziehung wieder in die Brüche ging, ergab sie sich dem Morphium. Eines Morgens fand man sie am Fenster ihres Hotelzimmers im Adlon erhängt.

Der Mann aber, der das Hebbeltheater gegründet hatte, Dr. Eugen Robert aus Budapest, war in der Tribüne der Nachfolger Karl-Heinz Martins geworden und hatte einstweilen ausgesorgt: zwei Jahre hintereinander gab er das „Spiel im Schloß“ seines Landsmannes Franz Molnar. Karl-Heinz Martin vermietete sich wieder als Regisseur und inszenierte in Reinhardts Großem Schauspielhaus die „Maschinenstürmer". Schillers „Räuber" durfte der junge Erwin Piscator, der sich schon in Berlin O zusammen mit dem Dichter Hans J. Rehfisch als Direktor versucht hatte, im Staatstheater inszenieren. Nun führte Spiegelberg seine Räuber in der Maske Leo Trotzkis an, mit funkelndem Kneifer und schwarzer Melone . . .

Noch trafen sich nachts die Schauspieler im Weinrestaurant ihres Kollegen Viktor Schwannecke, der seinen Münchener Intendantenposten hatte aufgeben müssen, weil ihm Isar-Athen nicht verzieh, daß ein Konzertflügel aus dem Staatstheater seine Privatwohnung zierte – doch als die Inflation immer höher stieg, kamen sie mit ihren Gagen nicht mehr aus, zumal wenn sie keine Nebeneinnahmen vom Film her hatten.

Linke Tendenzen nahmen zu. Über den Kurfürstendamm spazierten zwei Mimen, die Urchristen auch im zivilen Leben spielten, Kamelhaardecken trugen sie um die Schultern geschlungen, Sandalen an den Füßen. Sie lehnten es ab, im „Karussell" am Kurfürstendamm Eintritt zu zahlen. Der Direktor bestand darauf. „Meine Herren, wie soll ich denn meinen Etat balancieren?" Er zahlte seinen Prominenten eine gleitende Gage: jedem den Preis von vier ersten Parkettplätzen, und seine Entreetarife kletterten täglich im gleichen Maße wie der Dollarkurs.

Andere Direktoren verstanden es nicht, ihre Künstler zufriedenzustellen. Der Verband Berliner Bühnenleiter lehnte Gagensteigerungen ab. Bei den Reinhardtbühnen war Edmund Reinhardt für Gagendeputationen nicht zu sprechen. Das Renommée, bei Max Reinhardt zu spielen, war soviel wert, daß . . .

Die Schauspieler hielten Nachtversammlungen ab. Das Wort Schauspielerstreik wurde täglich lauter geäußert.

In einem Peripherietheater spielte ein junger Herr namens Gustaf Gründgens. Er verdiente sich hinterher noch ein Taschengeld, indem er mit der jungen Kollegin Else Ehser im Kabarett „Größenwahn" am Kurfürstendamm ein Duett „Wir Wandervögel" sang. Monatelang blieb es auf dem Repertoire, auch als jenes Peripherietheater pleite ging. Nun hatte Gustaf Gründgens bis elf Uhr abends spielfrei und darum Zeit, sich das Intime Theater in der Bülowstraße anzusehen, in dem Direktor Gustav Heppner – nicht so blasiert, wie ihn sein Monokel erscheinen ließ – Frivolitäten spielte wie „Lauf doch nicht immer nackt herum" oder „Die Peitsche und ..."

Herr Gründgens hatte an diesem Abend kein Glück. Der Schauspielerstreik war ausgebrochen. Vor jedem Theater mit Ausnahme des Staatstheaters und einiger kleiner Bühnen standen Streikposten. Vor dem Intimen Theater hießen die Posten, die dem dreiundzwanzigjährigen, schmalbrüstigen Kabarettisten Gründgens den Eintritt verwehrten, Alexander Granach und, groß und breit, Heinrich George ...

Vor dem Kleinen Theater Unter den Linden trug der Streikposten gar ein Kindergewehr über der Schulter. Er konnte lachen. Streikposten unter Gewehr Harry Lamberts-Paulsen trat noch in der „Weißen Maus" auf. Die Kabaretts streikten nicht, und die „Weiße Maus" gehörte zum Konzern Peter Sachses, der in der Jägerstraße gleich zwei Kabaretts betrieb. Egon Jacobsohn schrieb davon in der „B. Z.", die Jägerstraße sei fortan Sachsendamm zu nennen.

Die bestreikten Direktoren wollten nicht nachgeben. „Die Schauspieler können weder ohne Gage noch ohne Schminke leben", sagten die Scharfmacher unter ihnen, zumal sie es besser aushalten konnten. Nur der Direktor

Barnowsky war ein Gentleman. „Mit hungernden Künstlern kann ich nicht arbeiten“, rief er im Direktorenkonvent, trat aus dem Verband Berliner Bühnenleiter aus und bewilligte höhere Gagen, denn er hatte gerade Zugstücke. Im Lessingtheater und im Deutschen Künstlertheater wurde wieder gespielt.

Nun bröckelte die Direktorenfront auseinander. Man einigte sich mit den Streikenden. Sie hatten gesiegt.

Fast hätte der Streik tiefer in die Berliner Theatergeschichte eingegriffen. Als er noch währte, stand der Streikposten vom Intimen Theater, Heinrich George, eines Vormittags vor dem Staatstheater, als Fritz Kortner zur Probe ging: „Kortner, Sie gehören doch zu uns. Sie taugen nicht zum Staatsangestellten. Wir wollen ein eigenes Theater gründen.“

„Haben Sie denn ein Haus?“

„Wir können das Friedrich-Wilhelmstädtische bekommen. Dort zieht das ‚Dreimäderlhaus‘ nicht mehr, das sie seit vier Jahren auf der Walze haben.“

„Was wollt Ihr spielen?“

„Die Räuber.“

„Welche Rolle ist für mich gedacht?“

„Na, den einen Moor spiele ich natürlich und den anderen Alexander Granach.“

Was blieb da für Kortner übrig? Etwa der alte Moor? Schließlich hatte er nichts mit dem Streik zu tun, und Jessner ließ ihn eine große Rolle nach der anderen spielen. Jetzt stand er im „Ostpolzug“ Arnold Bronnens den ganzen Abend über allein auf der Bühne und stieß die Sprachfetzen des jungen Dramatikers aus sich heraus. Desselben Arnold Bronnen, dem Moritz Seeler einige Jahre zuvor in Berlin mit der Aufführung seines „Vatermord“ zum Durchbruch verholfen hatte, in der die frisch aus

München gekommene Schauspielerin Elisabeth Bergner zum ersten Male eine Berliner Bühne betrat. Desselben Arnold Bronnen, der alsbald erklärte: „Ich bin Faschist“, und der vor der Filmpremiere von Remarques „Im Westen nichts Neues“ als finsterer Reaktionär gegen Remarque demonstrierte. Desselben Bronnen, der hernach als Horchposten der NSDAP im Funkhaus in der Masurenallee durch sein Monokel alles beobachtete, was der aufgeschlossene Intendant Dr. Flesch tat.

Nun, auf alle Fälle hatten die Streikschauspieler mit ihren „Räubern“ im Friedrich-Wilhelmstädtischen-Theater enthusiastischen Erfolg gehabt. Und in seiner Folge hatte der Streik einen in Schauspielerkreisen teils skeptisch, teils mit Genugtuung begrüßten Effekt: sie wurden für geraume Zeit ihre unbequemsten Kritiker los. In der „Neuen Berliner Zeitung“, die sich schon bald nach ihrer Gründung in „12-Uhr-Mittagsblatt“ umtaufte, schrieben Walter Steinthal und Rolf Nürnberg nicht mehr. Der eine ein brillanter Schreiber, der andere ein hartnäckiger Werter von Echtem und Talmi. Im Chor der mehr als dreißig Berliner Pressestimmen mochte der einzelne keinen entscheidenden Einfluß haben, immerhin . . .

Jahrzehntelang jagten die Kritiker von der Premiere zur Redaktion, hasteten ihre Meinungen aufs Papier – ein paar Stunden später lag schon Bewunderung oder Gnadenstoß auf jedem Berliner Frühstückstisch. Es gehörte zu den Wundern von Berlin.

Den Senioren der Zunft wäre es längst lieber gewesen, die Eindrücke zu überschlafen. Am anderen Morgen sah man manches anders, die Formulierungen fielen gewählter aus. Die Schauspieler tobten, daß sie es büßen müßten, wenn der Hofrat Schlenther eine Nacht am Stammtisch von Stallmann versäumte. Theaterkassierer fluchten: Weil die Kritiken der Morgenblätter flau waren, wurde nicht ein Billett mehr im Vorverkauf abgesetzt. Kritiker und Direktoren einigten sich: Die Nachtkritik wurde abgeschafft. In der Frühe erschien in den Blättern nur eine knappe Vornotiz über den Verlauf des Vorabends, erst die Abendblätter sollten ausführliche Rezensionen enthalten. Die Druckereichefs der Zeitungen atmeten auf. Nun brauchten die Rotationsmaschinen nicht mehr zu warten, bis Alfred Kerr seine Delikatessen zurechtgeschliffen hatte. Die Schriftsetzer erreichten noch die letzte Straßenbahn. In der DAZ brauchte Paul Fechter nicht mehr auf dem Redaktionssofa zu kampieren, weil er draußen in Lichtenrade wohnte.

Aber da war das „12-Uhr-Blatt". Die Herren hatten sich ausgerechnet, daß ihre Zeitung nur in der allzu knappen Spanne „ginge", bevor ihre große Konkurrenz, die „B.Z.", auf der Straße erschiene. So wurde das Erscheinen des „12-Uhr-Blattes" immer weiter vorverlegt. Schließlich lag es morgens schon auf allen Untergrund- und Stadtbahnhöfen aus, wenn Berlin zur Arbeit fuhr. In ihm erschienen nun Premierenkritiken vor allen übrigen Zeitungen – ausgerechnet die gefährlichen Kritiken aus den Federn Steinthals und Nürnbergs. Und es war nicht ausgeschlossen, daß ihre Meinung die anderen Kritiker beeinflußte.

Steinthal und Nürnberg standen in der Sache des Streiks auf der Seite der Schauspieler. Und als Max Reinhardt, dem Berlin sowieso verleidet war, den ganzen Kram hinwerfen wollte – er hatte ja noch sein schönes Theater in Wien, die ganze Welt stand ihm offen –, bot er der Schauspielerschaft an, seine Häuser zu übernehmen. Dazu gehörte etwas Geld. Eine Schauspielerdeputation, die gerade in der Redaktion des „12-Uhr-Blattes" saß, fragte Steinthal und Nürnberg ob sie Geldleute wüßten.

Oben: Fritz Kortner als „Richard III."
Mitte: Heinrich George als „Macbeth"
Unten: Oskar Homolka in „Neidhardt v. Gneisenau" von W. Goetz

Elisabeth Bergner

Käthe Dorsch

Werner Krauss und Maria Bard in „Pygmalion“

Die beiden sahen sich an. Theaterfanatiker waren sie. Und Geld... das Blatt ging gut, und Rolf Nürnbergs Vater, der alte Ludwig Nürnberg, größter Boulevardier von Berlin W, konnte eine Kleinigkeit locker machen. Walter Steinthal und Rolf Nürnberg übernahmen die Direktion in der Schumannstraße. Schon am Abend saßen sie auf Max Reinhardts Stuhl in der Direktionsloge des Deutschen Theaters.

Nicht länger als zwei Tage.

Die genügten, um sie erkennen zu lassen, daß man auf einem Vulkan saß, wenn man in solchen Zeiten das berühmteste deutsche Privattheater übernahm. Sie bedankten sich für die Ehre und zogen ab...

Die Satzungen des Verbandes der Bühnenkritiker, an denen Steinthal und Nürnberg selbst mitgearbeitet hatten, waren streng. Keine Verwischung der Grenzen zwischen Kritik und Kritisierten wurde geduldet. Als es in Berlin einriß, daß sich Direktoren von prominenten Kritikern gut bezahlte Essays für ihre Programmhefte schreiben ließen, gellte es im Verband „Korruption!" Dr. Erich Urban, Musikkritiker der „B.Z.", mußte sein Amt niederlegen und zog sich vergrämt in sein Haus in der Schorfheide zurück.

Walter Steinthal und Rolf Nürnberg könnten vor ihren Kollegen nicht mehr bestehen, wenn sie, die, wenn auch nur für Tage, die Grenze zwischen Rampe und Kritik aufgehoben haben, nicht erklärten, für ein ganzes Jahr auf die Theaterrezension zu verzichten. Nürnberg mochte die Feder nicht aus der Hand legen. Er wurde nun der Sportkritiker des Blattes. Max Schmeling sollte nichts zu lachen haben...

Hätte Berlin nicht immer eine so gestrenge Theaterkritik besessen, wäre nicht jeden Tag die Sonde an die Leistung der Direktoren, Regisseure und Darsteller gelegt worden, hätte das Berliner Theaterleben nie sein einmaliges Niveau erreicht. Würfe man den Kritikern ihre Unbarmherzigkeit vor, könnten sie auf ihren klassischen Ahnherrn Theodor Fontane verweisen. Was er von seinem ewigen Parkettplatz Nr. 23 im Königlichen Schauspiel sah, beschrieb er in der „Vossischen" nie mit Samthandschuhen. Als er einen Hofschauspieler zu kritisieren hatte, schrieb er: „Bei ihm muß ich immer an Napoleon denken. Um seine Meinung befragt, sagte ein Leipziger Bürger: E anständiger Kerl, aber e dummes Luder."

Die Koryphäen der Berliner Kritik versagten nicht, wenn sie gerufen wurden, in der Praxis zu beweisen, was sie theoretisch verfochten hatten. Vom Redaktionsstuhl der „Vossischen" in die Direktion des Lessingtheaters übergesiedelt, machte Otto Brahm Theatergeschichte. Sein Nachfolger auf dem Kritikerstuhl, Paul Schlenther, wurde gar Direktor des Burgtheaters, Lenker zehn glanzvoller Jahre des klassischen Hauses. Als k. und k. Hofrat kehrte er nach Berlin zurück und wurde Kritiker des „Berliner Tageblattes". Seine Feder hatte keinen Rost angesetzt. Sie war noch geschliffener als vordem. Als wir Ferdinand Bonn als „Richard III." sehen mußten, überschrieb Schlenther seine Kritik „Pferdinand Bonn". Es sagte alles.

Auf Schlenther folgte im „B. T." Alfred Kerr. Es entging keinem Auge im Haus, wenn er, bis zum ersten Klingelzeichen eine Viertelstunde stehend, sich aus der ersten Parkettreihe dem Publikum zuwandte, den modellierten Kopf über dem Plastron und dem blond gekräuselten Haar präsentierend. Andern Tags entzückte uns, wie er von römisch I bis römisch IX jeden Nagel aufs Köpfchen traf. Davidsbündlerisch meisterte er Schleuder wie Harfe, erst recht, wenn er als „Gottlieb" des roten „Tag" auch zu Politik und Alltag „gestropht" seine Meinung gab, Vorgänger von Kurt Tucholsky und Erich Kästner.

Wenn Schlenther und Kerr unerbittlich kein X für ein U ansahen – so lange der alte Julius Landau Chefredakteur und Kritiker des „Börsencourier" war, wurde keinem Mimen wehgetan. Daß sein Blatt jahrzehntelang mit dem ausgedehntesten Theaternachrichtenteil Deutschlands das Interesse der Börsianer und Wirtschaftskapitäne für die Welt der Bühne wachhielt, war auch Dienst am Theater. Sein kritischer Erbe im Rahmen des Blattes war Dr. Emil Faktor aus Prag. Sein federnder Stil wickelte auch die Rüge in Watte, ohne sie zu unterlassen. Er alternierte dann mit Herbert Ihering, der das konsequent „verbindliche" Theater forderte – „sprühendes Leder" sagte Alfred Polgar von ihm. Als Polgar während einiger Jahre Berliner Theaters in Siegfried Jacobsohns „Weltbühne" kritisierte, applaudierten wir Anton Kuh, als er ihn zum „Marquis Prosa" erhob.

Einmal suchte ganz Berlin fieberhaft die Lösung eines Rätsels: Wer war Ferdinand Bruckner?

Unter diesem Autorennamen erzielte im Renaissancetheater, das ein wahres Schmuckkästchen geworden war, das Stück „Krankheit der Jugend" einen großen Erfolg. Niemand wußte, wer Ferdinand Bruckner war. Direktor Tagger wollte es nicht wissen, der Verleger gab an, Herrn Bruckner nicht zu kennen. Bis zur Premiere der „Verbrecher" des gleichen Autors, zwei Jahre später, erfuhr man noch immer nicht, wer sich hinter diesem Namen verbarg. Ein Reklametrick? Lag dem Autor daran, die Steuer hinters Licht zu führen? Mit den „Verbrechern", die Heinz Hilpert im Deutschen Theater mit dem von der Revue geholten Hans Albers und dem inzwischen aus Hamburg nach Berlin zurückgekehrten Gustaf Gründgens inszenierte, setzte das Rätselraten von neuem ein. Bis sich schließlich erwies, daß Direktor Theodor Tagger und Ferdinand Bruckner ein und dieselbe Person waren ...

Kortner hatte seinen Freund aus Hamburg, Erich Engel, ans Staatstheater geholt und spielte unter seiner Regie den Oswald in Ibsens „Gespenstern" mit Lucie Höflich, Lucie Mannheim, Paul Bildt und Aribert Wäscher. Kortner war aber nicht mehr ausschließlich bei Jessner. Er ging ans Lessingtheater, um Neumanns „Patriot" zu spielen – neben Paul Wegener als Pahlen. Unvergeßlicher Abend, obwohl er ewig zurückliegt.

Kortners große Leistungen waren oft von Zusammenstößen und Skandalen umwittert. Da war zum Beispiel die berühmte Aufführung der „Rivalen" im Theater in der Königgrätzer Straße, das zur Abwechslung einmal Barnowsky gehörte. Erwin Piscator führte Regie, zwei amerikanische Soldaten waren die Hauptrollen dieses Kriegsstücks eines Dichters. Hans Albers und Fritz Kortner spielten sie. Welchen Grund ihre private „Rivalität" eigentlich hatte, läßt sich nicht mehr rekonstruieren. Vielleicht lag es im Stück, in den Rollen selbst begründet, daß sich die beiden prominenten Protagonisten, neben denen noch Kräfte wie Felix Bressart, der in Hollywood gestorbene Komiker, Erwin Kalser und Hermann Speelmanns wirkten, auch körperlich in die Haare gerieten. Danach brach Kortner seine Partnerschaft ab, und Fritz Kampers übernahm die Rolle.

Aber das war nur einer aus der Serie der Berliner Theaterskandale gewesen. Besonders blieb mir die Silvestervorstellung der Operette „Die fromme Helene" im Großen Schauspielhaus in Erinnerung. Friedrich Holländer war der Komponist, Käthe Dorsch spielte die Hauptrolle, und die Zuschauer schlugen sich im Parkett, so wütend nahmen sie dafür und dagegen Partei. „Die fromme Helene“ verschwand beschleunigt in der Versenkung.

Vom Auf und Ab der Schlachten zwischen Direktoren, Schauspielern und Kritik, vom Hin und Her der Prominenten von Direktion zu Direktion, wurde einer nie berührt: Werner Krauss. Von seiner Ankunft aus Nürnberg bis zum Jahre 1933 hatte er nur bei zwei Direktoren gespielt, bei Reinhardt und im Staatstheater. Seinem Künstlertum auf der Bühne antwortete die Gnade, daß er sich nie an Aufgaben zweiten Ranges zu verschwenden brauchte. Einmal hatte er sich auch zu einem Ulk hergegeben: In einer Silvesteraufführung des Staatstheaters spielte er „Charleys Tante“. Aber auch hier – welch komödiantisches Meisterstück! Keine Klamotte, sondern eine gereifte Mondäne im Abenddämmer versinkenden Lebens, fast ein Gegenstück zu Gerhart Hauptmanns „Vor Sonnenuntergang“. Ein Menschenalter lang ist Krauss der hervorragendste Darsteller der dramatischen Weltliteratur in des Deutschen Reiches Hauptstadt gewesen, von Shakespeare bis Carl Zuckmayer, dessen „Hauptmann von Köpenick“ er in der Vision des Dichters, als deutsches Märchen, verkörperte.

Es ist eine seltsame Fügung des Schicksals, daß Zuckmayer die Anregung zu dem Stück von keinem anderen empfing als von Fritz Kortner. Dem ist dann die Rolle nie zugefallen, auch nicht dem Volkskomiker vom Weinbergsweg, Erich Carow, der zuerst vorgesehen war.

Über ein Jahrzehnt erhitzte die Berliner die Streitfrage: Wer ist der größte, Fritz Kortner oder Werner Krauss? Die Frage war immer falsch gestellt, weil sie denen Unrecht tat, die in demselben Dezennium in den gleichen Rollenfächern in Berlin Großes leisteten: Albert Bassermann und Paul Wegener, Albert Steinrück und Ludwig Hartau,

Eugen Klöpfer, Oscar Homolka und Heinrich George.

Welche Fronten des Genius der Schauspielkunst stießen in diesem einen Jahrzehnt im Brennpunkt Berlin zusammen! Wir saßen im Parkett und durften erleben, wie in den Flammen ihres künstlerischen Wettstreits der Ruhm der Theaterstadt Berlin über Europa leuchtete.

Am Theater wurde Geld verdient und wieder verloren. Nur ein Mann im Hintergrunde verdiente immer, was auch geschah: Professor Max Epstein.

Er führte neben einer Anwaltspraxis ein von seinem Vater erfundenes Geschäft weiter, indem er indirekt nahezu alle neuen Theaterunternehmungen finanzieren half. Ökonomisch spekulierte der weise Mann, von dem nur Eingeweihte wußten, spekulierte auf die menschlichen Schwächen und Bedürfnisse der Besucher. Er war nur an den Publikumsgarderoben, an den Pausebuffets und an den Toiletten interessiert. Wem Geld zur Eröffnung fehlte, der ging zu Epstein und bot ihm an, die Pacht für diese drei Seitenlinien zu übernehmen und zu bevorschussen. Darauf ließ sich der reiche Mann, der zudem die Tochter Hermann Hoffmanns, des vornehmen Maßschneiders, geheiratet hatte, erst einmal die Stücke zeigen, die man aufführen wollte. Wenn sie ihm Erfolg zu versprechen schienen, stellte er als erste Bedingung, daß ihm die Zahl der Pausen garantiert werden mußte, weil das Buffet nur reussieren konnte, wenn das Publikum Gelegenheit bekam, das Foyer zu besuchen. Es war ihm lieber, wenn das Theater, das er finanzieren half, Lustspiele gab. Erfahrung hatte ihn gelehrt, daß die Zuschauer bei Dramen weniger verzehren. Er wußte am besten, wie ein neues Stück einschlug, ob das Theater echt ausverkauft oder mit „Freibergern“ gestopft war. Freibillettler gaben auch in den Pausen nichts aus. Deshalb konnte Epstein auch als Experte zwei Bücher schreiben: „Das Theater als Geschäft“ und „Das Geschäft als Theater“. Er edierte auch eine Zeitschrift, das „Blaue Heft“, und war mutig genug, selbst ein Theater zu bauen, natürlich in der Nürnberger Straße, nahe dem Kurfürstendamm: das Deutsche Künstlertheater hinter dem Edenhotel. Für dieses Haus wußte er die geschicktesten Direktoren als Pächter zu finden. Sein stolzester Tag war es, als in seinem Bau Gerhart Hauptmann eine der wenigen Male in seinem Dichterleben inszenierte: die Aufführung des „Wilhelm Tell“ durch eine Schauspieler-Sozietät.

Das Endkapitel der glücklichsten Jahre des Berliner Theaters begann, als in gewissen Abständen in den Zeitungen große Inserate erschienen, in denen namhafte Bühnenleiter ihre Wohnungseinrichtungen zum Verkauf anboten.

Zu einer Villa hatte es außer bei Reinhardt bei keinem gelangt. Aber einige ihrer Wohnungseinrichtungen waren Sehenswürdigkeiten. Bei Viktor Barnowsky langte auch ihr Verkauf nicht mehr zu pünktlichen Gagenzahlungen. Sein Verwaltungsdirektor Ludwig Körner, später Präsident der Goebbelsschen Reichstheaterkammer, mußte auch die Prominenten mit à-conto-Zahlungen vertrösten.

Weihnachten 1932 gab es in der luxuriösen Grunewaldvilla Kunz-Buntschuh-Straße 6 den letzten großen Empfang, den ein Berliner Theaterdirektor veranstaltete. Es geschah in der Nacht nach der Uraufführung von Paul Abrahams Operette „Ball im Savoy“ im Großen Schauspielhaus. Das mit so hohen Zielen von Max Reinhardt erbaute Haus war an die Brüder Rotter verpachtet worden, die in der „Weltbühne“ Siegfried Jacobsohns nie anders als „die beiden Bindelbands“ genannt wurden. Die Operette war ein enormer Erfolg.

Der letzte Gast, der den Empfang am 22. Dezember in der Villa in der Kunz-Buntschuh-Straße verließ, war Staatssekretär Dr. Otto Meißner.

1932 hatte sich Kortner entschlossen, Berlin und Deutschland zu verlassen. Er fühlte sich angesichts der drohend zunehmenden Nazigefahr nicht mehr sicher. Er verkaufte seine Wohnung, gab sein Haus auf und siedelte nach Ascona über. Hindenburg erließ gegen die Nazis ein Uniformverbot. „Wir sind hundert Meter vor dem Ziel", sagte Reichskanzler Brüning. Deutschland schien einer Lösung seiner inneren Schwierigkeiten entgegenzugehen. Im November ging die Stimmenzahl der Nazis um zwei Millionen zurück.

Kortner kehrte zurück und nahm sich eine möblierte Wohnung. Das Deutsche Theater bot ihm eine Hauptrolle in Hays „Gott, Kaiser, Vaterland" an. Kortners richteten sich wieder eine eigene Bleibe ein.

Kurz vor der Premiere war alles bereit. Nur das Radio funktionierte noch nicht. Kortners Apparat besaß eine andere Voltstärke wie der Anschluß des Hauses. Johanna Kortners Vater war Direktor bei der AEG. Er sandte einen Mechaniker, der den Fehler beheben sollte.

Als Kortner von der Probe kam, empfing ihn seine Frau: „So ... das Radio funktioniert nunmehr auch."

Kortner näherte sich mechanisch dem Apparat und schaltete ihn ein. Es dauerte einige Sekunden, bis sich die Röhren erwärmten. Kortner hatte sich beim Einstellen vergriffen. Aus dem Lautsprecher sprach Paris:

„... itler Reichskanzler."

„Das ist ja großartig", sagte der Schauspieler. „Packen wir also gleich wieder ein."

Staatsmänner, Könige und Diplomaten 9

Der Chefredakteur hatte den Auftrag gegeben, zwei bebilderte Seiten vorzubereiten: „Wenn die Berliner auf Arbeit gehen."

Ganz „oben" sollten wir anfangen.

Sich durch den Instanzenweg von Meißners Büro durcharbeiten? Durch Erfahrungen gewitzt, fing ich anders an. Es war leichter, im Heim des Reichspräsidenten Frau Luise Ebert ans Telephon zu bekommen. Geduldig hörte sie mein Anliegen an und antwortete freundlich: „Einen Augenblick mal . . ."

Es dauerte keine Minute, da war Friedrich Ebert selbst am Apparat: „Nehmen Sie mir's nicht übel: Man kann's nicht zur Arbeit gehen heißen, wenn ich aus dem einen Zimmer ins andere gehe. Und vorher – na, das kann ich auch nicht gerade Arbeit nennen. Der Arzt hat mir nämlich Reiten verordnet."

Ich wußte, daß Friedrich Ebert jeden Morgen, wenn es nicht gerade Strippen regnete, ausritt. Aber selten hatte ihn ein Berliner zu Pferde gesehen. Er ließ sich bis in den Grunewald fahren. Dort ritt er mit Reichswehrminister Geßler in aller Frühe und fuhr wieder im Auto zurück.

„Tun Sie mir die Liebe und lassen Sie mich aus", sagte der Reichspräsident. „Fangen Sie doch Ihre Bilderreihe mit Löbe an!"

„Ergebensten Dank, Herr Reichspräsident, das ist eine ausgezeichnete Idee."

„Nicht wahr? Danke schön für den Anruf!"

So bequem sprach's sich mit dem ersten Repräsentanten des Reichs. Sein Haushalt war schlicht. Luise Ebert pflegte selbst den Tisch zu decken. Selbst hohe Gäste haben an ihrer Tafel keinen Champagner gesehen. Manchmal ging Ebert auch privat aus – einfach über die Straße in die „Deutsche Gesellschaft". Es war ein unparteiischer Klub, der im Kriege auf Anregung des Staatssekretärs Solf gegründet worden war und sich in der Wilhelmstraße ein Haus eingerichtet hatte. Hier trafen sich Spitzen der Politik, der Wirtschaft, der Wissenschaft und auch der Presse aller Richtungen. Es war ein gut gemeinter Versuch, die Gemeinschaft aller Deutschen auch gesellschaftlich nach dem Worte Wilhelms II.: „Ich kenne keine Parteien mehr, ich kenne nur noch Deutsche" darzustellen. Den ersten Vortrag hielt Walther Rathenau. Er erzählte, wie er am dritten Kriegstage den Kriegsminister von Falkenhayn aufgesucht hatte; er traf ihn vor einem leeren Schreibtisch an.

„Sie sehen, ich habe nichts zu tun. Alles läuft planmäßig", sagte der Kriegsminister.

Rathenau störte ihn auf: „Ich habe Sorge, daß Deutschland bei einiger Dauer des Krieges in Rohstoffschwierigkeiten kommen wird. Unsere Lager können eines Tages geräumt sein", sagte er, der damals Präsident der von seinem Vater gegründeten AEG war.

Falkenhayn hörte sich Rathenaus Vorschläge an und beauftragte ihn auf der Stelle mit der Vorbereitung des Kriegsrohstoffamtes.

Wenn der Reichspräsident in der „Deutschen Gesellschaft" erschien, nahm er ein oder zwei Glas Bier, rauchte bedächtig eine Zigarre, und wenn sie zu Ende war, nahm er seinen Hut und ging über die Straße in seine Wohnung zurück.

„Das Heim und die Lebensführung des deutschen Präsidenten könnten etwas mehr Repräsentation vertragen", sagte einmal ein illustrer Ausländer.

„Nein", erwiderte Frau Luise Ebert, „wir haben den Krieg verloren. Sie würden nicht gut von uns denken, wenn wir so schnell vergäßen, was sich ereignet hat."

Der sachliche Ernst, mit dem Friedrich Ebert seiner Pflicht oblag, prägte sich immer mehr in seinen Zügen aus. Als er seinen ersten Staatsbesuch in Frankfurt am Main machte, fand abends eine Festvorstellung statt, in der er Seite an Seite mit Gerhart Hauptmann erschien. Fünfundzwanzig Jahre vorher hatte der deutsche Reichskanzler Fürst Hohenlohe-Schillingsfürst im Berliner Lessingtheater die Premiere von „Hanneles Himmelfahrt" besucht und hinterher in einem Brief geschrieben: „Wir haben uns nach dem Stück bei Dressel mit Kaviar und Champagner von dem gräßlichen Elendsspiel erholen müssen."

Fritz Ebert ist an den Folgen einer Blinddarmentzündung in einem Sanatorium der Joachimstaler Straße gestorben. Rechtzeitige Operation hätte ihn retten können. In Magdeburg schwebte gerade ein Prozeß gegen ultrarechte Organe. Sie hatten gegen Ebert den Vorwurf des Landesverrates im Kriege erhoben. Der sei darin zu sehen, daß Ebert sich während des Munitionsarbeiterstreiks im Januar 1918 auf die Seite der Streikenden gestellt habe. Der Prozeß erbrachte den Beweis, daß der Reichstagsabgeordnete Ebert damals seinen ganzen Einfluß aufgeboten hatte, um die Beilegung des Streiks herbeizuführen.

Als er sich während des Prozesses, bereits schwerkrank, zurückzog, wollte er Mißdeutungen vermeiden. Trotz großer Schmerzen nahm er auch noch an einer Zusammenkunft mit dem russischen Botschafter Krestinski im Hause des AEG-Direktors Deutsch teil. Es lag ihm daran zu zeigen, welches Gewicht er guten Beziehungen zwischen Deutschland und der Sowjetunion beilegte.

Der rechtzeitige Eingriff bei der Blinddarmentzündung unterblieb. Es trat ein Durchbruch ein. Friedrich Ebert starb.

Im Reichskanzlerhause in der Wilhelmstraße sprach Reichskanzler Luther einen von den Sozialdemokraten als kühl empfundenen Nachruf. Ich hörte die Worte, die inmitten von Tausenden vor dem Reichstag der Reichstagspräsident Paul Löbe dem Toten widmete: „Wenn über Deutschland und Europa einst die Fahne des wahren Friedens weht und gerecht verteilter Wohlstand herrscht, wird sich an deinem Hügel neigen die deutsche Nation. An der Stelle, an der du im Angesicht von Zehntausenden den Kranz für die Gefallenen niederlegtest, der auch die eigenen Söhne ehrte, bringe ich dir den letzten Gruß des deutschen Volkes."

Am Treppenpodest des Potsdamer Bahnhofs zogen dann viele Tausende bis in die späten Abendstunden vor dem Sarg des Toten vorüber. Die nächsten Hinterbliebenen und die engeren Freunde geleiteten ihn in seine badische Heimat. Auf jeder größeren Station salutierten die Formationen des „Reichsbanner", und auf dem Bergfriedhof von Heidelberg sprach der badische Staatspräsident, der Professor Willy Hellpach, die Trauerrede. „Dein Leben und der Dienst, den du deinem Volke geleistet, ist das hohe Lied des kleinen Mannes."

An den Reichstagspräsidenten Paul Löbe hatte mich also Friedrich Ebert verwiesen, als ich ihn als ersten mit unserem Photographen für unsere Bilderreihe „Wie Berlin zur Arbeit geht" aufnehmen wollte.

„Wenn's sein muß, kommen Sie nur her!“ sagte Paul Löbe. „Ich fürchte nur, es wird Ihnen zu früh sein, wenn ich zur Arbeit gehe ...“

„Welche Zeit, Herr Präsident?“

„Jeden Morgen um halb sieben betrete ich den Reichstag. Wenn Sie pünktlich sind, können Sie um diese Zeit knipsen.“

Es klappte auf die Minute. Es traf sich, daß ich an diesem Tage um die Mittagszeit noch einmal am Portal vorbeiging. Da standen vier Wanderburschen – Hamburger Zimmerleute in ihrer traditionellen Tracht: weite Samthosen, Knotenstock, Kalabreser – und sahen zum Reichstag empor. Es war ein kühler Tag, und es hatte zu regnen angefangen.

Aus dem Wallotbau kam Paul Löbe, hielt vor den Zimmerleuten, schwenkte den Hut und sagte: „Hummel, Hummel!“

„Mors, Mors“, kam der Gegengruß und einer fügte hinzu: „Kalt is!“ Keiner wußte, mit wem sie es zu tun hatten.

„Da müßt ihr was Warmes essen. Habt ihr schon?“

Die Zimmerleute schüttelten den Kopf.

„Wenn es euch nicht geniert, mit dem Präsidenten des Reichstags zu Mittag zu essen – bitte!“

Er ließ sich von ihnen in die Mitte nehmen und komplimentierte sie ins Präsidentenhaus jenseits der Straße. Es war bald nach der Errichtung des Reichstags für seinen jeweiligen Präsidenten erbaut worden. Es stand ihm mietefrei zur Verfügung, und zur Repräsentation erhielt er nicht mehr als den doppelten Betrag, den jeder Abgeordnete als Diäten bekam. Lange Jahre hatte darin der Reichstagspräsident Graf Franz von Ballestrem residiert. Ein humorvoller Mann, hat er doch keine Handwerksburschen von der Straße geholt, wie es Paul Löbe mehr als einmal tat.

Löbe war selbst als junger Mann und Schriftsetzer bis nach Capri auf der Walze gewesen.

Das Haus sah auch andere Gäste. Länger als ein Jahrzehnt wohnten die sozialdemokratischen Abgeordneten Adolf Braun und Wilhelm Sollmann als Gäste Löbes in dem geräumigen Haus, auf kürzere Zeit der sozialistische Theoretiker Karl Kautsky mit seiner Frau und der Komponist des „Wozzek", Alban Berg.

Im Reichstagsbau selbst gab es in jedem Jahr zwei parlamentarische Abende, zu denen auch Wissenschaft und Kunst geladen waren. Bei solchen Gelegenheiten sah man Albert Einstein und Elisabeth Bergner, Alfred Kerr und Fritz Kortner, Jan Kiepura und Gitta Alpar, und auch der älteste Berliner Kabarettist, der schon 1901 bei der Eröffnung von Ernst von Wolzogens Überbrettl mitgetan hatte, Robert Koppel, war da.

Zwölf Jahre war Löbe Präsident des Reichstags. Dann wurden die Nationalsozialisten die stärkere Fraktion, und Hermann Göring folgte ihm. Auch Göring bewohnte bis 1933 das Präsidentenhaus, von dem ein hundertfünfzig Meter langer Durchlaß unter der Friedrich-Ebert-Straße hindurch in die Keller des Reichstags führte. Es ist historisch, daß vom Präsidentenhaus her die eigentlichen Reichstagsbrandstifter unter der Erde den Weg in den Reichstag genommen haben. Der geistesschwache van der Lubbe war, um den Schein zu wahren, mit der Aufgabe betraut worden, von außen direkt in den Bau einzusteigen. Das Feuer, das er anlegte, hätte nie so verheerend wirken können, wenn nicht Helfer an sorgfältig ausgewählten Stellen nachgeholfen hätten ...

Am Morgen des 13. März 1920 schraubte der sozialdemokratische Landtagsabgeordnete Alfringhaus die Türschilder an den Fraktionszimmern der deutschnationalen und sozialdemokratischen Fraktion ab und vertauschte sie miteinander.

„Wenn die Vandalen kommen, sollen sie wenigstens die falschen Schreibmaschinen zertrümmern", meinte er.

Die List sollte die Meuterer irreführen, die von Döberitz singend heranzogen:

„Hakenkreuz am Stahlhelm,
schwarzweißrotes Band,
die Brigade Ehrhard
werden wir genannt."

Um fünf Uhr dreißig machte die kleine Heeresschlange zwischen Siegessäule und Brandenburger Tor halt. Sie war die Vormacht, mit der die junge Republik gestürzt werden sollte.

Am Abend zuvor hatten Nachrichten von dem bevorstehenden Putsch das Kabinett alarmiert. Auch Präsident Löbe und seine beiden Stellvertreter wurden zu Friedrich Ebert gerufen.

„Meine Herren, es wird Ernst. Wir haben zuverlässige Kunde. Die Garnison Döberitz setzt sich in Marsch gegen Berlin. Wir müssen entscheidende Beschlüsse fassen."

„Einfach verhaften lassen!" rief Gustav Noske, der Wehrminister.

„Haben wir genug zuverlässige Truppen auf unserer Seite?"

„Wir werden die Generale hören", sagte Ebert.

Noske hatte sie schon beordert. Im Vorzimmer warteten sein Stabschef Major von Gilsa, General Reinhard, General von Oven, General von Oldershausen.

Reinhard und von Gilsa erklärten sich bereit, mit der Waffe in der Hand den Putschisten entgegenzutreten. Die

Generale von Oven und von Oldershausen zuckten die Achseln: „Reichswehr wird nicht auf Reichswehr schießen."

„Das Kabinett wird seine Entschlüsse fassen", bemerkte der Reichspräsident. Die Offiziere konnten gehen.

Das Kabinett beschloß, nach Dresden abzureisen. Justizminister Eugen Schiffer erklärte sich bereit, auf alle Fälle in Berlin zu bleiben.

„Ich denke nicht daran zu türmen", sagte der Reichsinnenminister Wolfgang Heine. Er war in seiner Jugend Burschenschafter gewesen, war dann Sozialist geworden und Mitbegründer des Goethebundes, der in den neunziger Jahren siegreich den Kampf gegen die Reaktion geführt hatte, als sie durch die „Lex Heinze" die Freiheit der Kunst beschneiden wollte.

An einem Tisch in der Ecke warf ein blonder junger Mann mit Bleistift einige Zeilen auf Papier. Sie retteten damals die Republik. Der junge Mann war Eberts Kabinettschef Ulrich Rauscher. Seine glänzende Feder hatte dem Berliner Stab der „Frankfurter Zeitung" angehört. Was er in jener Nacht entwarf, war der temperamentvolle Aufruf an die Gewerkschaften, gegen den Putsch den Generalstreik zu erklären. Die Arbeiterschaft befolgte ihn einmütig. Der Generalstreik brauchte nur eine Woche zu dauern. Die gerettete Regierung belohnte Ulrich Rauscher mit dem Gesandtenposten in Georgien, der Heimat Stalins.

Noch in der gleichen Nacht setzten sich die Minister nach Dresden ab. Mit Gustav Noske fuhr Major von Gilsa. Der Major fand, er sitze etwas unbequem. Als er in Dresden ausstieg, ergab sich, daß er auf einer Handgranate gesessen hatte.

Um diese Zeit hielt die Brigade Ehrhardt zwischen Siegessäule und Brandenburger Tor. Von ihr unbemerkt, verließen die sozialistischen Führer den Wallotbau. Der deutschnationale Fraktionsführer Graf Westarp aber schritt auf Kapitän Ehrhard zu und bat, Blutvergießen zu vermeiden.

„Gut ... wenn die Novemberverbrecher unsere Bedingungen annehmen."

„Welche Bedingungen?"

Auf dem Rücken eines Soldaten schrieb Ehrhard sechs Bedingungen nieder. Westarp vermittelte sie an Minister Schiffer, der in der Voßstraße wohnte.

„Ich habe keine Vollmacht, Bedingungen von Meuterern entgegenzunehmen", sagte Schiffer. Zwei Stunden später standen militärische Posten vor seiner Tür. Er durfte keine Verbindung mit der Außenwelt aufnehmen.

In die Reichskanzlei zog Generallandschaftsdirektor Kapp aus Königsberg ein, der sich als Chef der neuen Regierung präsentierte. Einer seiner ersten Aufträge war der Befehl an Kapitän Ehrhardt, die Reichsbank zu besetzen und drei Millionen Mark für die Regierungskasse zu beschlagnahmen.

„Das lehne ich ab. Ich bin kein Strauchdieb", sagte Ehrhard.

Ohne Mittel und mit der allerwärts streikenden Arbeiterschaft konnte der Generallandschaftsdirektor nicht regieren. Nach fünf Tagen verließ Herr Kapp die Wilhelmstraße wieder. Das Kabinett war von Dresden nach Stuttgart weitergereist, hatte eine Sitzung abgehalten und einen Aufruf an das Volk erlassen. Nun kehrte es zurück.

„Na, seid ihr wieder da?" höhnte Kollege Heine und zog sich bald aus dem Kabinett zurück.

Nach Friedrich Eberts Tod zog bis zur Wahl eines Nachfolgers Reichsgerichtspräsident Simon, wie es die Verfassung vorsah, zur Wahrnehmung der Präsidialgeschäfte in die Wilhelmstraße ein. Der erste Wahlgang für einen

Nachfolger ergab keine absolute Mehrheit; ein zweiter mußte stattfinden, für den auch neue Kandidaten aufgestellt werden konnten. Auf den Feldmarschall des verlorenen Krieges, Paul von Hindenburg, einigten sich die bürgerlichen Parteien mit Ausnahme des Zentrums, das mit der Sozialdemokratie ein Wahlbündnis einging. Jetzt entschied die relative Mehrheit. Hindenburg erhielt 14 685 000 Stimmen, der Kandidat des rot-schwarzen Blocks, Wilhelm Marx, 13 731 000, der Kommunist Thälmann 1 931 000.

Der neue Präsident kam von seinem Wohnsitz Hannover auf dem Bahnhof Heerstraße an. Von dort erfolgte sein Einzug in Berlin. Reichswehr, Stahlhelm und Kriegervereine bildeten Spalier. Dem Staatssekretär Meißner schien das zu eindeutig, und er war es, der anregte, daß sich auch das republikanische Reichsbanner „Schwarz-Rot-Gold" am Spalier beteiligen solle.

Soviel Fahnen besaß das Reichsbanner gar nicht. Meißner telephonierte mit Hannover, ob Paul von Hindenburg einverstanden sei, daß aus seinem Dispositionsfonds dem Reichsbanner ein Geldbetrag zur Beschaffung von Fahnen gestellt werde. Nach gespannter Wartezeit kam die Antwort: „Einverstanden."

Die Vereidigung Hindenburgs fand im Reichstag am Tisch seines Präsidenten statt. Selbstverständlich ordnete Paul Löbe an, daß das Möbel mit schwarzrotgoldenem Tuch zu behängen sei.

Einen Tag zuvor erhielt Löbe den Besuch des Staatssekretärs Meißner. Die Ansprachen bei der Eidesleistung waren vorher zwischen der Wilhelmstraße und dem Reichstagspräsidenten zu vereinbaren.

Meißner kam zögernd mit der Ansicht heraus, daß in Löbes Rede die Aufforderung, der Republik zu dienen, zu häufig vorkomme.

„Es ist doch eine Selbstverständlichkeit, daß bei der Vereidigung die republikanische Treueverpflichtung gar nicht deutlich genug betont werden kann", brauste Paul Löbe auf.

„Ich meine ja nur ... Mißverstehen Sie mich nicht. Ich möchte vorschlagen, die Versicherung der Treue gegenüber dem freien Volksstaat mehr in die Antwort des Präsidenten zu übernehmen."

Das konnte Löbe nur recht sein.

Hindenburg war stark bewegt. Dem Verhalten der kommunistischen Abgeordneten sah er nicht ohne Sorge entgegen. „Einen Bluthund werden sie mich wohl nennen!" seufzte er, als er mit Meißner im Dienstzimmer Löbes auf die Vereidigung wartete. „Es wird nichts passieren", beruhigte Löbe den alten Herrn.

Er hatte zuvor die kommunistischen Fraktionsgrößen zu sich gebeten und sie darauf aufmerksam gemacht, daß die Vereidigung nicht in einer Reichstagssitzung, sondern nach der Verfassung „vor dem Reichstag" erfolge. „Das heißt, meine Herren", sagte Löbe, „daß Ihre Abgeordnetenimmunität nur beschränkt wirksam ist. Auf frischer Tat können Ausschreitungen sofort mit Verhaftung und Abführung beantwortet werden. Die Polizei hat den historischen Akt zu schützen."

Die Vertreter der Kommunisten hörten sich das sehr nachdenklich an. Nach der Vereidigung riefen die kommunistischen Abgeordneten nur dreimal laut „Amnestie!" in den Saal und verschwanden blitzartig.

Hindenburg hatte in Vorbesprechungen betont, daß er als Reichspräsident Zivilist sei und auch zur Vereidigung in Zivil und ohne Orden und Ehrenzeichen erscheinen werde. – Nach dem Akt wollte er die vor dem Reichstagsgebäude aufgestellte Ehrenkompagnie der Reichswehr abschreiten.

„Haben Sie etwas dagegen, daß ich bei diesem Teil der Feier das Großkreuz des Eisernen Kreuzes anlege?" fragte er nach der Eidesleistung in Löbes Dienstzimmer.

„Das steht jetzt ganz bei Ihnen, Herr Reichspräsident. Jetzt sind Sie der Obere", antwortete der kleine dem großen Paul. Im gleichen Augenblick faßte Staatssekretär Meißner in seine Rocktasche, holte das Großkreuz hervor und hängte es Hindenburg um den Hals.

Aufrecht trat der neue Reichspräsident vor den Reichstagsbau, ging auf den linken Flügelmann des ersten Gliedes zu und prüfte, das linke Auge zugekniffen, ob die Richtung gewahrt sei. Beim zweiten und dritten Glied geschah dasselbe. Dann erst schritt er die Front entlang.

Nun fuhren alle Tage Minister, hohe Offiziere, Reichsbeamte, Diplomaten und auch Vertreter von Wissenschaft und Kunst beim Reichspräsidenten vor, um sich vorzustellen. Besonders Auszuzeichnende wurden zur Mittagstafel geladen. Sich dabei mit dem Reichspräsidenten zu unterhalten, war nicht ganz einfach. Sein Leben lieferte ihm nur militärische Erinnerungen. Was konnten seine Gesprächspartner darauf erwidern? Selbst der gewandte Paul Löbe kam häufig ins Stocken, bis er endlich einen Modus fand, mit dem alten Herrn in längere Gespräche zu kommen. Löbe erzählte von seiner Wanderschaft als Handwerksbursche, Hindenburg von seiner Kadettenzeit und den Kaisermanövern in Schlesien, wo Löbe zu Hause war. Siebenmal war Löbe bei Hindenburg zu Gast – siebenmal lief das Gespräch mit einigen Variationen im gleichen Schema ab.

Bei anderen Gelegenheiten half sich Staatssekretär Meißner, indem er durchweg Herren, die ungefähr Altersgenossen des Marschalls waren, in dessen Nähe setzte. Aber auch da gab es Verlegenheitspausen.

Einmal saß die sozialdemokratische Reichstagsabgeordnete Toni Senders neben Hindenburg. Der alte Herr kam auf das Reisen zu sprechen.

„Reisen möchte ich für mein Leben gern", sagte Toni Senders.

„Wer hindert Sie daran?"

Toni Senders rieb vielsagend den Daumen gegen den Zeigefinger. Hindenburg lächelte und sagte galant: „Da gäbe es vielleicht eine Möglichkeit. Es müßte sich doch bewerkstelligen lassen, daß Sie als Reichstagsabgeordnete einmal studienhalber auf einem Schulschiff unserer Marine mitfahren."

„Großartig! Kann ich da, wenn die Gegend schön ist, auch aussteigen?"

Der Marschall wurde ernst: „Der Disziplin der Marine müssen sich auch Gäste fügen."

Sonst arbeitete sich der „alte Herr", wie er hinter seinem Rücken von allen genannt wurde, die mit ihm zu tun hatten, schnell in seine Obliegenheiten ein.

Auf den ihm anerzogenen militärischen Formen bestand er überall. Ich sah ihn einmal das Deutsche Opernhaus besichtigen, das der Stadt Berlin gehörte. Gegen seine pünktlichen Gewohnheiten fuhr er zehn Minuten früher vor, als man ihn erwartete. Am Eingang verneigte sich nur der Portier.

Hindenburg tat, als sähe er ihn nicht, und fragte laut aus seiner Höhe: „Meldet denn hier niemand?"

„Pförtner Wilhelm Schulze!" donnerte der Pförtner und stand stramm, die Hände an der Hosennaht.

Nun erst fragte Hindenburg: „Gedienter Mann?"

„Unteroffizier gewesen bei den Panzern — EK I und II."

Daraufhin wurde ihm auch die Hand geschüttelt, und er mußte berichten, welche Kämpfe er mitgemacht hatte. Das

Verhör des alten Kriegskameraden dauerte an, bis Stadträte, Opernhausdirektor und andere Funktionäre herbeigestürzt kamen.

Die Wilhelmstraße ... Sie gewann an Bedeutung, als Gustav Stresemann Chef des Auswärtigen Amtes wurde. Voraus ging seine kurze Kanzlerschaft. Sie war gekennzeichnet durch Mut und Verantwortungsgefühl. Den Abbruch der unter seinem Vorgänger, dem Hamburger Hapagdirektor Cuno, begonnenen kostspieligen passiven Resistenz, durch die die nationalen Gefühle auf Fiebertemperatur gebracht wurden, hatte Stresemann vor dem Reichstag zu verantworten.

Vor der Tribüne des Reichstages vertreten mußte er aber auch seinen Mißerfolg, der darin bestand, daß der Verzicht auf die Resistenz an der Ruhr nicht den erhofften Erfolg erzielt hatte, ein vernünftiges Gespräch mit Frankreich einzuleiten. Wir hörten ihn von der Pressetribüne des Reichstags. Hat es nach ihm je wieder einen deutschen Staatsmann gegeben, der so mutig und ehrlich im Bekenntnis eines Fehlschlags war?

Stresemann sagte: „Der Mut, die Aufgabe des passiven Widerstands verantwortlich auf sich zu nehmen, ist vielleicht nationaler, als es die Phrasen sind, mit denen dagegen angekämpft wurde. Ich war mir bewußt, daß ich in dem Augenblick, in dem ich es tat, als Führer meiner Partei, die anders eingestellt war, vielleicht die eigene politische Stellung in der Partei, ja, das Leben aufs Spiel setzte. Aber was fehlt uns im deutschen Volke? Uns fehlt der Mut zur Verantwortlichkeit."

An Mut dem Inland wie dem Ausland gegenüber hat es Stresemann, der in jenen Jahren zum Staatsmann von europäischer Größe emporwuchs, nicht gefehlt. 1924 war die Zeit dann doch für das Gespräch mit Frankreich reif. Poincaré hatte mit seiner starrköpfigen Deutschlandpolitik auch keine Erfolge erzielt, sein Kabinett mußte einem Kabinett Herriot weichen, und 1924 kam es zu einer Konferenz der Alliierten mit den Deutschen in London – unter der Bedingung, daß über die Ruhr, die noch immer von den Franzosen besetzt war, nicht gesprochen werden durfte. Als Reichskanzler Marx nur mit einem Worte die Ruhrfrage streifte, erklärte Herriot sofort, abreisen zu wollen.

Doch am zweiten Tage der Verhandlungen klopfte Stresemann in einer Pause ganz unversehens Herriot auf die Schulter und fragte, als handele es sich um die selbstverständlichste Sache der Welt: „Was machen wir nun mit der Ruhr, Herriot?"

Herriot sank fast zu Boden vor Überraschung. Und in zwei Stunden erreichte Stresemann, daß Herriot aus freien Stücken erklärte: „Ich verspreche Ihnen, Herr Stresemann, daß ich alles in meinen Kräften Stehende tun werde, Ihren begreiflichen Wunsch nach einer Abmachung über die Ruhrräumung zu erfüllen und dadurch Ihre Stellung gegenüber Ihren Landsleuten zu stärken."

Er hielt Wort.

Zäh, aber mit taktvollster Diplomatie erreichte Stresemann später auch, daß Frankreich die letzte Phase der Räumung des besetzten Rheinlandes zwei Jahre früher eintreten ließ, als es der Versailler Vertrag vorsah.

„Wenn das Rheinland wieder frei ist, werde ich die edelste Flasche Rheinwein trinken", sagte Stresemann einmal zu uns Journalisten während eines parlamentarischen Abends im Reichstag. „So sehr es mir auch Professor Zondek verbietet."

Professor Zondek war sein Arzt, denn Stresemann begann, an den Nieren zu leiden, und schonte sich nicht.

Gleich nach der Übernahme des Auswärtigen Amts nahm er noch englischen und französischen Unterricht, um seine Sprachkenntnisse zu verbessern.

Wenn er sich eine Mußestunde gönnen konnte, ging er nicht in die „Deutsche Gesellschaft", sondern in den „Deutschen Bühnenklub". Die Plauderstunden dort wurden ihm zur liebsten Erholung. War er deprimiert, hatte er es gern, wenn Paul Morgan ihn aufzuheitern versuchte. Bei seiner einstigen Tätigkeit als Industriesyndikus hatte er sich weit glänzender gestanden. Zum Glück ging es dem Bruder seiner Frau, die ihn wahrhaft hervorragend unterstützte und sich auch bei den ausländischen Diplomaten höchster Schätzung erfreute, weit besser. Es war der Kammerpräsident Kurt von Kleefeld. Kammerpräsident nicht, weil er irgendeiner Kammer eines deutschen Landtags präsidierte, sondern den Gütern und Reichtümern des Fürsten von Hohenlohe, deren Kammer er von Berlin aus führte. Wenn es bei Stresemanns in der Wilhelmstraße knapp, knapper, am knappsten war, half der Schwager Kammerpräsident zuweilen mit einem Scheck aus. Als Gustav Stresemann für seine in aller Welt, nur nicht von seinen nazistischen Landsleuten anerkannten Verdienste um die Befriedung Europas mit einem Drittel des Nobelpreises ausgezeichnet wurde (die beiden anderen Drittel erhielten Briand und Chamberlain), half es, endlich die Löcher in seinem Privatetat zu stopfen.

Am 25. August 1928 stand ich am Bahnhof Friedrichstraße. Von Warschau kam der Nordexpreß. Ein Salonwagen war angehängt, der einstige Salonwagen des Großherzogs von Baden. Die Reichsbahn hatte ihn dem deutschen Außenminister zur Verfügung gestellt. Von Professor Zondek und seiner Krankenschwester begleitet, bestieg Stresemann den Wagen.

Zondek hatte ihn nicht reisen lassen wollen. Es war streng geheimgehalten worden, daß kurz vorher der Minister einen leichten Schlaganfall erlitten hatte, der ihn immerhin zwei Tage der Sprache beraubte. Trotzdem wehrte er auch die Beschwörungen seiner Familie ab. Er wollte auf alle Fälle sein Ziel, ein friedliches Nebeneinander von Frankreich und Deutschland, erreichen, und am übernächsten Tage würde in seiner Person zum erstenmal seit 1871 ein deutscher Außenminister in Paris verhandeln.

„Höchstens eine Stunde, Herr Minister!" beschwor ihn Zondek im Vorzimmer Poincarés, der jetzt Frankreichs Finanzminister war und sich bereit erklärt hatte, Stresemann zu empfangen. Es kam zu einer Unterredung voller außerordentlicher Spannungen. Poincaré zeigte sich kühl, aber Stresemann gelang es, das Eis zu schmelzen, als er im Laufe der Besprechung kühn die Mission der Vereinigten Staaten Europas entwarf.

Da trat ein Diener in den Raum und überreichte Poincaré einen Zettel.

„Ihr Arzt läßt Sie an die Zeit erinnern, Herr Minister", unterbrach er Stresemanns Redefluß.

„Soll warten", wischte der deutsche Minister mit einer Handbewegung den Einwurf weg und fuhr in seinem Zukunftsbild fort. Als zehn Minuten später eine weit energischere Mahnung Professor Zondeks kam, beendete Poincaré von sich aus die Unterredung.

Leichenblaß verließ Stresemann die Sitzung und bestieg seinen Wagen. Die Unterredung hatte ihn aufs äußerste angestrengt.

Am Nachmittag fand im Sitzungssaal des französischen Außenministeriums die Überreichung des Kelloggpaktes statt. Briand sagte mit herzlichem Blick auf Stresemann: „Besonders glücklich bin ich, dem Geist und Mut des hervorragenden Staatsmannes Anerkennung zollen zu können, der während der letzten drei Jahre nie gezögert hat, auf eigene Verantwortung dem Werke der europäischen Zusammenarbeit für die Aufrechterhaltung des Friedens zu dienen."

In Baden-Baden suchte sich Stresemann von den schweren Pariser Tagen zu erholen. Ein Jahr lang durfte er noch mit seinem ermatteten Körper für die Befreiung und für eine bessere Welt kämpfen. Im Haag wurden Anfang September 1929 zwischen ihm und Briand die Termine für die endgültige Räumung des Rheinlandes vereinbart. Am 9. September hielt Stresemann noch einmal vor der Völkerbundsversammlung in Genf eine glühende Rede für eine europäische Union. Und kurz darauf, am frühen Morgen des 3. Oktober, starb er, nachdem ihn wenige Tage vorher der nationalsozialistische Abgeordnete Frick im Reichstag „den von uns bezahlten Lakaien Briands" genannt und die Rechtsopposition ein „Gesetz gegen die Versklavung Deutschlands" propagiert hatte, das unverhüllt Stresemann wegen Landesverrats mit Zuchthaus bedrohte...

Auf dem Friedhof am Halleschen Tor wurde Stresemann beigesetzt.

Zwei Jahre später stand ich wieder einmal am Grabe Stresemanns. Es war ein denkwürdiger Termin: Briand machte mit dem neuen französischen Ministerpräsidenten in Berlin einen Staatsbesuch. Es waren Tage, in denen die Verständigung mit Frankreich einen Schritt weitergekommen wäre, wenn Deutschland die Gelegenheit wahrzunehmen verstanden hätte.

Professor André François-Poncet, bisher Unterstaatssekretär im Pariser Wirtschaftsministerium, Vertrauensmann des Comitée des Forges, dessen besondere Neigung dem Münzensammeln galt, hatte als Nachfolger Herrn de

Margeries, eines ruhigen, sachlichen Mannes, die französische Botschaft in Berlin bezogen. Laval hatte richtig erkannt, daß ein im Interesse des Weltfriedens liegender Ausgleich zwischen Deutschland und Frankreich am besten von der wirtschaftlichen Seite her anzubahnen war. François-Poncet sollte auch den schnell nach seinem Amtsantritt angesagten Besuch Lavals und Briands in Berlin vorbereiten.

Der neue französische Botschafter machte sich schnell an die Arbeit. Am 22. September kam er morgens am Bahnhof Friedrichstraße an und überreichte noch am Vormittag dem Reichspräsidenten Hindenburg sein Beglaubigungsschreiben. Um drei Uhr nachmittags fand ein Empfang für die Presse statt, auf dem der Botschafter eine Ansprache in deutscher Sprache hielt. Er beherrschte sie glänzend.

Acht Tage später kamen Laval und Briand nach Berlin. Laval mit tiefgebräuntem Gesicht und der ständigen weißen Krawatte, Briand sichtlich gealtert, zermürbt von den Widerständen, die seine Politik in der Heimat fand. Die deutsche Regierung sah dem Besuch mit einiger Sorge wegen nazistischer Demonstrationen entgegen. Dr. Curtius, nun Außenminister, hatte Briand schon in Genf während der vorangegangenen Völkerbundstagung vorsichtig auf das Anwachsen der nationalistischen Strömungen aufmerksam gemacht. Aber Briand sagte: „Wenn sich wirklich une petite orchestration am Bahnhof ereignen sollte, wird mich das nicht stören."

Der Empfang durch die Bevölkerung war freundlich. Während des abendlichen Diners in der französischen Botschaft fanden sich vor den Toren Leute ein, die die Franzosen sehen wollten. Laval und Briand erschienen auf dem Balkon. Von unten rief es: „Es lebe der Friede! Hoch Briand! Hoch Brüning!" Man hörte auch einen französischen Ruf: „Sauvez nous – Rettet uns!" vom Balkon zurückgekehrt, sagte Briand scherzend, es sei gerufen worden: „Sauvez vous – Macht, daß Ihr fortkommt!"

Briand ging früh schlafen. Laval, der auch im Hotel Adlon Wohnung genommen hatte, mobilisierte noch die Küche. Er lebte in dem alten Glauben, das Leibgericht aller Deutschen sei Sauerkraut, und er wunderte sich, daß man ihm am Tage bei keiner Mahlzeit Sauerkraut vorgesetzt hatte. Er wollte sich in Paris von seinen Freunden nicht hänseln lassen, daß er in Deutschland gewesen sei und nicht einmal Sauerkraut gegessen habe. Der Küchenchef im Adlon mußte auf seinen Wunsch allerlei Anstrengungen machen, um Sauerkraut zu organisieren; die Adlongäste pflegten im allgemeinen keines zu essen. Der Chef telephonierte die naheliegenden Kneipen ab, bis er den Wunsch des französischen Ministerpräsidenten erfüllen konnte.

Laval bekam das Sauerkraut schlecht. Er stand mitten in der Nacht wieder auf und spazierte Unter den Linden auf und ab. Vor dem Hotel standen zwei Reichswehrsoldaten als Ehrenposten. Von den Detektiven der Kriminalpolizei eben noch rechtzeitig alarmiert, präsentierten sie vor dem einsamen Nachtwandler.

Briand erlebte noch seine „petite orchestration". Am frühen Morgen stattete er dem Grabe Stresemanns einen Besuch ab. Auf dem Wege zum Friedhof wuchsen plötzlich drei SA-Männer aus der Erde, streckten die Arme aus und brüllten: „Heil Hitler."

Briand ließ sich nicht erschüttern. Er weilte einige Zeit am Grabe und sagte danach zu Jules Sauerwein, dem berühmten Reise-Interviewer des „Matin", der ihn begleitete: „Stresemann und ich waren wirklich aufrichtige Freunde geworden. Ich habe ihm an seinem Grabe versprochen, daß ich alles tun will, den Frieden in Europa zu sichern.

Gott helfe mir, daß ich noch Kraft finde, das zu vollenden."

Abends im „Angriff" aber ließ Joseph Goebbels triumphierend über die von ihm organisierte plumpe Demonstration berichten.

Der Berliner Besuch war wenig ergiebig. Man kam über die Einsetzung einer deutsch-französischen Studienkommission zur Untersuchung gemeinsamer Wirtschaftsfragen nicht hinaus. Der deutsche Außenminister Dr. Curtius war nur mit halbem Herzen bei der Sache. Sein Stuhl wankte schon. Sein Versuch einer deutsch-österreichischen Zollunion war gescheitert. Er wußte, seine Amtstage waren gezählt, und er fand keine Kraft zu einem kühnen Entschluß. Reichskanzler Brüning wollte sich wegen der anwachsenden nationalistischen Opposition nicht festlegen.

Laval, nicht nur wegen der Sauerkrautnacht, fuhr grau und enttäuscht vom Bahnhof Friedrichstraße wieder heim.

„Ein trübes Vorzeichen", schrieb am Pariser Platz Botschafter François-Poncet in sein Tagebuch.

Im nächsten Jahre folgte Briand seinem Freunde Stresemann ins Grab.

Ehe mit dem britischen und dem französischen Ministerpräsidenten die ersten ausländischen Regierungschefs nach Berlin gekommen waren, hatten wir schon den Besuch fremder Monarchen gesehen.

Der erste war König Aman-Ullah von Afghanistan. Der exotische Klang seines Namens machte seine Person populär. Man hatte gehört, daß er in seiner Heimat allerlei Reformen einzuführen versucht hatte. Den Analphabeten seines Landes wollte er Lesen und Schreiben beibringen, er war gegen den Fes und gegen die Bärte und nahm kurzerhand eine Anzahl seiner Notabeln mit auf eine Studienreise nach Europa. Mehr als deren Anblick interessierte uns jedoch die schöne Königin Suraja.

Während Stresemanns Krankheit mußte Reichstagspräsident Löbe den fremden Monarchen empfangen. Ammanullah brachte einen Trinkspruch aus. Aber nicht mit Wein. Er sagte: „Ich leere dieses Glas reinen Wassers auf das Wohl der deutschen Republik."

Für den schönen Empfang revanchierte er sich. Einige Zeit später ließ sich der afghanische Gesandte bei Löbe melden. Er habe ein Andenken von seinem Souverän zu überbringen. Er rückte mit einer zierlichen Schatulle an, und zwei seiner Sekretäre trugen ihm einen großen Karton nach. Die Schatulle barg einen Orden.

Der Reichstagspräsident sagte: „Wie Ihr König aus religiösen Gründen keinen Wein trank, so legt bei uns die Sekte der Sozialisten keine Orden an."

Die Herren mußten mit ihrer Schatulle und dem großen Karton verstimmt wieder abziehen.

Hinterher erfuhr Löbe, daß der Karton den zum Orden gehörenden roten Herzogsmantel enthalten hatte. Auch Reichskanzler Marx und den preußischen Ministerpräsidenten hatte ein solches Geschenk beglücken sollen. Braun schenkte den Mantel kurzerhand seinem Staatssekretär Weißmann. Freund junger Schauspielerinnen und gelegentlicher Spielklubbesucher, fand Weißmann Geschmack an Auszeichnungen und zog sich dafür den Spitznamen „Weissmannulla" zu. Die Rechtspresse fand, daß Löbe mit der Ablehnung des Geschenks keine politische Delikatesse bekundet habe. Die Nazis betitelten ihn ironisch „Herzog von Afghanistan".

Auch Amannullah hatte von seiner Europareise Ärger. Der unerwünschte Reformator wurde von seinen Untertanen alsbald abgesetzt.

Dann erschien König Fuad von Ägypten. Er trug seinen Fes sogar in geschlossenen Räumen, war eine Kreuzung von Souverän und Geschäftsmann und machte kein Geheimnis daraus. Dem deutschen Reichstagspräsidenten sagte er: „Nachmittags ich arbeiten for mir, Banken Aeuser, Agrikultür, vormittags for König. – Was sind Sie for Partei?“ fragte er dann Paul Löbe.

„Ich bin Sozialist.“

„Wie schön, dann sind Sie mein Freund! Tous les révolutionaires sont mes amis. Zum Beispiel Masaryk, Pilsudski, Mussolini.“

Der dritte war König Feisal aus dem Irak. Im Gegensatz zu den beiden anderen wünschte er, als Privatmann behandelt zu werden. Er wollte kein Aufsehen, kam in Zivil und unterhielt sich mit Brüning und Otto Braun zwanglos im Garten des Reichskanzlerpalais.

Sonst wurden die ausländischen Mächte in Berlin nur durch ihre Botschafter und Gesandten repräsentiert. Frau François-Poncet folgte ihrem Gatten erst, als die Renovierung der Botschaft vollendet war. Ihren Ansprüchen genügte sie nicht. Sie ließ weitere Bilder und Tapeten aus Paris kommen. Ganz große Dame, bezaubernde Gastgeberin, war sie mit ihrem tizianroten Haar und den blauen Augen die eleganteste und reizvollste Frau des diplomatischen Corps.

Mit ihr konkurrierte Maria Chintchuk, die Frau des russischen Botschafters. 1932 war er Nicolai Krestinski gefolgt, der acht Jahre lang die Sowjetunion in Berlin vertreten hatte.

Im Wettbewerb um die Krone der Eleganz lag weiterhin eine Dame, die Gast im Hause Herrn Chintchuks war: die Gattin des russischen Volkskommissars für Kultur, Anatol Lunatscharski, der damals geraume Zeit in Berlin weilte. Ob er noch andere Aufgaben hatte, als alle Premieren von Rang zu besuchen, war nicht zu erkunden. Frau Lunatscharski war jung, schön, geistvoll und charmant. Sie zeigte die neuesten Pariser Modelle und war mit den kostbarsten Juwelen behängt.

Jedes Jahr fand am 7. November zum Jahrestage der Revolution ein großer Empfang in der sowjetischen Botschaft statt. Sie war vom Rätsel des Geheimnisvollen umwittert, seitdem Kurt Tucholsky in der „Weltbühne" ein Poem „Das Licht in der russischen Botschaft" veröffentlicht hatte. Anfang 1917 war durch Berlin das Gerücht gegangen, daß Rußland aus der Kriegsfront ausspringen wolle – man hatte hinter den Fenstern der versiegelten russischen Botschaft Unter den Linden einen Lichtschein flackern sehen. Die Wahrheit bestand darin, daß es in jenem strengen Winter nötig geworden war, die Wasserleitungen nachzusehen. „Paule, lang mir mal die Lötlampe rüber ...", schloß Tucholskys Gedicht.

Die russische Botschaft war von Zar Nicolai als erste ausländische Botschaft Berlins eingerichtet worden. Weißer Marmor, der sich von dem warmen Rot der Smyrnateppiche abhob, machte so wenig proletarischen Eindruck wie der üppige Kaviar und die schweren Krimweine, die serviert wurden. Die russischen Diplomaten speisten nichts und tranken nichts. Sie repräsentierten das neue Rußland.

Englands Botschafter residierte in der Wilhelmstraße in dem einstigen Palais des zugrunde gegangenen Eisenbahnspekulanten Strousberg. Die britischen Diplomaten traten wenig an die Öffentlichkeit. Dagegen nahm die amerikanische Vertretung in großem Stile am gesellschaftlichen Leben Berlins teil, als Frederick Sackett US-Botschafter in Berlin wurde. Er verfügte über große private Mittel. Zum Tee bei Sacketts wurden Hummern serviert – ein unerhörter Luxus für Berlin! Mrs. Olive Sackett beschäftigte ein eigenes gesellschaftliches Sekretariat, was gleichfalls eine ungewöhnliche Neuerung war. Zum amerikanischen Unabhängigkeitstage waren fünfhundert Gäste geladen; nachmittags die jüngere Welt, am Abend die ältere Generation. Auch der preußische Adel war vertreten. Es war eine kleine Demonstration gegen Frankreich, dessen Botschafter von den feudalen Kreisen geschnitten wurde. Aber bei Sacketts gaben sie ihre Karten ab, sobald er seinen Antrittsbesuch bei Hindenburg gemacht hatte.

„Ich liebe Berlin, es ist so anregend", sagte Mrs. Sackett. „Amerika bemüht sich, Europa in seinen Schwierigkeiten zu helfen. Wir ziehen es vor, internationale Schwierigkeiten durch Aussprachen am grünen Tisch statt auf Schlachtfeldern beizulegen." Mrs. Sackett war eine scharf beobachtende Frau mit einer guten Portion Humor und einem Sinn für freundliche Ironie.

Botschafter Sackett hat denn auch viel dazu beigetragen, daß Präsident Hoovers Vorschlag eines alliierten Moratoriums für Deutschland Erfolg hatte. Man sah es seinem Gesicht an, mit wieviel Mühen er zugunsten der deutschen Sorgen beteiligt war. Seine persönlichen Beziehungen zu Präsident Hoover halfen viel. Als das Moratorium gestartet war, sah man ihn nach langer Zeit erholt und heiter unter den Sternenbannern, die am 4. Juli 1931 den Garten der amerikanischen Botschaft in Berlin schmückten.

Kabarettnächte 10

„Zwei vordere Karten, bitte", sagte der gut aussehende Herr mit der eleganten Begleiterin. Der Direktor saß wie immer selbst an der Kasse, blätterte hinter dem kleinen Kassenfenster in den Eintrittskarten, legte zwei auf das Schalterbrett und nannte den Preis.

„Du wirst doch nicht etwa bezahlen?" fragte die Dame.

„Auch wenn Sie Bernd Aldor sind – bei mir gibt's keine Freikarten. Man läßt mich ja Ihre Filme auch nicht gratis sehen", raunzte der Mann aus der Klappe, und sein schwarzer Lockenkopf tauchte für Sekunden hervor.

Bernd Aldor zahlte, während die Dame protestierte: „Früher hatten Künstler freien Eintritt."

Dann saßen die beiden in dem langgezogenen Zuschauerraum des „Kabarett der Komiker", um Trude Hesterberg und Max Adalbert zu sehen. Und schon stand auch der Direktor, der eben noch an der Kasse gesessen hatte, auf der kleinen Bühne und sagte sein gewohntes: „Seid lieb und nett zu ihnen . . ."

Er hieß Kurt Robitschek und war nach dem Kriege aus Wien gekommen. Im „Charlott-Kasino" hatte er zuerst Gedichte aufgesagt und konferiert, obwohl er auch Schlagertexte schreiben konnte, wie sein inzwischen zum Volkslied gewordenes „Im Prater blühn wieder die Bäume" bewies. Ob es nun Hang zur Selbständigkeit oder Sehnsucht nach besseren Gagen war – jedenfalls hatte er eines Tages sein eigenes Unternehmen, das Kabarett der Komiker, um die Ecke in der „Rakete“ aufgemacht. Gemeinsam mit seinem Landsmann Paul Morgan, der immer in Geldverlegenheiten war, und dem beliebten Buffo Max Hansen. Im Gegensatz zu den üblichen Amüsierkabaretts brachte das „Kadeko“, wie es schnell genannt wurde, aktuelle Programme. Seine Miniatur-Revue „Quo vadis“, zu der der spätere „Reichsbühnenbildner“ Benno von Arent die Ausstattung entworfen hatte, obwohl es die erste und einzige Satire auf den damals noch unbedeutenden Faschismus war, mußte monatelang auf dem Spielplan bleiben. Und dann war das „Kadeko“ ins Palmenhaus, wie das Lokal im ehemaligen Cumberland-Hotel hieß, umgezogen.

„Haben Sie nicht vorhin gesagt, Sie seien Künstlerin?“ fragte Kurt Robitschek in der Pause die Begleiterin des beliebten Filmstars.

„Gewesen“, erwiderte die rothaarige Dame schnippisch. Ob sie nicht bei ihm auftreten wolle? Nein, sie habe kein Repertoire, und es sei überhaupt schon lange her, daß sie gearbeitet habe.

Erst als Robitschek ein paar Stunden später im Spielklub über dem „Marmorhaus“-Kino saß, erfuhr er, mit wem er gesprochen hatte und wen er da hatte engagieren wollen. Es war Ilse Bois, die Schwester Curts gewesen. Die beiden hatten schon als Kinder auf der Bühne gestanden. Gemeinsam hatten sie im „Fidelen Bauer“ gesungen:

„Heinerle, Heinerle,
hab' kein Geld ...“

Ilse Bois hatte sogar einmal bei Ferdinand Bonn einen „kleinen Prinzen“ in einer Shakespeare-Inszenierung gespielt. Während des Krieges waren die Geschwister in Zürich gewesen, und seitdem hatte man nichts mehr von

Ilse Bois gehört, während Bruder Curt erst kürzlich bei Nelson zum Fünf-Uhr-Tee konferiert hatte: „Mein Name ist Bois – nicht zu verwechseln mit Boa-Schuh ..."

Drei Tage später saß ich mit Ilse Bois, die die Hauptattraktion des „Kabarett der Komiker" im nächsten Programm sein sollte, auf der Terrasse des „Palmenhaus"; es war Spätsommer 1926. Nebenan hatte es einmal ein Restaurant „Piowati" gegeben, dessen Mitbesitzer so bekannte Filmregisseure wie Joe May und Fritz Lang gewesen waren; und überhaupt wurde es langsam Mode, daß sich Künstler teils spaßeshalber, teils aus anderen Gründen ein Nebengeschäft aufmachten. Ein paar Ecken weiter eröffnete der rundliche Komiker Henry Bender ein Lokal. Der Maler Rudolf Schlichter gab seinen Namen für jenes Restaurant in der Lutherstraße her, in dem es die vielen schönen Salate seiner schwäbischen Heimat gab. Und Viktor Skutezky, an manchem Dupont-Film beteiligt, eröffnete die „Biguine" gegenüber der Scala, in der nur farbige Künstler die Gäste unterhielten; einmal stellte er auf der anderen Straßenseite im „Casanova" sogar eine fast echte Gräfin Donnersmarck hinter die Bar, um den Nachtschwärmern Cocktails zu servieren.

„Bevor Sie mit Ihren Fragen beginnen, erzählen Sie mir lieber erst, was sich so in Berlin tut", begann die schlanke rothaarige Frau mir gegenüber. „Es ist ein bißchen lange her, seitdem mich Otto Reutter entdeckt hat und ich nicht mehr Spreeluft geatmet habe ..."

Und so legte ich los. Zuerst erzählte ich ihr von der Entwicklung der Kabaretts nach dem Kriege, weil sie das doch am meisten interessieren mußte. Hatte sie nicht selbst eben gesagt, daß sie einst bei Otto Reutter angefangen hatte?

Mit dem „Schall und Rauch" im Keller des Großen

Schauspielhauses hatte es also begonnen; aber Wolzogens Wiederbelebungsversuch am literarischen Kabarett, dessen Namen man von Max Reinhardt geerbt hatte, ging wohl schief, weil die Weidendamm-Brücke zu weit von dem immer mehr in Mode kommenden Westen entfernt war. Obwohl dort Gussy Holl alternierend mit der vor kurzem gestorbenen, damals blutjungen Mady Christians Tucholskys

„In Japan ist alles so klein, so klein,
und in Deutschland ist alles so groß"

sang. Gregory Rattoff radebrechte:

„Was schert mich Bolschewiki – Menschewiki,
wenn ich nur hab' meinen Wottka..."

Und Paul Graetz schmetterte Walter Mehrings

„Die Linden lang
Galopp – Galopp
zu Fuß – zu Pferd – zu zweit.
Mit der Uhr in der Hand,
mit dem Hut auf dem Kopp,
keine Zeit – keine Zeit – keine Zeit..."

Irgendwo in der Goltzstraße am Winterfeldtplatz hatte Jushny seinen „Blauen Vogel" mit kunstgewerblichen russischen Dekorationen fliegen lassen und lernte als Conférencier von Tag zu Tag schlechter Deutsch sprechen. Man ging über einen Hof, saß auf Holzbänken und verstand kaum ein Wort. Ferry Kramer und die gute Dora Bauer-Sachse lockten ins „Café Meran" am Schöneberger Stadtpark, um ihre Nachwuchsentdeckungen zu präsentieren, und Erwin van Roy pfiff Kunst, wenn er nicht Richard Eichberg, den populären Filmregisseur, kopierte. Die Stars dieser Kleinkunstzeit waren Paul O'Montis, der „Montevideo, Montevideo – ist keine Gegend für meinen Leo" sang, und Jean Moreau mit seinen „zwei kleinen schmutzigen Händchen".

Wir saßen mehr im „Küka", das eigentlich Künstler-Café hieß und um die Ecke vom „Romanischen" in der Budapester Straße war, bei einem nie endenden Sherry Cobler und hörten den Ex-Medizinstudenten Kurt Gerron

„Friedrichstraße –
Quatsch mit Sauce ..."

deklamieren, ein Gedicht, das Megerle von Muehlfeld geschrieben hatte, der heute irgendwo auf einer Südsee-Insel sitzt und biederer Familienvater und Drucker ist. Im „Küka" wurde Kitsch mit Salonbolschewismus gemixt. Ein gewisser Winkler sagte das „Gelbe Pyjama" auf:

„Mein Boudoir ist ganz in mattem Rot,
in eigenartigem Tone ausgestattet.
Und von der Wand die Satansmaske droht
und aus Pokalen schwüle Düfte wallen ..."

Hier trat Erich Weinert zum erstenmal vor ein noch sehr bürgerliches Publikum, und Karl Schnog konferierte; beide sitzen heute auf der anderen Seite Berlins. Max Kolpe sagte die ersten Gedichte auf, die er geschrieben hatte, während er eigentlich dem Sprößling Willi Schaeffers', dem heutigen Musikverleger Peter Schaeffers, Nachhilfestunden hätte geben sollen. Und Günther Schwenn hieß noch Franzke und begleitete seine blonde Partnerin Edith Braun; während er heute Schlager wie „Ich hab' so

Heimweh nach dem Kurfürstendamm" schreibt, dessen Titel er mir für diese Reminiszenzen geschenkt hat. Zum Dank dafür, daß ich damals im „Küka" so brav zugehört habe, als die Tantiemen noch nicht so reichlich rieselten ...

Und dann hatte also Trude Hesterberg im Keller des Theaters des Westens ihre „Wilde Bühne" gestartet. Mit Hilfe Mehrings und zur Musik Werner Richard Heymanns wurde wirkliche Literatur auf die Kleinkunstbühne gebracht. Die „wilde Trude" wirkte als Dompteuse. Einmal sagte sogar Bert Brecht ein eigenes Gedichtchen auf, das er sich jedoch vorsichtshalber an den Vorhang gesteckt hatte, weil er des Textes nicht ganz sicher war. Natürlich schwankte auch Joachim Ringelnatz mit seinem unvermeidlichen Weinglas in der Hand über die Bretter und stammelte:

„Es waren mal zwei Schweinekarbonaden,
die lagen in einem Fleischerladen
und sagten ruhig vor sich hin:
Mene – Mene – tekel – ufarsin ..."

Kate Kühl sang zum ersten, aber nicht zum letzten Male:

„Und wenn sich alles nach mir sehnt,
ich steh' immer nur angelehnt,
angelehnt an der Wand."

Marcellus Schiffer, der späterhin Mary Wigman „Turnmutter Jahn" nannte, brachte seine Entdeckung aus dem Modesalon Radschitzki, Margo Lion, in die „Wilde Bühne" und ließ sie singen:

„Wer ist dieses Fragezeichen der Not,
die Abgesandte vom Tode?
Man weiß nicht, ist es der Hungertod
oder der letzte Schrei der Mooode ..."

Da stand die Lion, überschlank, in schwarze Seide gewikkelt – ein dekadent wirkendes Zeichen der Zeit. Und Paul Nikolaus aus Mannheim mit der frühen weißen Strähne im Haar deklamierte eigene Verse, konferierte und wurde der Beste seines Faches im weiten Umkreis des Kurfürstendamms.

Direkt am Kurfürstendamm hatte sich auch Rosa Valetti niedergelassen. Ihr Kabarett hieß „Die Rampe", und dort regierte sie mit ihrem zerfurchten Gesicht, in dem die großen Leiden und kleinen Freuden der ganzen Menschheit geschrieben standen, unvergeßlich mit ihrem flammend roten Haar und jener heiseren Stimme. Noch tönt es mir in den Ohren:

„Ich bin allein,
es sollt nicht sein.
Mein Sohn stand bei den Russen.
Da fuhr man sie
wie's liebe Vieh
zur Front – in Omnibussen . . ."

Um dann zu schließen:

„General – General,
wag es nur nicht noch einmal.
Es schrein die Toten,
denk an die Roten . . ."

Langsam aber war all diese Pracht zerkrümelt und nur das „Kadeko" übriggeblieben; nicht mehr ganz so ambitioniert und revolutionär, aber immer noch ehrgeizig und aktuell genug, um das Publikum anzuziehen.

„Obwohl ich noch keine Ahnung habe, was ich machen werde", meinte meine Tischnachbarin Ilse Bois, vergnügt

Eugen Klöpfer und Conrad Veidt in „Schofför Martin“

Die Kabarettsängerin Margo Lion

mit den ironischen Augen zwinkernd, „habe ich vor der Konkurrenz keine große Angst. Weit eher schon vor denen, die im Parkett sitzen werden. Ich liebe meine Heimat und die Berliner. Aber lieben die mich auch? Erzählen Sie mir etwas über die Menschen, vor denen ich auftreten soll ...“

„Das ist nicht ganz so einfach“, sagte ich. „Der Kurfürstendamm ist nicht Berlin – wie Berlin ja auch nicht Deutschland ist ...“

Kurt Tucholsky hat einmal seine eigene Grabschrift verfaßt: „Er hatte ein warmes Herz und eine große Schnauze.“ Und das galt eigentlich für alle Berliner. So waren sie über die Nachkriegszeit gekommen und durch die Inflation geschliddert. Sie hatten alle vorübergehend mit Milliarden gerechnet wie vorher mit blanken Pfennigen und hatten Sportplätze gebaut, statt der wachsenden Arbeitslosigkeit an den Kragen zu gehen. Sie aßen noch immer Bouletten und tranken eine „Molle mit ’n Korn“, wenn sie nicht irgendwo im Grünen eine „Weiße mit Strippe“ schlürften, und sagten „Uns kann keener“ oder auch „Uns könn’ se alle“. Langsam hatten sie gelernt, nur an das Heute und bestenfalls an’s Morgen zu denken, und „Nach uns die Sintflut“ lauerte irgendwo dahinter. Alles, was geschah, schien falsch zu sein: der Reichtum saß nicht richtig und die Armut auch nicht; aber man fand sich irgendwie damit ab, schimpfte, machte dreckige Witze und litt mit zusammengekniffenen Lippen still vor sich hin. Die mit Spreewasser getaufte Gemütlichkeit verbarg sich hinter Kaltschnäuzigkeit.

Ein paar Wochen später stand Ilse Bois im „Palmenhaus“ zum erstenmal wieder auf einer Berliner Bühne, und es geschah, was eben nur in Berlin passieren konnte: sie riß das Haus ein und war über Nacht ein Name, den

„man" kannte. Die Hellhörigkeit ihrer Landsleute entdeckte ihre einmalige Kunst.

Ilse Bois kopierte nicht nur die sehr persönlichen Eigenarten ihrer Kollegen, sondern zog sie obendrein durch den Kakao, machte sich über sie lustig, entblößte sie völlig. Sie nahm sich jede der damals berühmten Schauspielerinnen vor. Da standen sie, wie jeder sie kannte, und dann riß sie ihnen den Schleier weg, ohne sie zu verkleinern, und man saß entwaffnet und bewundernd im Parkett. Wenn Ilse Bois eine Varietényummer parodierte, sah man zuerst nur die unvermeidliche Assistentin, die eigentlich nichts anderes tat als Verzeihung erflehend zu lächeln. Wenn sie als „Fräulein Nummer" über die Bühne schlenkerte, fand sich die Leere aller Girl-Gesichter enthüllt. Wenn sie die Bergner „machte", kroch sie zunächst ganz in ihr Vorbild hinein wie in eine gutsitzende Haut; denn um jemand zu parodieren, mußte man zuerst einmal zeigen, daß man dasselbe konnte wie das Objekt, die Zielscheibe der Verzerrung. Wie oft ging ich mit der Bois in die Vorstellung des „Seltsamen Zwischenspiels", in dem sie gerade brillierte? Mit aufmerksam zusammengekniffenen Augen lauschte sie ihr all die kleinen Tricks und Sprachunarten ab. Von der treuen Sekretärin der Bergner, Frau Luebbert, die sie wie ein Zerberus hütete, die Bühnenkleider zum Kopieren zu bekommen, war unmöglich; auch die Garderobieren waren nicht zu bestechen. Aber in der guten Stube bei Betty Stern in der Barbarossastraße stand ein Kleid der Bergner unter Glas wie in einem Museum. Betty Stern verehrte „Liesl", wie die Bergner von ihren Intimen genannt wurde; ihr Salon war der Treffpunkt aller Prominenten. Ja, eine Einladung zum Tee bei Betty Stern drückte einer Künstlerin überhaupt erst den Stempel der Prominenz auf.

Elisabeth Bergner, die geborene Wienerin, war über München nach Berlin gekommen und hatte nach ihrem Debüt im Erstlingswerk „Vatermord“ von Arnold Bronnen im Lessingtheater die Stadt mit ihrer Darstellung im „Lasterhaften Herrn Tschu“ im Sturm erobert. Das schiefe Köpfchen, die flatternden schmalen Hände, die hilflosen Bewegungen, die raffinierte Mischung von Frauentum und Kindlichkeit riß die Galerie und die verwöhnten Logenbesucher hin, ob sie nun Shaws „Heilige Johanna“ spielte oder auf der Leinwand „Nju“ oder den „Träumenden Mund“. Nur einen einzigen großen Durchfall erlebte sie, als sie die Julia im Berliner Theater gab. Ihr Romeo, Franz Lederer, konnte noch zum sechzigsten Geburtstag Reinhardts, viele Jahre später, ohne Unterschrift telegraphieren: „Von Ihrem schlechtesten Romeo“, und jeder wußte, wer das Kabel abgesandt hatte.

Oder Ilse Bois parodierte die unvergleichliche Fritzi Massary, mit der die Glanzzeit des Metropoltheaters in der Behrenstraße unlöslich verbunden war. Ihr Partner Josef Giampietro glitt der jüngeren Generation zwar schon aus der Erinnerung, aber Fritzi Massary blieb auch für sie die unerreichte Persönlichkeit der Operette. Da tauchte immer wieder der große zweite Aktschluß auf, in dem sie eine große Treppe hinunterging – niemand hat jemals wieder so eine Treppe hinuntergehen können – und mit jener leicht näselnden Stimme sang, die uns bezauberte. Vor und nach ihr hat es andere Operettendiven gegeben, die schönere Stimmen besaßen, aber die Massary hatte einen Charme, eine Überlegenheit, etwas Damenhaftes, das sie über das ganze Klischee-Genre turmhoch erhob. Ihre Grazie verlieh selbst zweifelhaften Dialogen Harmlosigkeit, und Harmlosigkeiten konnte sie mit einem Augenzwinkern in Anzüglichkeiten verwandeln, ob nun

Leo Fall, Jean Gilbert oder Kalman die Musik zu den Texten schrieben. Es gehörte schon mehr als Humor und Anpassungsvermögen dazu, die Massary zu parodieren, weil sie sich ja selbst nicht ganz ernst nahm; aber als die Diva mit ihrem Gatten Max Pallenberg kam, um sich Ilse Bois als Massary anzusehen, sagte Fritzi nur:

„Ich hab' gar nicht gewußt, wie gut ich bin . . ."

Die Bois habe gekündigt, flüsterte man sich einige Monate später am Stammtisch im Café Wien zu; aber das stimmte nicht ganz. Ilse Bois hatte ganz einfach gesehen, daß sie fünf Monate lang „top of the bill" vor ausverkauften Häusern gewesen war, und hatte deswegen eine höhere Gage verlangt.

„Sieh dir die Bücher an. Ich kann nicht mehr zahlen; das Palmenhaus trägt nicht mehr", hatte Robitschek gesagt.

„Dann baue ein größeres Haus", hatte die Bois einfach erwidert. Das war der erste Anstoß zu dem „Kadeko"-Haus am Lehniner Platz, das dem Direktor noch viel Kopfzerbrechen kosten sollte.

Der Stammtisch im Café Wien unterschied sich von vielen anderen Stammtischen dadurch, daß er mittags stattfand und den Teilnehmern gewissermaßen die erste Möglichkeit zu einer Mahlzeit bot. Rings um die Gedächtniskirche gab es viele Stammtische, abgesehen von denen im „Romanischen" oder bei „Schwannecke", dessen Kojen sozusagen ein einziger Stammtisch waren. Da tagten die Auslandsjournalisten in der „Taverne", die Kartenspieler bei „Muth", und Claire Waldoff saß bei „Mutter Maenz", der Maria Theresia unter den Wirten der Künstlerschaft. Ganz zum Schluß eröffneten noch die „beiden Lillys" ein nächtliches Heim, und die eine Lilly ist die heutige Witwe Conrad Veidts.

Im Café Wien aber präsidierten Paul Nikolaus und der

Dichter Max Herrmann-Neiße, der beste Kritiker des Kabaretts beim Berliner Tageblatt. „Macke“, wie wir ihn nannten, war nach einem kurzen Gastspiel in Breslau aus Neiße nach Berlin gekommen, schrieb wunderschöne Verse und ließ sogar ein eigenes Drama aufführen, in dem er selbst mitwirkte. Eigentlich waren der elegante Conférencier und der Dichter-Kritiker natürliche Feinde, weil sie auf verschiedenen Seiten der Rampe standen; und weil Kurt Robitschek, bei dem Nikolaus ständig konferierte, in seiner Hauszeitschrift „Die Frechheit“ die Presse fortgesetzt angriff. Doch waren sie in Wirklichkeit die besten Freunde. Zu den „Ständigen“ gehörten noch zwei Mannheimer, Moritz Lederer, der die Besucher-Organisation der Reinhardt-Barnowsky-Robert-Bühnen, die sogenannte „Reibaro“, leitete, und Kurt Reiß, der heute in Basel wirkende Bühnenverleger. Hans Tasiemka vom „12-Uhr-Blatt“ und Hans Kafka von der „B. Z.“ hörten hier das Gras und den Klatsch wachsen und halfen mit, Intrigen zu schmieden.

Zu den Gast-Stammgästen gehörte zum Beispiel Fritz Rotter, der damals noch keine guten Komödien schrieb und sich schon darüber aufregte, daß man ihn mit den gleichnamigen Theater-Brüdern verwechselte.

„Dabei heißen die doch gar nicht Rotter. Ihren eigentlichen Namen Schaye konnten sie natürlich nicht behalten, sonst hätten sie ihren Konzern die Schayes-Bühnen nennen müssen. Aber deswegen meinen guten, ehrlichen Namen zu wählen ...“

Und dann wurde eines Tages das neue Haus des Kabaretts der Komiker, von Erich Mendelsohn gebaut, eröffnet. „Kitty macht Karriere“ hieß die große Revue-Operette zur Einweihung, die man leider mehrere Male hörte. Irgend etwas war da verbaut worden, die Akustik stimmte nicht, und die Mitwirkenden vernahmen jedes Wort, das sie sprachen, nach Sekunden nochmals. Es war eine Katastrophe! Kurt Robitschek, der sein ganzes Vermögen investiert und obendrein noch Schulden gemacht hatte, stand vor dem Selbstmord, als er die Kritiken am nächsten Morgen las. Zu allem Unglück war Ilse Bois ein Vorhang auf den Kopf gefallen, was allerdings zwei Vorteile hatte: Sie brauchte sich Robitscheks Vorwürfe nicht anzuhören – hatte sie nicht gesagt: „Bau doch ein größeres Haus"? –, und zweitens hatte man eine Ausrede, die Operette abzusetzen und die Akustik schnellstens in Ordnung zu bringen.

Zum Glück behielt der Direktor die Nerven, nahm sich nicht das Leben sondern schuf eine dem Haus am Lehniner Platz entsprechende neue Kunstgattung, die zwischen Kabarett und Varieté lag. Den Conférencier behielt er zur Erhaltung der Aktualität bei. Vor allem Paul Nikolaus, der alljährlich seine urkomischen Prophezeiungen für das nächste Jahr sprach oder den neuesten Gassenhauer so in kleine Verse zerlegte, daß man vor Lachen vom Stuhle fiel. Er konferierte in Andeutungen; halbe Sätze genügten dem Publikum schon, die Anspielungen zu verstehen. Fritz Grünbaum aus Wien, der weiseste und gebildetste unter den Ansagern, gastierte bei Robitschek, und im ganzen saß zwar der Direktor weiterhin an der Kasse, aber die Künstler hatten die Freiheit, sich mit Ironie und Satire gegen die Flut der Nazis zu stemmen.

Im „Kadeko" wurde solches Neuland wie „Rufen Sie Herrn Plim" entdeckt. Marcellus Schiffer hatte schon einmal für Paul Hindemith ein Kurz-Opern-Libretto „Hin und zurück" geschrieben; nun schuf er also jenen Herrn Plim, der Prügelknabe aller Beschwerdeführenden im Warenhaus war, der immer gerufen wurde, wenn ein Kunde etwas auszusetzen hatte. Mischa Spolianski, der als Klavierspieler bei Giuseppe Becce angefangen und Schlager wie „Morphium“ und die Marlene-Dietrich-Revue „Es liegt in der Luft“ auf seinem Konto hatte, schrieb die Musik. Harald Paulsen war Plim, und Irene Eisinger, von der großen Oper ausgeliehen, sang beschwingt und leicht das Chanson von den Knöpfen, die man nur in Berlin kaufen dürfe und könne ...

Während im neuen Kabarett der Komiker geschickt Berliner Komiker mit internationalen Varieté-Größen gemischt wurden, füllte der kleine Friedrich Holländer die entstandene Lücke mit dem „Tingeltangel“ im Keller des Theaters des Westens. Zeitnah, satirisch, textlich und musikalisch gleichermaßen brillant, war dieses Kabarett, obwohl es in der Kantstraße lag, Spiegel und Zerrspiegel des Kurfürstendamms mit all seinen größeren und kleineren Schönheitsfehlern. Holländer, Komponist und geistreicher Textier in einer Person, begleitete Künstler wie Hedi Schoop, Genia Nikolajewa, Marion Palfi, die einstmals Ullsteins „Wege zu Kraft und Schönheit“ geziert hatte, Hans Herrmann-Schaufuß und Hubert von Meyerinck. Kurt Gerron sang:

„Ich bin das Nachtgespenst,
dein süßes Nachtgespenst.
Ich komme, wenn du pennst,
so oft, bis du mich Liebling nennst.
Sei doch nicht so erschreckt,
du wirst nur aufgedeckt,
und wenn du aufgeweckt,
dann wirst du wieder zugedeckt ...“

Im „Kadeko“ stand Max Hansen auf der Bühne; natürlich erst, nachdem er vorher seinen Leopold im „Weißen

Rößl“ gesungen hatte. „Zufällig“ entdeckte er jeden Abend im Zuschauerraum seinen großen Kollegen Richard Tauber, der allnächtlich aus der Behrenstraße, wo er seinen wunderbaren Tenor für tausend Mark Gage hatte hören lassen, herbeigeeilt kam, und holte ihn auf die Bühne. Dort mußte sich der große Richard an den Flügel setzen und den kleinen Max begleiten, der sich ein Monokel einklemmte, den Mund schief verzog und ihn so parodierte.

Max Hansen hatte als „kleiner Caruso“, als Wunderkind sehr früh angefangen, sich sein Geld zu verdienen. Der Sohn dänischer Eltern, in München aufgewachsen, war mit Samthosen durch die Varietés getingelt und schließlich in Berlin zum großen Star avanciert. Nie hat er die Zeit vergessen, in der er aus den Koffern lebte, in tausend Hotelzimmern hauste, in der kein Chauffeur Richter seinen Wagen fuhr und Leo Werter noch sein unzertrennlicher Begleiter war. Darum stand seine Wohnungstür, als er der große Max Hansen geworden war, alljährlich am Heiligen Abend allen jenen offen, die kein eigenes Heim besaßen. Seine Weihnachts-Party mit dem obligaten und opulenten Büfett, von „Peltzer“ geliefert, gehörte zu den ständigen Einrichtungen Berlins, und alle Künstler von Bühne, Film und Kabarett versammelten sich dort. Hansen wollte nicht, daß ein einziger seiner Kollegen diese Nacht, in der alle Lokale geschlossen waren, allein verbringen müsse, und jeder war gern gesehener Gast. Willi Schaeffers zauberte eine seiner berühmten Tombolen und verschenkte die schönsten Bücher, und Willy Prager begann all seine unwahrscheinlichen Geschichten mit den Worten: „Sie werden es mir nicht glauben, aber Gunda kann es bezeugen ...“, und dann bogen sich die Balken von seinen Lügen und unserem Gelächter. Paul Nikolaus machte seine bissigen Bemerkungen ganz ohne Gage.

Weihnachten 1932 waren wir zum letztenmal bei Hansen zu Gast. Der große Erfolg in der neubearbeiteten „Schönen Galathee“ mit Friedel Schuster als Partnerin lag schon hinter ihm. Gitta Alpar stand vor ihrer letzten Berliner Premiere, „Ball im Savoy“, und Max Adalbert studierte für sein neuestes Stück „Das Haus dazwischen“ ein Chanson ein, das den bezeichnenden Refrain hatte:

„Vielleicht gewöhnt man mit der Zeit
sich an die Zeit ...“

Doch es war ein bißchen schwer, sich an die Zeit der großen Sintflut zu gewöhnen ...

Ein paar Wochen später gab es den ersten Krach im Kabarett der Komiker, als Herrmann Krehan, der als Blitzzeichner auftrat, unter anderen Adolf Hitler karikierte und die späteren Pogromisten keinen Humor dafür bewiesen.

Noch ein paar Wochen später nahm sich der beliebteste und mutigste Conférencier des Kurfürstendamms, Paul Nikolaus, in der sicheren Schweiz das Leben. In einem hinterlassenen Brief schrieb er:

„Einmal kein Scherz: ich nehme mir das Leben. Warum? Ich könnte nicht nach Deutschland zurück, ohne es mir dort zu nehmen. Ich kann dort nicht arbeiten – jetzt, will dort nicht arbeiten und habe mich leider in mein Vaterland verliebt.

Ich kann in dieser Zeit nicht leben. Zeitflucht? (Ist das eine Schmockerei? Dann ist es die erste und letzte meines Lebens.)

Leben Sie wohl. Sagen Sie Hansen (ich habe ihn sehr gern gehabt – gehabt, wie komisch das noch klingt), ich hätte ihm gern geschrieben; aber er ist im Ausland irgendwo.

Grüßen Sie alle, die mich gern hatten; zur Trauer ist

kein Anlaß. Lacht, wenn ihr an mich denkt: das ist die schönste Pietät. Meinen komischen Körper vermache ich der Anatomie: ich hoffe, daß sie ihn nimmt, obwohl der Wurmfortsatz fehlt.

Drüben aber melde ich mich nicht beim Sturm Horst Wessel, sondern am Stammtisch von Lamberts-Paulsen – oder wenn sie (weiß man, wie orthodox man dort ist?) keine Selbstmörder nehmen dürfen, bei Paul Simmel. Der war zwar, glaube ich, stark rechts die letzte Zeit orientiert, aber vielleicht versöhnen ihn die Umstände.

....

Die letzten Grüße

Nikolaus."

Die starken und die schnellen Männer 11

„Junge, wie siehst du nur aus?" fragte mein Vater, als mein Bruder 1919 aus englischer Kriegsgefangenschaft nach Hause zurückkehrte. Ihm fehlten zwei seiner besten Vorderzähne, was ihn wirklich sehr entstellte.

„Das ist beim Boxen passiert", erwiderte mein Bruder, ohne mit der Wimper zu zucken, und ich empfand große Achtung vor dem Helden der Familie, der sich die Zähne hatte ausschlagen lassen.

Wir hatten erst seit kurzem erfahren, was es mit diesem Sport auf sich hatte, den es erst seit einigen Monaten auch in Berlin zu sehen gab. Vor dem Kriege hatte man nur in geschlossenen Klubs boxen dürfen; in der Öffentlichkeit war es verboten gewesen. Es gab schon ein paar Snobs, die die einzelnen Schläge mit ihren englischen Namen kannten.

Die ersten Boxkämpfe fanden im Zirkus Busch statt und füllten gewissermaßen die Lücke aus, die durch die Diskreditierung des Ringens entstanden war. Wir selbst wußten zwar nur sehr ungenau, was sich bei dem sprichwörtlichen Koch-Eberle-Skandal abgespielt hatte; aber daß Ringkämpfe danach niemals wieder richtig salonfähig wurden, ist eine Tatsache. Selbst als sich viel später, Ende der zwanziger Jahre, „schwere Jungen" wie Schwarz, Huhtanen, Grüneisen und Jankowski wiederum einen Namen „errangen" und ein Bildhauer vom Range eines

Belling im „Querschnitt" begeistert darüber schrieb, blieb dem Ringen der dunkle Fleck auf Weste und Ehre.

Das Boxen begann nach guter, alter Ringkampfsitte mit allabendlichen Herausforderungskämpfen im Zirkus Busch. Die Boxer kamen genau dorther, wo mein Bruder seine Zähne gelassen hatte: aus englischer Kriegsgefangenschaft. Curt Prentzel, Hans Breitensträter, Adolf Wiegert und viele andere hatten ihre ersten Runden auf der „Isle of Man" geboxt; andere, wie der spätere Promotor Martin Koslowski, kamen aus südafrikanischen Lagern, und ihr Lehrer war Joe Dircksen, der einmal als Leichtgewichtsmeister der amerikanischen Handelsmarine angefangen hatte und späterhin Trainer des jüdischen Sportklubs „Maccabi" wurde.

Besonders beliebt waren anfangs farbige Boxer; schon weil man die Kämpfer besser auseinanderhalten konnte, wenn sie verschiedenfarbig waren. Einmal stand da ein Neger im Ring, dem man die halbe Börse als Vorschuß gegeben hatte. Er wog nur hundertzehn Pfund, während sein Gegner, Curt Prentzel, hundertfünfunddreißig Pfund schwer war. Der Neger holte aus, duckte sich, drehte sich weg, sprang umher, ohne seinen Gegner auch nur zu treffen, dann schüttelte er Prentzel rasch die Hand, hob sie hoch und erklärte: „You are the better man, you won", und war schon aus dem Ring verschwunden. Prentzel und die Zuschauer waren gleichermaßen erstaunt und sprachlos.

Curt Prentzel war ein faszinierender Mittelgewichtler, der eine berühmte, mörderisch schwere Rechte schlug – ein verblüffender und bluffender Techniker und Stratege des Rings. Bald nannten wir ihn, angefeuert durch Wildwest-Schmöker-Erinnerungen, „die schleichende Katze". Von ihm lernten wir, daß man den neuen Sport, der zuweilen so roh schien, auch elegant, ja tänzerisch ausüben konnte. Die größte Sensation schuf Prentzel, als er den holländischen Boxer Willem Westbroek gleich zu Beginn der ersten Runde mit einer Doublette erledigte.

Michael Bohnen, der ungefähr zur selben Zeit die Opernbühne mit dem Filmatelier vertauschte und im Joe-May-Film „Die Herrin der Welt“ den starken Mann gemimt hatte, nahm sich Prentzels an; aber der Boxer hielt es nicht lange bei dem Bariton aus und begab sich schnell in die fachmännischen Arme Herrmann Wulffs. Der war vor dem ersten Weltkrieg einer der größten Buchmacher gewesen und entwarf, als die junge Republik das Wetten gesetzlich regeln wollte, gemeinsam mit dem ehemaligen Tennismeister, dem Regierungsrat Froitzheim, die maßgeblichen Buchmacher-Verordnungen. Herrmann Wulff mit dem klugen Fuchsgesicht war als Manager so gesucht, daß er zeitweilig vier Meister betreute, so daß man von Wulffs Viererstall sprach.

Unter seiner Leitung half dann Prentzel den Boxsport salonfähig machen. Er heiratete nämlich die beliebte Filmschauspielerin Fern Andra, die ihre Kollegen zu den Kämpfen mitbrachte, wenn ihr Curt boxte. Eigentlich paßten die beiden großartig zueinander; denn Prentzel war ein ebenso guter „showman“, wie seine Frau eine reklamebewußte „show-woman“ war. Nicht selten kam es vor, daß sich Prentzel in einem Kampf angeschlagen zeigte, um dann, wenn sein Gegner siegessicher wurde, dessen Unaufmerksamkeit auszunutzen und zuzuschlagen.

Der Mann hinter den Kulissen war Theo C. Buß, der selbst einmal im Rheinland als „starker Mann“ begonnen hatte und nun der „Spritkönig“ Berlins genannt wurde.

SABRI MAHIR,

DER SCHRECKLICHE TÜRKE KOMMT!

lockten eines Tages die Plakate in den Zirkus. Man hatte

schon Wunderdinge von dem „gräßlichen Türken“ gehört; unter dem Protektorat des englischen Besatzungsoffiziers hatte er bei André Picard seine Kräfte gezeigt.

„Er wird an einem Abend gegen vier Gegner boxen“, besagte ein knalliger Untertitel. Der Zirkus war bis auf den letzten Platz gefüllt – ausgenommen die ersten beiden Reihen nahe am Ring. Die Stimmung stieg auf Siedehitze. Kurz bevor der Boxer durch die Seile kletterte, tauchten plötzlich zwei Dutzend seltsamer Gestalten auf und begaben sich zu den freien Stühlen. Sie waren in wallende Gewänder gehüllt, trugen Fes und unter den Armen Gebetbücher, während ihre Hände Gebetsketten hielten.

Dann erst erschien Sabri Mahir, verbeugte sich tief vor seinen Landsleuten in den ersten Reihen und sah eher breit als schlank aus.

„Meine Damen und Herren“, begann er seine Rede in einem merkwürdigen Deutsch. „Viele meiner Landsleute sind gekommen, um mit ihren Gebeten mir die Stärke zu geben, daß ich an einem Abend gegen vier Männer boxen kann, was zum erstenmal in der Geschichte des Boxsports geschieht.“

Das Lachen war uns nahe, bis wir sahen, mit welcher Geschicklichkeit Mahir seine Gegner niederschlug. Nur wenige waren enttäuscht; sie hatten wohl erwartet, der „gräßliche Türke“ werde mit allen vier Gegnern zu gleicher Zeit in den Ring treten. Vielleicht hatte Sabri Mahir mit feiner Sensibilität die Unruhe gespürt, denn mit den ersten dreien machte er kurzen Prozeß. Sein vierter Gegner ließ sich jedoch nicht einschüchtern, sondern kämpfte eine Runde, zwei Runden, drei Runden – trotz aller Künste seines Gegners.

Da zeigte der Türke noch einmal, wie gut er sein Geschäft verstand. Vor der fünften Runde hielt er wieder eine seiner Ansprachen:

„Meine Damen und Herren“, sagte er. „Mein Gegner ist ein zu guter Mann, als daß ich ihn mit einem meiner fürchterlichen Schläge vernichten möchte. Darum habe ich mich entschlossen, ihn selbst unter meine Fittiche zu nehmen und ihm alles beizubringen, was ich kann . . .“

Dieser vierte Mann hieß Adolf Wiegert. Er wurde bald darauf deutscher Mittelgewichtsmeister, fristete zuletzt sein Leben auf einem Rummelplatz und starb früh.

Um die junge Blüte des deutschen Boxsports nicht im Keime zu ersticken, stellte man bald den Dänen Eckeroth gegen Sabri Mahir in den Ring, der sich weder vom Ruf noch von der Technik des Türken bluffen ließ und ihn in der zweiten Runde k.o. schlug.

Noch einmal versuchte es Mahir mit seiner Rednergabe, stieg auf einen Stuhl und erklärte: „Verehrte Sportfreunde, ich bin tief erschüttert, weil ich kurz vor dem Kampf in meiner Garderobe die Nachricht erhielt, daß meine liebe, gute Mutter gestorben ist. Daher konnte ich mich nicht konzentrieren . . .“

Das ließen sich die Berliner aber nicht gefallen und warfen mit harten Gegenständen nach dem Mann, der sie so enttäuscht hatte.

Sabri Mahir, den man verdächtigte, überhaupt kein Türke zu sein, sondern aus Köln zu stammen und eigentlich Sally Mayer zu heißen, zog sich bald darauf vom aktiven Sport zurück und wurde einer der bekanntesten Trainer Berlins. Ganz in der Nähe der Tauentzienstraße eröffnete er sein Trainingsquartier, und bald sprach man über ihn wie einst, als er noch gegen vier Gegner an einem Abend geboxt hatte. Er war eben ein geborener Schaumann, der seine Schüler an sich glauben machte und bald bekannter als der weit bessere Trainer Billy Smith war, der nicht so gut in die Trompete zu stoßen verstand.

Franz Diener, der spätere Schwergewichtsmeister, gehörte zu Mahirs Schülern; aber in seinem Gymnasium traf man auch Bankiers, reiche Geschäftsleute, Bühnen- und Filmstars. Auch die aufstrebende Marlene Dietrich sah man dort. Eine Masseuse, die später einmal nach der berühmten Filmschauspielerin gefragt wurde, sagte über die Anatomie Marlenes folgendes klassische Wort:

„Sie hatte lange Beene und ein kurzes Kraiz . . .“

Unsere Eltern waren natürlich dagegen; sie hielten das Boxen nicht nur für roh, sondern auch für unsinnig. Es begann schon damit, daß man den viereckigen Kampfraum „Ring“ nannte. Und daß sich erwachsene Menschen die Hände knochenhart trainierten, um mit ihnen den edelsten Teil des Gegners, den Kopf, weich zu schlagen, erschien ihnen einfach sinnlos. Aber alle diese Einwände hielten weder die Intellektuellen noch das Volk ab, zu den immer populärer werdenden Boxkämpfen zu strömen; sie wurden das Massenvergnügen der zwanziger Jahre. Vielleicht, daß es der neuen Republik an Glanz und Heldenverehrung mangelte, und daß die Menschen einen Ersatz für Paraden und Heldentum brauchten. Und im Gegensatz zu anderen Sportarten hatte man nicht weit zu fahren, um sie zu sehen; Zirkus Busch und späterhin Sportpalast oder Spichernring lagen mitten in der Stadt, waren leicht zu erreichen, und die Kämpfe konnten vor allem am Abend und in geschlossenen Räumen ohne Rücksicht auf Wetterumschläge abgehalten werden.

Der Mann, der André Picard auf die Möglichkeiten des Sportpalastes aufmerksam machte, war William Friedländer, einer der geschicktesten Billetthändler Berlins. Früher einmal hatte er mit Karten für das Metropolthea-

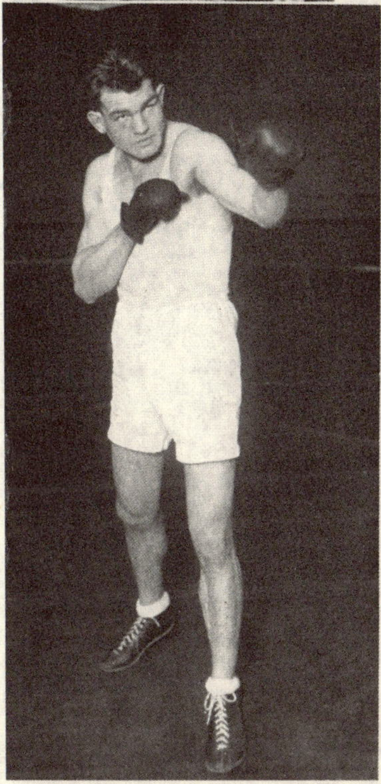

Oben links: Piet van Kempen *Oben rechts:* Hans Breitensträter
Unten links: Franz Diener *Unten rechts:* McNamarra

Eingang zum Sportpalast in der Potsdamer Straße *Oben:* Krücke

ter viel Geld verdient; nun zog er einen Boxabend auf, auf dessen Programm vier deutsche Meisterschaften standen. Wegen einer Erkrankung zog sich Friedländer jedoch bald darauf wieder auf den Billetthandel zurück und übernahm ganze Reihen und Blöcke im Sportpalast.

Die große Ära des Sportpalastes begann mit einem Streik der Boxer. Der einstige Tennismeister Kleinschroth zeichnete als Veranstalter: er wußte auf diesem für ihn neuen Gebiet noch nicht recht Bescheid. Bisher war es immer üblich gewesen, daß Boxer, die nicht beschäftigt waren, freien Eintritt zu den Kämpfen ihrer Kollegen hatten. Diesmal wurde ihnen dieses Recht verweigert, wahrscheinlich weil Kleinschroth die Summen nicht verlieren wollte, die diese Plätze einbrachten. Kurz vorher war jedoch der „Verband deutscher Faustkämpfer" gegründet worden: Max Viereck, Martin Koslowski und Arthur Bülow, der spätere Schmeling-Manager, waren die Gründer dieses Verbandes, zu dessen ersten Beschlüssen es gehörte, zu einem Streik der Boxer aufzurufen.

Da saßen wir also im dichtgefüllten Sportpalast, und die Boxer traten nicht an. Wir warteten stundenlang. „Krücke", „Schüttelfranz" und wie die Matadore der Galerie sonst hießen, vertrieben sich die Zeit mit Witzen und Zwischenrufen. Dann gab der Veranstalter nach, ließ die unbeschäftigten Boxer-Kollegen in das Haus, und die Kämpfe begannen mit großer Verspätung. Zum Glück mit Verspätung, denn an jenem Abend dauerte jeder Kampf nur eine Runde. Nach fünf Runden war der Abend zu Ende; der riesige Engländer Tom Cowler hatte den Liebling Berlins, Hans Breitensträter, ausgeknockt – in einer Runde.

Aber so jung der Boxsport auch in Berlin damals war, er war bereits von Sagen und sagenhaften Persönlichkeiten umgeistert. Da tauchte zum Beispiel eines Tages Dixie Kid auf, ein Negerboxer, dem ein unwahrscheinlicher Ruf vorausging. Er mußte der Sugar Ray Robinson des Jahrhundertbeginns gewesen sein. „Das hat es nur einmal gegeben – das gibt es niemals wieder“, sagten die Leute. Eigentlich war er ein Weltergewichtler; aber oft boxte er mit Leuten, die drei Gewichtsklassen über ihm standen, also viel schwerer waren, und konnte ihnen im voraus sagen, in welcher Runde er sie k. o. schlagen würde. Wenn Dixie Kid guter Laune war, gab er sogar die Ecke genau an, in der der Niederschlag erfolgen würde. Man erzählte sich sogar, er habe zuweilen ein Taschentuch im Ring ausgebreitet und sich verpflichtet, es während des Kampfes mit seinen Füßen nicht zu verlassen, so daß er den gegnerischen Schlägen nicht ausweichen konnte – und habe dennoch gesiegt.

Anfang der zwanziger Jahre tauchte dieser Mann in Berlin auf. Überall, wo sich Boxer trafen, sah man seine Goldzähne aufblitzen; manche behaupteten sogar, er habe Brillanten in seinem Gebiß. Dixie Kid war aber nur noch ein Schatten seines früheren Ichs. Er war Kokainist geworden, seine Beine waren weich. Trotzdem rissen sich die jungen deutschen Boxer darum, von ihm trainiert zu werden. Der Federgewichtsmeister Fritz Rolauf und der Leichtgewichtsmeister Richard Naujocks gehörten zu seinen Schülern. Da saß der Neger dann in Neuhagen, wo ein Trainingsquartier war, auf einem Stuhl, und seine Zöglinge versuchten, ihn zu treffen. Vergeblich. Obwohl sich Kid kaum noch bewegen konnte, war sein Oberkörper noch so labil, daß er einfach nicht zu treffen war, so gut duckte er sich weg.

Hans Breitensträter boxte einmal mit ihm ein paar Runden, als Dixie Kid plötzlich auf etwas außerhalb des Ringes zeigte. Breitensträter sah hin und erhielt prompt einen Schlag von seinem Gegner. „Das sollst du nicht nachmachen, aber du sollst solche Tricks kennen", sagte der Trainer. Seine Gerissenheit erlernte aber eigentlich nur einer: der Hamburger Eugen Kündig, den man auch „Prinz Eugen" nannte. Kündig erreichte eine solche Souveränität, daß er einmal während eines Kampfes im Freien uninteressiert einem Flugzeug nachschaute, während er seinen Gegner abwehrte. Dixie Kid ging schließlich nach England, wo er wegen Kokainschmuggelns gefaßt wurde und vom amerikanischen Konsul mit Fahrgeld nach Amerika versorgt werden mußte, um der Ausweisung zu entgehen.

Unterdessen war der Stern des „blonden Hans" aufgegangen. Hans Breitensträter war der Draufgänger, der ewige „fighter", der durch seine allgemeine Beliebtheit mithalf, den neuen Sport beliebt zu machen. Theo C. Buß „baute" ihn richtig auf, wie man in der Sprache des Ringes sagt. Altmeister Otto Flint, der bereits vor dem ersten Weltkriege in England geboxt hatte, wurde von Breitensträter in der fünften Runde zur Aufgabe gezwungen. Von da an stand er im Mittelpunkt des Interesses. Vielleicht kann man sein Wesen am besten beschreiben, wenn man ihn den Hans Albers des Rings nennt. Manche nannten ihn auch „Shakespeares Prinz Heinz", und wie der hatte Breitensträter auch seinen Falstaff – den Masseur Kees van Mastwyck.

Der Holländer Kees hatte als Schlachter angefangen, war Radrennfahrer geworden, um schließlich als Masseur zu einer gewissen Berühmtheit zu gelangen. Das lag an seinem Wesen; er war, was der Berliner „eine ulkige Nudel" nennt. Kees liebte in erster Linie Geld und dann seine Schützlinge. Für Geld tat er einfach alles, sogar in Unterhosen und Smokingjacke Tango tanzen. Nur einen Menschen liebte er mehr als Geld und alles andere: Piet van Kempen, den Landsmann und Sechstagefahrer. Wenn im

Sportpalast ein Sechstagerennen gefahren wurde, ließ Kees alles im Stich und massierte seinen Abgott. Und Sechstagerennen wurden in Berlin mindestens zweimal im Jahr gefahren.

Diesen Sport, wenn man ihn noch Sport nennen konnte, konnten die Berliner auch durch Georg Kaiser im Theater kennenlernen, als zuerst der wunderbare Komiker Max Pallenberg und kurz nach ihm Alexander Granach „Von Morgens bis Mitternacht" spielten. Anfangs konnte man sogar auch im Sportpalast wie im Stück auf einer Brücke stehen, die von den Tribünen zum Innenraum führte, und auf die ewig kreisenden gebeugten Rücken der Fahrer hinuntersehen. Für die Berliner wurde das Sechstagerennen Oktoberfest, Karneval, Fasching, Heuriger in einem. In großen Nächten sah man mehr nach der Prominenz, die Sekt schlürfend in den Logen saß, als nach den Stars des Rennens. Nur einige Journalisten und Schriftsteller verfielen angesichts der radelnden Kolosse in weltanschauliche Zuckungen und nahmen die Rennen noch ernster als die Boxkämpfe.

1924 kamen endlich die lange ersehnten Amerikaner, von deren Leistungen man sagenhafte Vorstellungen hatte, nach Berlin; aber das deutsche Paar Saldow–Lorenz siegte. Reggie MacNamarra aber zeigte dann, wie man auf der anderen Seite des Ozeans solche Rennen bestritt und wohl auch in Szene setzte. Als MacNamarra sein fünfzigstes Rennen in der Arena am Kaiserdamm fuhr, ließ man während einer Neutralisierungspause ein Gedicht über die Lautsprecher aufsagen, auf das Bert Brecht anläßlich einer Rundfrage in der „Literarischen Welt" aufmerksam gemacht und mit der ihm eigenen Radikalität als „erfreuliches modernes Gegengewicht auf die blutleeren Nachfahren Stefan Georges und Rilkes" bezeichnet hatte.

He, he – The Iron Man,
Es kreist um ihn wie Legende,
daß seine Beine, Arme und Hände
wären aus Schmiedeeisen gemacht
zu Sidney in einer taghellen Nacht.
He, he – the iron man.
Eine Spiralfeder aus Stahl
sei das Herz,
frei von Gefühlen und menschlichem Schmerz,
das Gehirn eine einzige Schalterwand
für des Dynamos Antrieb und Stillstand.
Dicke Kabelstränge seine Nerven wären,
hochgespannt mit Volt-Kraft und Amperen.
Denn
dieser künstliche Mensch sollte auf Erden
ursprünglich nicht six-days-Fahrer werden.
Zu einem neuen Cäsar war er erdacht,
daher die ungeheure eiserne Macht.
He, he – the iron man.
Und bleibt auch alles nur Legende,
so ist doch
eines wahr:
Ein Menschenwunder ist er –
Reggie MacNamarra.
He, he – the iron man.

MacNamarra konnte auch in Berlin gewinnen; aber die faszinierende Persönlichkeit der Sechstagerennen war wohl Piet van Kempen, der „fliegende Holländer“. Seine Spurtschnelligkeit, sein Speed waren phänomenal; wie er aus dem Felde hervorschoß und die gegnerischen Paare überrundete, das war einmalig, obwohl es schließlich nicht allein auf die Persönlichkeit ankam, sondern auf die gute Partnerschaft, auf das Aufeinander-Eingespieltsein.

Das Sechstagerennen wurde zum Berliner Sport. Der Walzer „Praterleben" von Translateur wurde vom sogenannten „Heuboden" glatt annektiert und unter der Führung des Meisterpfeifers „Krücke" jede Nacht von Tausenden von Galeriebesuchern gepfiffen; seinen Wiener Ursprung hatte man schnell vergessen, und schon hieß das Lied „Sportpalastwalzer". Als die Kapelle 1935 sich befehlsgemäß weigerte, der Forderung der Galerie nachzukommen und dieses traditionelle Pfeifkonzert zu spielen, weil dem Komponisten Translateur die erforderliche arische Großmutter fehlte, gab es fast einen Skandal. Ein Jahr zuvor hatten die Nazis bereits die Sechstagerennen überhaupt verboten; das war undankbar und gleichzeitig dumm. Undankbar, weil die Rennen den Sportpalast, Schauplatz der Massenversammlungen Hitlers und Goebbels', finanziert hatten; dumm, weil Deutschland damals in dem Paar Kilian–Vopel Fahrer besaß, die in Amerika serienweise Rennen gewannen und „zu Hause" nicht fahren durften.

Die Sonnabendnächte bildeten die Höhepunkte. Richard Tauber und Gitta Alpar sangen ihre größten Erfolgsschlager gratis und franko, auf freundliche Einladung „Krückes", des „Schüttelfranz" und des „Kurvenbarons", die Sprechchöre organisierten, Frei-Bier-Lagen erzwangen und prominente Gäste erpreßten. Wie überall drangen auch hier die Politiker ein, und bald grölten die Galeristen Naziphrasen. Hitler hatte sich des Volksvergnügens der Berliner bemächtigt.

Aber nicht nur die Boxer und Radfahrer zogen uns magnetisch in den Sportpalast, der einst sogar vorübergehend

Kino gewesen war – auch die Eishockeyspieler taten das Ihre. Leute, die niemals in ihrem Leben Landhockey gesehen hatten, verstanden plötzlich etwas vom Eishockey. Dieses breite Interesse war wahrscheinlich auf die Kanadier zurückzuführen, die auf dem Eise geboren schienen. Watson und Dr. Dempsey spielten für den Berliner Schlittschuh-Club, und mit ihrer ungeheuren Schnelligkeit und Treffsicherheit schienen sie wirklich mit dem Schläger in der Hand aufgewachsen. Man lernte schwedische, italienische, Wiener und Prager Mannschaften kennen; aber sie verblaßten wie Schatten, als die erste vollständige und echte kanadische Mannschaft erschien, deren Sturmreihen wie Wellen gegen das Tor des Schlittschuh-Clubs brandeten. Allmählich entwickelten sich an diesem Beispiel deutsche Meisterspieler: der lange Jaenecke und der kleine, flinke Rudi Ball, den die Galerie „Eisjockei" nannte.

Wenn keine brillanten Auslandsmannschaften zu Besuch kamen, bildeten die Eishockeyspiele nur den Rahmen für das Auftreten einer anderen Sensation: Sonja Henie stellte mit ihren Pirouetten Berlin auf den Kopf. Wenn der lange und breite Pressemann des Sportpalastes, Dr. Micheler, auf der spiegelglatten Eisfläche erschien, um Sonja Henie den weißen Pelz abzunehmen, bevor sie ihre Kür lief, riefen die Berliner zärtlich „Häseken". Vorher hatten im Büro Direktor Schapiros heiße Kämpfe um die Höhe der Spesen stattgefunden; denn Sonja war zu dieser Zeit noch das, was man eine Amateurin nannte. Aber Sonjas Vater, der selbst ein Weltmeister, wenn auch auf dem Rade, gewesen war, stand seinen Mann und wußte den Wert seiner einmaligen Tochter für den Sportpalast in klingender Münze einzuschätzen. Eine Eishockeysaison ohne die Henie war unmöglich, und wenn die graziöse, schnelle Person Kußhände in alle Richtungen warf, begeisterte sie die Zuschauer zu immer neuen Stürmen des Beifalls. Nur als sie eines Abends den „Sterbenden Schwan“ auf das glatte Eis übertragen wollte, streikten die hellen Berliner. Man war für Sport; aber das war Varieté.

Noch ein anderer Sport kam durch den Sportpalast und die Kaiserdamm-Arena wieder in Mode: die Reit- und Fahrturniere. Anfangs hatte man sie als potsdamhaft, antiquiert und reaktionär abgetan; sie blieben gewissermaßen eine Angelegenheit der „Grünen Woche“. Plötzlich wurden sie wieder richtig Mode, ja sie entwickelten sich sogar zu einem guten Geschäft. Zum Teil mag das an dem holländischen Rittmeister Labouchère gelegen haben, der in schmucker Husarenuniform seinen kleinen, zierlichen Fuchs „Gamin“ ritt und mit ihm die Gunst der Berliner eroberte. Labouchère war ein Tierfreund. Unter dem Sattel lag ein dickes Schaffell. Nie trieb er sein Pferd an, das aus freien Stücken an jedes Hindernis heranging. „Gamin“ sprang gewissermaßen aus dem Stand, und wenn der schwierige Kurs absolviert war, blieb das Tier ruhig stehen. Elegant schwang sich der Rittmeister herunter, schnallte die Steigbügel sofort fest, damit sie dem Tier nicht unnötig gegen den Bauch schlugen, gab ihm ein Stück Zucker und schlenderte gelassen dem Stall entgegen – langgestreckten Halses von „Gamin“ gefolgt, in völliger Harmonie mit seinem Reiter.

Etwas später tauchten die Italiener auf, die ihre Pferde an Steilabhängen trainierten; Oberst Bottoni ritt „Crispa“ wie eine schöne große Katze. Und da waren auch der Freiherr von Langen, Graf Hohenau und der Däne Axel Holst, während unter den Damen Käthe Franke und Irmgard von Opel auffielen. Und dazu die fast komische Erscheinung des Getreidehändlers Gottschalk, der aus Mitteldeutschland kam, so gar nicht sportlich aussah und nur aus

Eitelkeit ritt. Ein Bankrott machte seinem Wohlstand ein Ende, und Gottschalk erhängte sich am Fensterkreuz eines Hotels Unter den Linden.

Berlin sah auch ein einziges Mal das klassische Derby, das sonst immer in Hamburg gelaufen, aber wegen eines Generalstreiks von der Elbe an die Spree verlegt wurde; aber auch an der Spree war Verkehrsstreik, und Tausende mußten zu Fuß auf die Grunewald-Rennbahn tippeln, wenn sie nicht einen alten Kremser erwischten, um das einmalige Ereignis, das größte der klassischen Rennen in Berlin zu sehen. Dieses einzige Berliner Derby wurde übrigens von „Gibraltar“ aus dem Stalle Graditz gewonnen, und der Jockei Kaiser ritt es. Es war 1919.

Die Grunewald-Rennbahn hatte es überhaupt in sich. Hier wurde 1924 das Gladiatoren-Rennen gelaufen, bei dem der Sieger „Pan Robert“ die Sensationsquote 2248:10 zahlte, so daß der Jockei Bleuler, der „Pan Robert“ ritt, zweitausendzweihundertachtundvierzig Mark für die gesetzten zehn Mark erhielt, weil seine Frau geträumt hatte, er werde gewinnen. Dabei hatte es nur am Wetter gelegen, nicht an der Güte des Pferdes.

Einer der erfolgreichsten Jockeis der zwanziger Jahre war „Jule“ Rastenberger. Zu einem Zweijährigen-Rennen holte der Trainer eigens den Stallbesitzer, den Freiherrn von Oppenheim, aus Köln nach Berlin, weil er überzeugt war, der heiße Favorit „Meteor“ werde siegen. Kein Wort sagte der Freiherr, als „Jule“ Rastenberger, der „Meteor“ ritt, das Rennen unplaciert beendete. Als vierzehn Tage später „Jule“ wiederum mit „Meteor“ am Start erschien, wechselte von Oppenheim im letzten Moment den Jockei. Der neue Jockei Tarras gewann das Rennen. Rastenberger aber wurde auf Lebenszeit disqualifiziert. Erst dem jahrelangen Bemühen des Großindustriellen Bischoff, des Besitzers von Mydlinghoven, gelang es, Freiherrn von Oppenheim umzustimmen, und „Jule“, der behutsamste und begabteste der deutschen Jockeis, wurde wieder zugelassen; er hatte versprochen, sich niemals wieder auf einen Wettcoup einzulassen. Durch ihn wurde „Athanasius“ das Klassepferd, wurden „Ticino“ und „Alchimist“ große Kanonen. Übrigens wurde „Meteor“ später ein „Verbrecher“ und galt als unehrlich – rächte es sich, daß „Jule“ ihn damals nicht ausgeritten oder der andere Jockei ihn ordergemäß mit aller Macht nach Hause getrieben hatte?

Der populärste deutsche Jockei war aber Otto-Otto. Der Name Otto Schmidt garantierte ein Rennen auf Biegen und Brechen. Seine Ritte rissen die Menge mit; sein zäher Siegeswillen und seine unerschöpfliche Energie begeisterten die Massen immer wieder. Sein großer Gegenspieler auf den Berliner Rennbahnen war der Amerikaner Everett Haynes, der Mitte der zwanziger Jahre als Reiter des Wunderpferdes „Epinard“ nach Deutschland gekommen war. Das erlesene Tiermaterial der großen Ställe stand ihm nicht zur Verfügung; er ritt für die neuen Männer, für die neueren Ställe. Haynes hatte einen etwas zu langen Oberkörper und schien immer waagerecht auf dem Pferdehals zu liegen. Da er oft Mühe hatte, sein Gewicht zu halten, und daher schwitzen mußte, hatte er wenig Kraft und ritt kein imponierend starkes Finish. Er brauchte es auch nicht, er pflegte seine Rennen bereits am Start zu gewinnen – so setzte er die Kräfte seines Pferdes ein. Es war ein Vergnügen, ihm zuzusehen, wie er die Schnelligkeit seines Pferdes einzuschalten schien, wie man ein Streichholz anzündet; wie er wartete und im richtigen Moment die aufgesparten Energien ins Feld führte. Eingeweihte wollten wissen, Haynes habe sich in Deutschland über eine Million zusammengeritten.

Neben die großen und berühmten Rennställe und Gestüte Graditz, Oppenheim, Weinberg und Haniel mit ihren traditionellen Farben, die jeder kannte, traten Inflationsgründungen, die so schnell auftauchten, wie sie verschwanden. Zu diesen interessanten Neuerscheinungen auf dem Berliner Turf gehörte der Werbefachmann Willy Lindenstaedt, dem die oberste Rennbehörde nahelegen mußte, seine Farben zu ändern, weil sie mit denen des englischen Königs identisch waren. Doch auch seine geänderten Farben sollten sich bald eine gewisse Popularität auf deutschen Rennbahnen erobern, weil es ihm gelang, das ausrangierte Pferd eines großen und bekannten Stalles zu erwerben, das sich dann als ein Klassepferd entpuppte, als der Beste seines Jahrgangs. Es handelte sich um „Indigo" aus dem Gestüt Schlenderhan, der einen Preis nach dem anderen gewann.

Aber das Glück ist wetterwendisch. Sprang da eine Berlinerin etwas voreilig aus der Straßenbahn und schlug halb im Schwung, halb im Ausrutschen gegen einen der Dreieckständer für Werbeplakate, die Willy Lindenstaedt als Konkurrenz für die Litfaßsäulen errichtet hatte. Die Frau verletzte sich schwer an der Hüfte; ein Prozeß wurde angestrengt und diese neue Art der Reklame verboten. Willy Lindenstaedt war damals bereits ein schwerkranker Mann und starb bald darauf.

Kees van Mastwyk, das Masseur-Original, sah man auch auf den schönen Tennisplätzen im Grunewald; und Paula von Reznicek, selbst eine aktive Turnierspielerin, verriet uns im „Querschnitt" die abergläubischen Ticks der „Cracks". So spielte der nicht nur körperlich große Amerikaner William Tilden mit einem Schläger, der mit violetten Saiten bespannt war. Nelly Neppach lutschte an ihrem kleinen Finger, und als enfant terrible gab sich Graf Salm, Don Juan, Schwerenöter und Herzensbrecher in einer Person; er war sogar zu Stummfilmszeiten einmal unter dem Pseudonym Harry de Loon Partner Rudolf Forsters gewesen.

Wer vergißt die unnachahmliche Grazie der Alvarez? Und wer das Endspiel der Europazone um den Davis-Pokal, in dem Daniel Prenn dem Engländer Perry gegenüberstand?

Als das Spiel 2:2 stand, erhob sich Wallis Myers, der englische Tennis-Papst, der die internationale Rangliste aufstellte, um das Ergebnis nach London zu telegrafieren. Da wechselte der Deutsche plötzlich die Taktik, riskierte alles und gewann den Satz 7:5 und damit den Länderkampf für Deutschland.

Der unerwartete Ausgang verwandelte den schönen Platz in einen Hexenkessel. Alte Tennishasen wie Froitzheim, Kleinschroth und Rahe sahen sich entgeistert an. Die Zuschauerreihen waren in Aufruhr. Prenn schien zum deutschen Nationalheros erklärt worden zu sein. 1933 mußte derselbe Daniel Prenn nach England auswandern, dessen Länderteam er im Finale besiegt hatte...

Arne Borg schwamm in Berlin, Nurmi lief mit seiner berühmten Stoppuhr. Alle Sportarten fanden an der Spree ihre Interessenten; aber es hatte wohl mit dem Hang zur Heldenverehrung zu tun, daß das Boxen immer an der Spitze lag und die Massen anzog. Oder war es die Berliner Sportpresse, die diesen Sport, der oft gar kein Sport mehr war, attraktiv machte?

Auf Breitensträter, Franz Diener und Paul Samson-Körner folgte Max Schmeling in der Beliebtheit im Ring. Wir kannten Arthur Bülow, den Chefredakteur der Fachzeitschrift „Der Boxsport“, gut und wußten, was wir von seiner überlegenen Erfahrung zu halten hatten. Schmeling kam aus Köln, wo er ein Trainingsgenosse Hein Domgörgens gewesen war. Als er bei seinem ersten Kampf in Berlin gegen Max Dieckmann, einen Schüler Samson-Körners, wegen einer unglücklichen Augenverletzung aufgeben mußte, überredete ihn Bülow, zu ihm zu kommen und sich von ihm managen zu lassen. Dieser Anfang rächte sich späterhin wiederum an Bülow, dem Schmeling eigentlich alles zu verdanken hatte. Wie er selbst seine Entdeckung zu sich gelockt hatte, so verließ ihn später der Mann, der in Amerika Weltmeister wurde.

Arthur Bülow gab seinen Posten als Chefredakteur auf, verzichtete auf die Ehre, Ringrichter zu sein, und wurde Manager Schmelings. Er war es, dem sein Schützling die mörderische Rechte zu danken hatte, die seine Karriere bestimmte. Die ersten Früchte von Bülows Methode waren die Kämpfe, die Schmeling gegen Vongehr im Luna-Park, gegen Max Dieckmann und den Italiener Bonaglia gewann.

Arthur Bülow war nicht der einzige Journalist, der sich sozusagen aktiv in den Ring begab und – schlechte Erfahrungen mit Boxern machte. Da gab es einen Verein Deutscher Sportpresse, dem der junge Rolf Nürnberg mit dem von ihm gegründeten Verein Berliner Sportpresse eine Konkurrenz entgegenstellte. Veranstaltete der „V.D.S.“ jedes Jahr eine bunte Revue aller Sportarten, so setzte der „V.B.S.“ eine Boxmatinee mit dem Titelkampf der Leichtgewichtler Ensel und Czirson an; oder ließ unter seinem Protektorat den Film vom zweiten Titelmatch Dempsey–Tunney im Ufapalast laufen, vor dem Fritz Kortner ein „Epitaph“ Bert Brechts deklamierte.

Seinen größten Coup plante Nürnberg, als er Max Schmeling die Gelegenheit bieten wollte, wie Samson-

Körner Doppelmeister zu werden. Arthur Bülow, der selbst Mitglied des Vereins Berliner Sportpresse war, erklärte sich einverstanden, seinen Schützling boxen zu lassen; Sabri Mahir stellte Franz Diener zur Verfügung. Ein paar Wochen vor dieser Wohltätigkeitsveranstaltung jedoch wurde Schmeling in der ersten Runde in Frankfurt am Main von Gipsy Daniels besiegt, und sein großer Nimbus war verflogen, als er in Berlin durch die Seile kletterte, um durch einen Punktsieg die deutsche Schwergewichtsmeisterschaft zu erboxen; eine Meisterschaft, die er kurz darauf niederlegte, um still und heimlich nach Amerika zu fahren und dort sein Glück zu versuchen. Der Mißerfolg dieses Matches kostete den Verein das runde Sümmchen von fünftausend Mark.

Im ganzen waren es aber doch die Berliner Journalisten, die trotz aller sportlichen Rückschläge das Boxen im Lichtkegel des allgemeinen Publikumsinteresses hielten. Joe Biewer, Walter Kaul, der junge Curt Rieß leuchteten in die Hintergründe der Manager-Intrigen, machten Front gegen die ältere Generation der Boxberichterstatter und schrieben hinreißend, wenn auch zuweilen einseitig über die Kämpfe. Das Triumvirat Martin Koslowski, Paul Damski, Pepi Burda tauchte auf; sie veranstalteten im kleinen Spichernring am Prager Platz und im großen Post-Stadion ihre Abende.

Pepi Burda, ein Tscheche und von André Picard, der die Westfalen-Halle in Dortmund leitete, verpflichtet, war ursprünglich Schneider gewesen und managte schließlich den jungen Eder, an dessen Fähigkeiten er glaubte. Als seine beiden Partner Koslowski und Damski 1933 Deutschland verließen, ging Burda mit ihnen ins Ausland und zog in Prag das Fußball-Toto auf. Während der Olympiade in Berlin änderte Burda seine Gesinnung, und nach dem Einmarsch Hitlers in die Tschechoslowakei wurde er der „Goebbels von Prag". Als er 1945 nach Spanien fliehen wollte, wurde er von den Engländern gefangen, an seine tschechischen Landsleute ausgeliefert und nach kurzem Prozeß verurteilt und gehängt. So nahm die große Berliner Boxperiode ein politisches Ende.

Max Schmeling war schon 1931 Anlaß zu einem politischen Zwischenfall gewesen. Nach langer Abwesenheit war der Weltmeister nach Berlin gekommen, nicht um zu kämpfen, sondern um wie einst Jack Dempsey Schaukämpfe vorzuführen. Das Publikum des Sportpalastes war gekränkt, daß ihr Liebling nicht wirklich boxen wollte. Seine Trainer, Masseure und Sekundanten erschienen in schwarzrotgoldenen Trikots im Scheinwerferlicht – eine Idee seines Managers Joe Jacobs –, und die nationalsozialistischen Zuschauer pfiffen kräftig. Als dann Schmeling selbst mit einem Schutzhelm bewaffnet in den Ring stieg, war auch jener Teil des Publikums verstimmt, der politisch anders dachte, und pfiff gleichfalls. Es waren nur noch zwei Jahre bis 1933.

Schattenspiel der Flimmerkiste 12

„In der zweiten Hälfte des Hauptfilms kommen viele Großaufnahmen", flüsterte uns augenzwinkernd Ludwig Klopfer zu. Großaufnahmen erhellen den Zuschauerraum erheblich. Es hieß vorsichtig sein, wenn unsere junge Liebe zu stürmisch wurde.

Ludwig Klopfer, hochgewachsen und schlank, sah wie ein Rennstallbesitzer aus und war Direktor des Tauentzienpalastes, der einmal geraume Zeit so ziemlich der führende Kinopalast von Berlin W war. Von den mancherlei Kinopalästen rund um den Kurfürstendamm haben nur zwei den Bombenregen überlebt: das Marmorhaus und die Filmbühne Wien, die einst U.T. Kurfürstendamm hieß. Tauentzienpalast, Ufapalast am Zoo, Capitol und Gloriapalast sind nur leere Ruinen – und waren doch einst weit mehr als nur prunkvolle Häuser mit weithin leuchtenden Lichtfassaden und schreienden Plakaten. Die Weltgeltung des deutschen Films hatte in diesen Theatern ihr Heim, ihre Schaufenster, und an der Geschichte dieser Kinos am Kurfürstendamm und in seiner Nachbarschaft kann man noch heute in der Erinnerung die Geschichte eines Kunstzweiges ablesen, der so wichtig für das Land war, das ihn entwickelte.

Die Titel der Filme, die wir als junge Leute sahen, sind vergessen. Die Namen der Stars, die uns in großen Leuchtbuchstaben anlockten, sind erloschen. Die Produzenten

Die Filmschauspielerin Lya de Putti

Kurt Prentzel und seine Frau Fern Andra in einer Varietészene

und Regisseure sind gestorben oder in alle Welt zerstreut. Wer erinnert sich noch an Dorrit Weixler, Hanni Weisse, Wanda Treumann, Alwin Neuß, Hanni Reinwald, Ria Jende und Eva May? Wer noch an Ludwig Trautmann oder Carl Beckersachs? Wer weiß noch von Albertini und Bernd Aldor? Von den Regisseuren Robert Wiene, Manfred Noa, Paul Leni und Lupu Pick? Ein paar Dutzend jener Filme, die in Berlin in jenen Jahren zwischen den beiden Kriegen – es waren im ganzen nur zwanzig Friedensjahre – gedreht wurden, gelten heute längst als klassisch. Ernst Lubitsch, Fritz Lang, G. W. Pabst, um nur einige der Großen zu nennen, Greta Garbo, Marlene Dietrich, Ingrid Bergman, Emil Jannings, Conrad Veidt haben am Kurfürstendamm ihre Namen zum erstenmal in großen Buchstaben gelesen und von dort ihren Siegeszug durch die Kinos der Welt angetreten.

Heimat ist nicht, wo man geboren wurde, sondern woran man unvergeßliche Erinnerungen besitzt. Die leeren Schalen der Kinoruinen rund um den Kurfürstendamm wecken Erinnerungen an einzelne Filme, an nie zu vergessende Szenen, vielleicht nur an den oder jenen Namen. Und ergeben doch, zusammengenommen, eine Geschichte des deutschen Films.

Ehe wir in Ludwig Klopfers Tauentzienpalast zwischen Gedächtniskirche und Kaufhaus des Westens gingen, das die Berliner einfach Kadewe abkürzten, ging man noch in den „Kientopp“ und nicht zu einem bestimmten Film. Das Kino war noch nicht salonfähig. Die Streifen rissen oft und waren „verregnet“. Die Zeit der „Erklärer“ war zwar vorbei und statt des Harmoniums und des Klaviers begleitete ein kleines Orchester die neuen „Groß“- und Monumentalfilme.

Doch die Zeitungen nahmen nur beiläufig von dem neuen

Instrument der Massenzerstreuung Notiz. Man genierte sich noch, ins Kino zu gehen. Unseren Eltern verschwiegen wir's. Die deutsche Produktion hatte uns während des Krieges mit patriotischen Filmen überfüttert, von ausländischen Streifen hatten wir nur skandinavische bewundern dürfen: „Das Himmelsschiff" etwa mit leicht pazifistischem Einschlag und den „Tanzenden Tor" mit Waldemar Psylander, zu dem eigens ein Schlager komponiert worden war, den jeder sang und pfiff:

„Dünkt sich ein König,
tut sich hervor.
Tanze, – tanze, du armer Tor!"

Nun aber verfolgten wir die unwahrscheinlich wilden Jagden eines halben Dutzends von Filmdetektiven mit englischen Namen wie Joe Deebs und Stuart Webbs, hinter denen sich so beliebte Stars wie Max Landa, Hans Mierendorff und vor allem Ernst Reicher verbargen. Selbst in atemberaubenden Situationen und Todesgefahren blieb müde ihre Pfeife im Mundwinkel hängen. Am Ende erwischten sie alle bösen Verbrecher, wie es sich meist Paul Rosenhayn ausgedacht hatte.

Die Vorkriegsstars Maurice Prince und Max Linder aus Paris, der auch einmal persönlich unter dem Sternenhimmel im Wintergarten aufgetreten war, hatte man bereits vergessen. Den inzwischen in Amerika groß gewordenen Charlie Chaplin ließ man noch nicht ins teilbesetzte Deutschland herein. So nahmen wir mit Lyda Salmonowa, die eine der Frauen Paul Wegeners wurde, und mit Manja Tschaschewa vorlieb und lachten über das Komikerpaar Hansi Dege und Gerhard Dammann, die im Tauentzienpalast nicht nur über die Leinwand geisterten, sondern auch auf der winzigen Vorbühne persönlich erschienen.

Ernst Lubitsch drehte seine lustigen Filme wie „Die Austernprinzessin“ und trat persönlich in der Alhambra am Moritzplatz, einen Hering über die Bühne tragend, auf.

Im Palasttheater am Zoo, in dem man während des Krieges das bayrische Soldatenstück „Der Hias“ mit Jack Mylong-Münz in der Hauptrolle monatelang gespielt hatte, regierte noch der große Humorist Otto Reutter, der eigentlich Pfützenreutter hieß und aus Gardelegen stammte. Inmitten eines Varietéprogramms war er sein eigener Star. Sein Couplet „Marmelade, Marmelade“ mit seinen gutmütigen Spitzen wollte im Kriege jeder gehört haben, wenn er es auf seine Art mit unerschütterlicher Wurstigkeit, mit fromm gefalteten Händen vor dem runden Bauch und sanftem Tenor vortrug. „Ick wund're mir über jar nischt mehr“ und „In fünfzig Jahren ist alles vorbei“ hießen unvergeßliche Refrains von ihm. Reutter wurde assistiert von der urkomischen Anna Müller-Lincke, die einmal mit Paul Lincke verheiratet war, und dem eleganten Robert Steidl im grauen Cutaway, der den Kölner Karnevalsschlager

„Wir versaufen unser Oma ihr klein Häuschen
und die erste und die zweite Hypothek ...“

auch in Berlin zum Volkslied machte.

Otto Reutter kam sich sehr modern vor, als er, dem Zuge der Zeit folgend, Varieté und Film paarte.

„Entschuldigen Sie, meine Damen und Herren, aber Herr Reutter ist noch nicht im Theater. Wir wissen nicht, was ihm zugestoßen ist“, konferierte jemand. Das Licht ging aus, eine weiße Leinwand rollte vom Schnürboden herunter, und man sah, was dem runden, unglückseligen Komiker auf dem Wege ins Theater alles zugestoßen war, bis er selbst leibhaftig und atemlos durchs Parkett auf die Bühne gestürzt kam...

Dann wickelte sich drei Viertelstunden lang sein unvergleichliches Coupletrepertoire ab. Alles selbst gedichtet, selbst fabriziert!

Im „Tauentzien“ bei Ludwig Klopfer aber sahen wir Bernd Aldor in Oscar Wildes „Dorian Gray“ und viele, viele Namen, die längst altes Zelluloid geworden sind, und erlebten auch den ersten Tonfilm „Ich küsse Ihre Hand, Madame“, noch bevor es überhaupt deutsche Tonfilme gab. Da hatte man nämlich auf Grund des beliebten Schlagers einen Film gedreht, in dem neben dem beliebten Liebhaber des stummen deutschen Films, Harry Liedtke, die Anfängerin Marlene Dietrich die Hauptrolle spielte.

„Es ist ein Unding, daß wir zu dem Weltschlager einen stummen Film spielen, wenn bereits die ganze Welt vom Tonfilm spricht“, sagte Ludwig Klopfer, der „Ich küsse Ihre Hand, Madame“ gebucht hatte. Auf seine Anregung baute man nachträglich eine Szene ein, zu der im Orchesterraum eine Grammophonplatte mit dem Gassenhauer gespielt wurde, der heute noch lebt.

„Berlin – die Symphonie einer Großstadt“ von Walter Ruttmann war vielleicht das größte Abenteuer, das Ludwig Klopfer wagte – jene grandiose Reportage aus der Millionenstadt an der Spree in genial geschnittener Montage. Ein abendfüllender Film ohne Handlung war revolutionär, ein Film, in dem statt der üblichen Liebesgeschichte das Herz einer Weltstadt schlug. Fast roch man die unvergleichliche Luft Berlins, den Fleiß und den Schweiß seiner Bewohner in diesem Wunderwerk filmischer Komposition.

Neben dem Tauentzienpalast gab es noch ein winziges Flohkino, das T. T. T. hieß. Man mußte sich erst durch einen langen Gang über den Hof vorarbeiten. Das wagten wir unseren Flammen nicht anzubieten.

Die Richard-Oswald-Lichtspiele gleich an der Ecke Kant- und Joachimsthaler Straße wurden von dem Maler Kirchbach modern ausgestattet, und die Richard-Oswald-Filme erregten unser wirkliches Interesse. Aus Sensationslust griff hier ein Regisseur ins Leben. Aufklärungsfilme nannte man entschuldigend die Produktion. Die konservative Öffentlichkeit lief Sturm. Aber die Zeitnähe war auf einmal im Film da ...

Wie so viele Berliner, stammte auch Richard Oswald nicht von der Spree, sondern von der Donau. Scheinbar gab es überhaupt nur wenige Berliner von Geburt. „Die meisten Berliner sind am Schlesischen Bahnhof angekommen", hieß es nicht mit Unrecht. Berliner wurde man über Nacht – oder niemals. Manche haben jahrzehntelang an der Spree gelebt und sind doch keine Berliner geworden. Andere kamen, hatten eine Idee und wurden es zwischen Abend und Morgen.

„Sieh dir den langen, dünnen Mann dort an! Der wird morgen berühmt sein", sagte Moritz Seeler, Stammgast im alten Café des Westens, im letzten Kriegsjahr. Am nächsten Tag kannte jeder den Namen des dürren Jünglings mit dem interessanten Profil, der am Abend vorher in Reinhard Görings „Seeschlacht" seinen Durchbruchserfolg errungen hatte. Der Sohn eines etatmäßigen preußischen Feldwebels, der nur nicht Soldat geworden war, weil ihn sein Pferd bei der ersten Übung abgeworfen hatte, wurde der beliebteste Schauspieler des deutschen und internationalen Films und blieb es mit seiner Dämonie ein volles Jahrzehnt, bis er Anfang des zweiten Weltkrieges in Hollywood starb – sein Name war Conrad Veidt.

In wenigen Tagen, fast ohne Drehbuch und mit improvisierten Szenen, drehte man damals so einen Oswald-Film. Wenn eins der Pferde des Regisseurs im Grunewald oder in Hoppegarten lief, brach man eventuell auch die Aufnahmen ab, um zu sehen, ob „Midas“ siegen würde. Aber diese Filme mit ihren sensationslüsternen Titeln wie „Prostitution“ und „Anders als die andern“ hatten den Atem und die Problematik der Zeit. Prostitution sah man an allen Ecken, und die Homosexualität war durch die revoltierenden Matrosen an die Spree gekommen und hatte sich in verschwiegenen Dielen eingenistet.

Richard Oswald sammelte ein Ensemble um sich: Reinhold Schünzel mit der blankgewichsten Schmalztolle spielte den eindeutigen Bösewicht oder Zuhälter, der den guten Conrad Veidt verführte oder mindestens an den Rand des Verderbens riß, während die lockende Sünderin, das Laster in Gestalt Anita Berbers, versuchte, die ewig gute Gussy Holl, heute verwitwete Frau Emil Jannings, geschiedene Frau Conrad Veidt, auszustechen.

Diese vier so grundverschiedenen Typen bildeten ein Quartett, das mit der Erinnerung an die Filmperiode der Zeit nach dem ersten Weltkrieg eng verbunden bleibt. Unvergeßlich der Kirschkerne spuckende Werner Krauss im „Haus in der Dragonergasse“, und unvergeßlich auch der Richard-Oswald-Film „Kurfürstendamm“, in dem Conrad Veidt als Teufel persönlich aus einem Schleusenloch gleich neben der nächtlichen Gedächtniskirche stieg, nur mit einer Banknotenpresse bewaffnet, um Berlin in die Versuchungen des Inflationstaumels zu führen.

DU MUSST CALIGARI WERDEN!

rief es eines Tages von allen Häuserwänden und Plakatflächen, und von diesem kategorischen Imperativ bezwungen, gingen wir ins ultramoderne Marmorhaus gleich am Anfang des Kurfürstendamms, um die Alpdruckphantasie des expressionistischen Films zu bewundern. Heute noch gehört „Caligari", Buch von Carl Mayer und Hans Jannowitz, zu den international anerkannten klassischen Filmen. Heute noch zeigen Spezialkinos in New York und London diesen Streifen, der um die hypnotische Kraft von Werner Krauss und den schlafwandelnden Conrad Veidt in wirren, fieberkranken Traumatmosphären kreist.

Im Grundstück des Marmorhauses wirkte auch ein Spielklub hinter verschlossenen Türen, in dem die Stars von damals beim verbotenen Roulette anzutreffen waren. Nächtelang sah man hier Lya de Putti, vielleicht die letzte aus dem Geschlecht jener Filmstars, die wie Fern Andra und Pola Negri mehr von sich reden machten, als ihre Leistungen rechtfertigten, obwohl Lya de Putti durch E. A. Duponts großartigen Film „Varieté" als Partnerin von Emil Jannings ihre Karriere überlebt hat.

Als man den Vizepolizeipräsidenten bei einer Razzia in diesem Klub beim Baccarat überraschte, zog er sich schlagfertig aus der Affäre, indem er sagte: „Meine Herren, Sie sind um zwanzig Minuten später gekommen, als ich angeordnet hatte."

„Junger Mann, Sie hatten doch immer literarische Ambitionen. Wollen Sie nicht unsere Theater-Programmzeitschrift redigieren?" fragte Rudolf Bernauer, Direktor mehrerer Bühnen und Lustspielautor, den Nachhilfelehrer seines Sohnes, Hans Brodnitz.

Diese Offerte war als Heftpflaster für den Schuß aus dem Luftgewehr gedacht, mit dem Bernauer jun. seinen Lehrer in eine empfindliche Körperpartie getroffen hatte. Brodnitz aber machte das Programmheft des Theaters in der

Königgrätzer Straße so gut, daß ihm Bernauer sen. anbot, den Mozartsaal am Nollendorfplatz zu führen, den Bernauer mit seinem Kompagnon Carl Meinhardt gemietet hatte.

Der junge Mann griff mit beiden Händen zu. Er war ein geborener Schaumann und hätte keinen besseren und geeigneteren Beruf ergreifen können. Jeweils nach dem Charakter des laufenden Films zog er die Logenschließerinnen und Platzanweiserinnen an – bei einem Matrosenfilm als Seeleute, bei „Unter den Dächern von Paris" als Grisetten. Außerdem spielte er die besten Filme. Hier sah Berlin die ersten Harold-Lloyd- und Jackie-Coogan-Lustspiele. Hier machte einer mit dem Geschäfte, was andere nicht zu spielen wagten. Eines Tages wurde bei ihm ein schwedischer Film zur Sensation. Er hieß „Gösta Berling" und zeigte zum erstenmal das ewig schöne Gesicht der Greta Garbo.

„Die drei Schweden sitzen irgendwo auf dem Balkan ganz auf dem Trockenen", sagte der Regisseur G. W. Pabst zu seinem Drehbuchautor Willy Haas, der erst wenige Jahre zuvor nach Berlin gekommen war und sich im Handumdrehen als Filmkritiker einen Namen gemacht hatte.

Haas wußte, wovon Pabst sprach. Die „Trianon" hatte Greta Garbo, ihren Partner Lars Hanson und den Regisseur Mauritz Stiller auf den Gösta-Berling-Erfolg hin verpflichtet, war während der Außenaufnahmen in der Türkei in finanzielle Nöte gekommen, und nun saßen die drei Schweden irgendwo da unten.

„Bei unserer großartigen Besetzung mit Werner Krauss, Asta Nielsen und der Gräfin Esterhazy riskieren wir eigentlich nichts, wenn wir die blonde Unbekannte dazu-

Greta Garbo

Oben: Werner Krauss, Conrad Veidt, Lil Dagover in „Das Kabinett des Dr. Caligari"
Unten: Marlene Dietrich und Rosa Valetti in „Der Blaue Engel"

Oben links: Fritz Lang *Mitte links:* G. W. Pabst *Unten links:* Richard Oswald *Oben rechts:* Ernst Lubitsch *Unten rechts:* E. A. Dupont

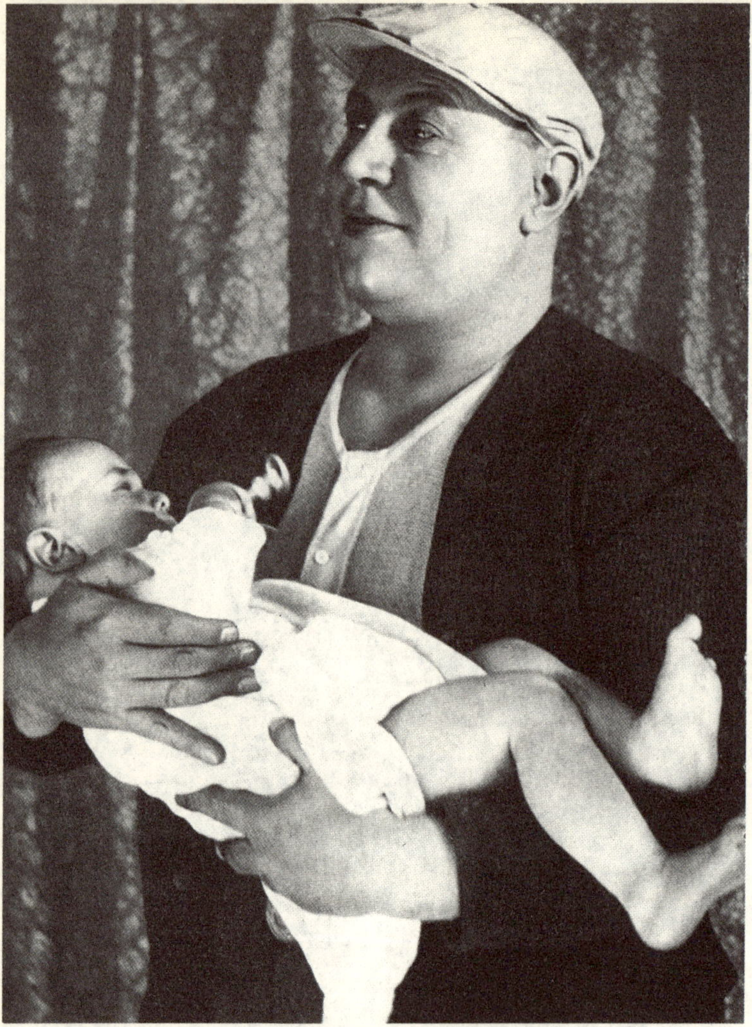

Emil Jannings in „Varieté“

nehmen", fuhr der Regisseur fast im Selbstgespräch fort.

„Die freudlose Gasse", die G. W. Pabst mit Hilfe von Willy Haas nach dem Roman des Wieners Hugo Bettauer drehte, wurde in jenen Ateliers hergestellt, die sich ungefähr dort befanden, wo später die Ruine des Capitols an der Gedächtniskirche stand. Es gab ja noch keinen Ton, und man konnte sogar im oberen Stockwerk eines Hauses am Dönhoffplatz drehen, in dem unten die Stettiner Sänger ihre Doppelquartette sangen.

Als der Drehbuchautor eines Tages ein paar Seiten Manuskript ablieferte, sah er Greta Garbo zum erstenmal spielen, setzte sich begeistert hin und schrieb ihr einen Brief, in dem es hieß:

„Hätte ich Sie besser gekannt, wäre Ihre Rolle größer ausgefallen ... Nachdem ich Sie nun gesehen habe, weiß ich, daß Sie eines Tages die größte Filmschauspielerin sein werden ..."

Die Premiere der „Freudlosen Gasse", eines Films, der die Wiener Inflationszeit gestaltete, fand im Mozartsaal statt. Willy Haas saß neben der Garbo und den anderen prominenten Mitwirkenden, verbeugte sich mit ihnen für den brausenden Beifall, aber die Schwedin erwähnte mit keinem Wort seine aufmunternden Zeilen. Erst zwanzig Jahre später erfuhr Willy Haas, daß der Aufnahmeleiter Sorkin seinen Brief niemals an die Garbo weitergegeben hatte. Sorkin verehrte und liebte die „Göttliche" selbst und war einfach eifersüchtig gewesen ...

Im Mozartsaal wurde Erich Maria Remarques „Im Westen nichts Neues" von den Nationalsozialisten unter Führung des Dramatikers Arnold Bronnen mit weißen Mäusen bekämpft. Remarque war mit seinem Roman, den er in seinen Mußestunden als Propagandist der Continental-Reifen in Hannover geschrieben hatte, von Verlag zu

Verlag gezogen, bis ihn die Vossische Zeitung wagte. Ullsteins machten ihn zu einem Welterfolg, so daß der Autor aufhören konnte, Cocktail-Rezepte für den „Junggesellen" zu schreiben.

Als die Ufa gegründet wurde, rochen ihre leitenden Männer, was für Chancen der Film am Treff von Tauentzienstraße, Kurfürstendamm und der vom Bahnhof Zoo kommenden Hardenbergstraße haben mußte. Sie zahlten Otto Reutter einen Riesenabstand, von dem er sich ein Rittergut kaufen konnte, und verwandelten das Palasttheater in das Mammutkino Ufapalast am Zoo. Hier fanden die glanzvollen Premieren jener Ernst-Lubitsch-Filme statt, die in den Rüdersdorfer Kalkbergen gedreht worden waren: „Sumurun" und „Die Bergkatze". Sie schufen dem Regisseur den Weltruhm, der ihn bald darauf nach Hollywood brachte.

Der Amerikaner, der seinen Aufenthalt in Berlin mit ganzseitigen Inseraten in allen großen Tageszeitungen anmeldete, in denen nur zu lesen stand:

Sam Rachmann
im Hotel Bristol eingetroffen,

brachte Ernö Rappé in den Ufapalast. S. Rachmann ... auch in diesem Namen spiegelte sich eine Berliner Karriere. Er stammte aus einem Kohlenkeller im Berliner Osten. Mit einem Partner tingelte er als komisches Duett in der finstersten Provinz. Die Schlauberger ließen sich große Plakate drucken, auf denen sie als Stars des Berliner Wintergartens firmierten, wodurch sie sich bessere Engagements verschafften. Später verlegte sich Rachmann aufs Managen. Den sächsischen Komiker Paul Beckers, der in Dresden für zehn Mark pro Abend im Thaliatheater Emil

Winter-Thymians, des Dichter-Komponisten des „Elterngrabs“, auftrat, mietete er für ein ganzes Jahr für zwölftausend Mark. Paul Beckers fühlte sich als Krösus. Er ahnte nicht, daß ihn Rachmann für dreitausend Mark pro Monat weiter an Großvarietés vermietete.

Dann klebten an den Säulen Riesenplakate:

SYLVESTER SCHÄFFER
NOLLENDORFTHEATER
IMPRESARIO: S. RACHMANN

Sylvester Schäffer zeigte sich als Universalkünstler, trat abendfüllend nacheinander als Akrobat, Athlet, Zauberer, römischer Gladiator und Kunstschütze auf. Rachmann zog mit ihm nach Amerika und scheffelte Geld, bis der Krieg ausbrach. Er hatte wieder eine Idee: Ringkämpfe mit Masken. Großes Geschäft. Nach dem Kriege verkaufte er amerikanische Filme nach Deutschland und fuhr vierspännig die Linden entlang. Sein neuester Import, Ernö Rappé, verstand es nicht nur, im Ufapalast am Zoo brillant sein großes Orchester zu leiten. Er inszenierte auch frappierende Bühnenschauen und schuf mit Lichteffekten die Atmosphäre für den folgenden Film. Ganz Berlin strömte wegen Ernö Rappé in das riesige Haus am Zoo.

Einen Skandal gab es im Ufapalast, als man Erich von Stroheims genialen Film „Gier nach Geld“ („Greed“) zeigte, der es auf eine einzige, noch dazu gestörte Vorstellung brachte. Hier lief auch der erste Ufa-Tonfilm „Ungarische Rhapsodie“ mit Dita Parlo und Willy Fritsch, und hier wurden die großen Fritz-Lang-Filme von den „Nibelungen“ bis zu „M“ mit Peter Lorre bejubelt und diskutiert. Und der Kritiker H. G. Lustig, heute noch hochbezahlter Hollywood-Autor, mußte seine Stellung aufgeben, weil er in seiner Besprechung der „Frau im Mond" mit keiner Zeile auf den Film einging. Er schrieb nur einen Gesellschaftsbericht über die illustren Gäste, der mit dem Satz endete: „Übrigens gab es auch noch den neuen Fritz-Lang-Film ‚Die Frau im Mond'."

Die Premieren im Ufapalast wurden Ereignisse. Polizeikordons mußten die Massen der Zaungäste in Schranken halten. Die Dekorateure der Außenfronten hatten sich an Einfällen zu überbieten.

Und in die Reihe der Uraufführungen platzte immer wieder einmal ein Streifen, der die wirklich Interessierten erschütterte. Aber als der erste Russenfilm, „Panzerkreuzer Potemkin", herauskommen sollte, mußte man für ihn das Apollotheater in der südlichen Friedrichstraße mieten, weil man woanders den revolutionären Streifen nicht zu zeigen wagte. Nach dem Erstaufführungserfolg setzte man ihn noch in der etwas abgelegenen Alhambra am Kurfürstendamm ein.

Curt Bois sprach den Prolog, als das „Capitol" an der Gedächtniskirche mit dem Douglas-Fairbanks-Film „Der Dieb von Bagdad" eröffnet wurde, und die Tänzerin Claire Bauroff tanzte. Als zweite Premiere gab man die Verfilmung des „Rosenkavalier", und Richard Strauß verließ ostentativ das Parkett, weil der Kapellmeister Schmidt-Gentner seine unsterbliche Musik zu schleppend dirigierte. Im gleichen Hause sah und hörte man auch den allerersten deutschen Tonfilm, „Die Nacht gehört uns", den Carl Fröhlich inszeniert hatte. Neben Charlotte Ander tauchte Hans Albers zum erstenmal als Star auf. Im „Blauen Engel" hatte er neben Emil Jannings und Marlene Dietrich nur eine kleinere Rolle gespielt.

In „Die Nacht gehört uns" gab man sich nicht mit dem Beweis zufrieden, daß man alle Geräusche naturgetreu wiedergeben konnte. „Ich mag nicht immer aus voller Brust reden", hatte Hans Albers bei einer Aufnahme gesagt. „Versucht's doch mal! Rückt doch mit dem Mikrophon mal näher ran. Ich werde mal flüstern, das muß doch auch gehen!" Es ging, und so machte Albers den ersten Schritt auf dem Wege zur Sublimierung der Tonfilmsprache.

„Wo sind die Direktoren?" hallte es durch die Wandelgänge und Büroräume des Gloria-Palastes am Premierentage des Al Jolson-Films „Singing Fool". Nirgends waren die Geschäftsführer zu finden. Die Gerichtsvollzieher jagten mit ihrem Auftrag, die Inbetriebnahme der Vorführungsapparatur zu verhindern, vergeblich durch das Haus. Die Herren des Gloria-Palastes wußten, was ihnen bevorstand, und versteckten sich auf den Toiletten. Der internationale Streit um die Tonfilmpatente tobte vor den Gerichten, in den Zeitungen, in den Kinos – hier „Western Electric" – hier „Triergon". Aber alle Gerichte und Patentkriege konnten den Siegeszug des Tonfilms nicht hindern. Al Jolson sang mit der berühmten Träne im Knopfloch seinen „Sonny Boy", und ganz Berlin, ganz Deutschland, die ganze Welt war überzeugt, daß dies der Grabgesang des stummen Films und seiner Epoche war. Die Grundfesten der Filmindustrie bebten. Die Stars der Stummfilme zitterten. Würden sie die Probe bestehen, wenn sie den Mund auftaten? Viele mußten abtreten. Ihre Zeit war vorbei. Der technische Fortschritt ging über sie hinweg und stieß sie in die Vergessenheit zurück, aus der sie aufgetaucht waren.

Die Leinwand hatte zur Sprache gefunden.

Erich stößt alle „aus de Pantinen" 13

.....Und nun saßen wir im Restaurant des Flughafens Tempelhof. Nach ein paar Wiedersehenswochen in der alten, ewigen Heimat Berlin warteten wir auf den Abflug nach München. Eine kühle Molle und ein Steinhäger noch: den Abschiedstrunk sind wir Berlin schuldig. Dann schallt aus dem Lautsprecher unser Name. Wir greifen nach dem Handgepäck.

Da fliegt mir eine stattliche Dame an den Hals.

„Mensch, Pem! Du warst in Berlin? Und hast dich nicht gemeldet? Das wird dir Erich nie verzeihen! Ein ganzes Leben lang sind Erich und ich nicht eine Minute getrennt gewesen, und ausgerechnet heute war der Knochen zu faul, mit mir zum Flugplatz zu kommen. Das hat er nun davon! Nun hat er dich nicht gesehen!"

„Tröste dich, Lucie. Ich komme ja wieder!"

Die Stattliche ist Lucie Carow und der Erich, der mir nie verzeihen wird, daß ich mich diesmal nicht gemeldet habe, das ist der Mann, der Charlie Chaplin am ersten Abend seines Berliner Besuches in seinen Keller am Weinbergsweg hinuntersteigen sah. Es hatte sich nämlich über den ganzen Ozean herumgesprochen, daß der einzigartige Künstler und Komiker Erich Carow das Volk von Berlin am ursprünglichsten repräsentierte, wie Weiß-Ferdl den Typ von München und Willi Ostermann den zu Kölle am Rhein.

Lucie winkte noch lange, indes wir in die Wolken stiegen. Natürlich waren meine Gedanken noch bei Erich. Die Geschichte seines Aufstiegs und seines Ruhms ... daran ließ sich noch einmal das Bild Berlins zwischen den beiden großen Kriegen, das Porträt seiner Wesenheit und seiner Horizonte ablesen.

Er hatte in der Friedrichstadt angefangen, die nach jenem Friedrich Rex heißt, der die Berliner groß gemacht hat. Wie lebendig eine Menschensiedlung ist, erkennt man daran, wieviel oder wie wenig Zeit sie sich zum Schlafen gönnt. Jahrzehntelang war die Friedrichstadt das Stadtzentrum ohne Schlaf gewesen. Nach den Hofbällen im kaiserlichen Schloß nahmen die Geheimräte und Generale im Café Bauer an der Ecke Unter den Linden und Friedrichstraße unter den von Zigarrenqualm gebräunten Wandfresken Anton von Werners noch „eine Schale Haut", ehe sie heimgingen. Ihre Söhne, die Leutnants in Zivil, saßen nachts ein paar Ecken weiter, wo die Friedrichstraße die Jägerstraße kreuzt, neben den teuren Damen mit den bunten Pleureusen im Café National. Carl Zuckmayer hat sie in seinem „Hauptmann von Köpenick" verewigt, wie schon ein Menschenalter vorher Heinrich Heine:

„Blamier mich nicht, mein schönes Kind,
und grüß mich nicht Unter den Linden.
Wenn wir nachher zu Hause sind,
wird sich schon alles finden."

Die wir uns keinen Schampus leisten konnten, gingen um vier Uhr früh noch ins Café Zielka an der Ecke Friedrich- und Leipziger Straße. Entree frei, die Tasse Kaffee dreißig Pfennig, dazu spielte ein Orchester von fünfundzwanzig Mann:

„Dort auf dem Baume,
da hängt 'ne Pflaume,
die möcht' ich gerne ham.

Da nimm se du se dir se,
da nimm se dir se doch.
Die eene hat 'ne Made,
die andre hat 'n Loch."

Natürlich war im Café Zielka schon vor den nächtlichen Frühstunden Betrieb gewesen. Im zweiten Stockwerk lagen die großen Säle, in denen jedes Jahr die Weltmeisterschaften im Billard ausgetragen wurden; im ersten Stockwerk gab es Varieté. Als es dem großen Otto Reutter nach dem ersten Weltkrieg auf seiner Klitsche, die er sich von dem Erlös des Palasttheaters am Zoo gekauft hatte, zu langweilig wurde, trat er im Café Zielka mit seinen Couplets wieder auf. Um diese Zeit, als über das Verlangen der Entente, Wilhelm II. auszuliefern, noch nicht entschieden war, sang Otto sein Couplet „Reminiszenzen". Als letzte Reminiszenz besang er die vergangenen Jahre, in denen auch der kleine Mann sein Salär in Gold bezogen hatte. Ironisch-wehmütig schenkte er dem Porträt des Kaisers auf dem Goldstück einen Blick und sang:

„Du bist in Doorn. Dein Bild ist hier.
Ich wahre still bei mir zu Haus
in purem Gold dies Souvenir.
Sei unbesorgt — ich liefre dich nicht aus!"

Dann versenkte er schmunzelnd das Goldstück tief in die Weste.

In späteren Jahren kam es vor, daß Direktor Zielka die hohe Gage für Reutter nicht ganz zusammenbrachte.

„Herr Reutter", pflegte er in solchen Fällen zu sagen,

Oben: Lotte Werkmeister und Oscar Sabo

Rechts: Claire Waldoff und Lamberts-Paulsen

Die Schaubude aus der Charell-Revue „An Alle“
Wilhelm Bendow, Sondermann, Margo Lion, Ewald Wenck, Leo Peuckert

Oben:
Max Pallenberg
als „Soldat Schwejk“
Unten:
Erich Carow in
„Herz und Schnauze“

„ich will bei Ihnen nicht in Schuld stehen. Nehmen Sie für den Rest ein paar Sack Kaffee? Davon habe ich genug auf Lager." Reutter liebte es nicht, Außenstände zu haben. Und so halfen wir ihm, die schweren Säcke brasilianischen Kaffees durch die nächtliche Friedrichstraße auf sein Zimmer im Zentralhotel zu schleppen.

Vielleicht strebten wir anschließend ins Café Viktoria Ecke Friedrichstraße – Unter den Linden, in dessen Toilettenraum im Kellergeschoß heißes Wasser für die Morgentoilette und das Rasieren aus den Hähnen floß, so daß man blitzsauber direkt ins Büro gehen konnte. Wer's nicht so eilig hatte, machte noch einen Abstecher in die nördliche Friedrichstraße. Da war man am Abend zuvor vielleicht schon bei Gustav Steinmeier gewesen, denn – der einstige Zahlmeister und Juwelenhändler hatte dort in der Inflation ein populäres Nachtlokal eröffnet. Attraktion: „Strandfeste", und die Nixen waren schon damals bereit, eine Flasche Cröver Nacktarsch für zehn Mark mitzutrinken. An der Bar gab Buchdrucker Otto Schulze, der den damals eben gegründeten „Angriff" druckte, eine Pulle Sekt aus, um Wirt Steinmeier zu überreden, im „Angriff" zu inserieren und das Inserat auch im voraus zu bezahlen, damit Herausgeber Dr. Goebbels die Druckerrechnung berappen konnte. Trotzdem wurde Gustav Steinmeier im Frühjahr 1933 ins Columbushaus gesperrt, weil man einem anderen Nazikumpan einen seiner Betriebe billig zuschanzen wollte. Steinmeier hat es überstanden und betreibt heute das Café Kranzler in Bonn. Wenn ihn alte Freunde besuchen, nennen sie ihn den „Bundeskranzler".

Der Lauf der Spree unterbrach die Friedrichstraße, aber beendete sie noch nicht. Von der nahen Charité wehten Carboldüfte herüber, in den Mansarden hielten die Studenten des Berliner „quartier latin“ gute Nachbarschaft mit Absteigequartieren, und in einem Glaskasten hungerte für fünfzig Pfennig pro Nase der Hungerkünstler Jolly. Hinterher mußte Jolly brummen. Ein schlecht bezahlter Angestellter verriet, daß der Hungerkünstler trotz der täglich sinkenden Gewichtstabelle in seinem gläsernen Käfig Schokolade gegessen hatte. Links um die Ecke bog man in die Hannoversche Straße mit ihrem Leichenschauhaus, rechts in die Elsässer Straße mit den billigen Tingeltangels „Kuhstall“ und „Schwalbennest“ ein. Die Vorstellung begann erst morgens um sechs. Ein paar Häuser weiter lag das Frühcafé „Sing-Sing“, dessen Stammgäste sich durch die höchst angebrachten Anzüglichkeiten des Namens und gewisser Einrichtungseigentümlichkeiten nicht stören ließen.

Ja, und in dieser Friedrichstraße hatte Erich Carow seinen Weg in die Popularität begonnen. Der Knabe war seinem Fräulein Mutter, einer Waschfrau, in eine Stadtpfeife entlaufen, wie die kleinstädtischen Musikschulen hießen, deren Maestros mit ihren Musiklehrlingen sonntags auf den dörflichen Tanzböden spielten. Als der junge Tolpatsch einmal in die Baßgeige stürzte, kreischte das Publikum vor Vergnügen. Aber das Instrument war hin, und der Chef setzte Erich an die Luft. Bei billigsten Wanderzirkussen fand er neues Brot (ohne Butter) und lernte sich knallig schminken und „Kittneesen“ kleben. Auf solche Requisiten hat er sich dann sein Leben lang verlassen.

Der Weidenhof, dicht an der Kreuzung Friedrichstraße und Schiffbauerdamm, engagierte ihn. Als eine Art Mister Meschugge dirigierte er das Hausorchester, unterbrach das Konzert mit urkomischen Intermezzi und Ansprachen an das Publikum und fiel jeden Abend in die Baßgeige. Wenn das Publikum kreischte, fragte er todernst: „Sowat jefällt Ihn'n wohl, jnädje Frau?"

„Ja, Erich!" wimmerte entzückt Frau Fleischermeister Kwallke aus der Friedrichstraße.

„Weil de abjebriht bist!" erwiderte Erich und wurde der gefeierte Liebling von Berlin N.

Der Wirt des „Franziskaner" unter dem Bahnhof Friedrichstraße hatte viel Geld gemacht und davon die Halle der Düsseldorfer Gewerbeausstellung gekauft. Er baute sie in Berlin am Weinbergsweg wieder auf, der so hieß, weil hier einmal in der kargen Sonne des Berliner Nordens Wein gewachsen war. Oben in der riesigen Halle spielte James Klein Revuen, unten im Keller war Biertunnel. Das war nun Erich Carows nächtliche Station. Manchmal, wenn er Pause hatte, stieg er neugierig hinauf hinter die Kulissen der Revue. Eine bildschöne Sängerin faszinierte ihn. Sie ignorierte den kleinen Musikclown von der „Konkurrenz".

Trotzdem wurde Lucie Blatner Frau Carow. In den großen Cafés der Gegend tingelten sie zusammen. Erich und Lucie wurden das treueste Ehepaar Groß-Berlins. Seit jenem Tag hat man keinen von beiden je einen Schritt allein gehen sehen. In den großen Cafés stellten sie das abendfüllende Programm und bekamen dafür vom Wirt das Entree. Nie mehr als sechzig Pfennig pro Person. Frau Lucie saß an der Kasse. Danach sang sie Soli und spielte nach Erichs urkomischen Szenen abschließend eine tolle Burleske, in der Erich am liebsten mit einem Nachtgeschirr und dem Hemdenzipfel hinten heraus über die Bühne watschelte. Das Publikum lag unter den Tischen.

Ich sah das Paar im Sommergarten des Friedrich-Wilhelmstädtischen Theaters. Selbst wenn es regnete, spielten Carows vor einem knallvollen Parkett von Regenschirmen. Ich sah die beiden in einem Café in Neukölln, das ihnen nun schon gehörte. Neukölln, das war das neuere Viertel von Kölln, das in der markgräflichen Zeit einmal das eigentliche Berlin gewesen war.

„Erich, wirst du hier dauernd Geschäfte machen?“ fragte ich ihn besorgt. „Bedenke die Nähe der Hasenheide!“

Hasenheide hieß der große, breite Straßenzug, der aus der Stadt nach Berlin O hinausführte, das klassische Ausflugsziel der Berliner. Ein großes Gartenlokal mit Tanzsaal neben dem anderen. Über den schattigen Sommergärten leuchteten Transparente:

„Der alte Brauch wird nicht gebrochen,
hier könn' Familien Kaffee kochen.“

Endlose Schlangen standen an den Buffets, bekamen für fünfzig Pfennig zwei Liter kochendes Wasser, mischten an den Tischen mitgebrachte Zichorie und „eene Bohne iwers Brett jenagelt“ und aßen selbstgebackenen Streuselkuchen dazu.

Oder die Berliner zogen noch weiter in den Osten hinaus. Da lag das weite Meer des Müggelsees, lag Friedrichshagen, wo der junge Gerhart Hauptmann gewohnt und gedichtet hatte. Da lag Köpenick, wo der Schuster Voigt in einer alten Hauptmannsuniform die Stadtkasse beschlagnahmen ließ und die ganze preußische Bürokratie und den preußischen Militarismus so auf den Arm nahm, daß sich im Schloß von Berlin selbst der Kaiser den Bauch vor Lachen hielt. Als ein Vierteljahrhundert später Carl Zuckmayer sein dramatisches deutsches Märchen um den Hauptmann von Köpenick schrieb, hatte er zuerst Erich Carow für die Rolle des „Hauptmann“ vorgesehen.

Jeden Mittwoch aber zogen abends Tausende und aber Tausende von Berlinern nach Treptow, um „Treptow in

Flammen“ zu sehen – das Monstre-Feuerwerk. Schwärme von Raketen stiegen in die Luft, Böller und Frösche krachten, Kanonenschläge dröhnten, die Imitation des Schlachtenlärms von Verdun war komplett. Wir dachten, die Menschen, von denen ein paar Millionen derlei in natura erlebt hatten, hätten für immer „die Neese pleng“. – Kein Gedanke! Jeden Mittwoch strömte es von neuem.

„Erich, hier im Osten willst du dein Glück versuchen, wo soviel Konkurrenz ist?“

„Wetten, ick stoß se alle aus de Pantinen, icke und meine Lucie . . .“

Er klopfte ihr zärtlich auf die Hinterfront, sie blickte zärtlich zurück und ließ trotzdem kein Auge von dem Büffetier, auf daß er die Gläser nicht zu verschwenderisch füllte.

Jeden Abend konnten sie Münzen und Scheine im Koffer nach Hause schleppen, und Erich Carow hatte schon einen kleinen Opel. Eines Nachts waren wir nach ihrer Vorstellung noch ins „Künstlereck“ in der Genthiner Straße nahe den schattigen Wipfeln des Landwehrkanals gefahren, in den man im Januar 1919 die Leiche Rosa Luxemburgs versenkt hatte. Das Lokal war nachts noch für Künstler und ihre Freunde gegen Mitgliedskarte offen. Ein blinder Klavierspieler spielte Puccini und Mascagni. Jede Stunde ging freiwillig einer von den Gästen mit dem Teller herum und kassierte für den blinden Virtuosen das Honorar. Plötzlich ein Schrei.

„Erich, wo ist denn der Koffer?“

Frau Lucie rief es leichenblaß.

„Du kriegst die Motten! Der Koffer mit der janzen Abendkasse! Hast'n nich bei dir, Lucie?“

„Vielleicht ha'ck int Lokal verjessen.“

Wir brausten zurück nach Neukölln, schlossen das Lokal

auf und suchten alle Winkel ab: nirgends der Koffer mit dem Zaster.

Schwer deprimiert fuhren wir zurück zum „Künstlereck“. In der Genthiner Straße kletterten wir ausnahmsweise einmal auf der anderen Seite aus dem Auto. Ich stolperte – über den Koffer. Er hatte während der Nachtfahrt von Neukölln nach Berlin W, zurück zu Carows Lokal und wieder nach Berlin W unbewegt und ungesehen auf dem Trittbrett gestanden, so substantiell war die Sonntagskasse von Carows Betrieb gewesen. Kein Wunder, daß bald die Stunde schlug, in der die beiden als direkte Mieter in den Keller des Walhallatheaters zurückkehren konnten.

Der „Tunnel“ hatte fast den dreifachen Fassungsraum ihres Neuköllner Unternehmens. Das Programm wurde erweitert. Bis in den feinen Westen sprach es sich herum, welches urkomische Unikum am Weinbergsweg das Publikum berauschte. Da war ein berühmter Mann, der am Kurfürstendamm mit einem Stück durchgefallen war, sich dabei aber in die Hauptdarstellerin verliebt hatte. Wenn sie nicht spielte, gingen die beiden abends aus und gerieten zum Weinbergsweg, mit dem Resultat, daß der berühmte Autor in der Vossischen Zeitung einen blendenden Essay über das Genie im Keller schrieb. Der berühmte Schriftsteller war Heinrich Mann, der in jenem Jahr seine Romanze mit Trude Hesterberg erlebte.

Auf diese Weise war Erich Carow sogar literaturfähig geworden. In den ersten Jahren war Carows Publikum sehr volkstümlich gewesen. Viele Männer waren ohne Kragen erschienen. Sie bekamen an der Kasse von Geschäftsführer Elfert einen Papierkragen geschenkt, damit sich die besseren Damen, von denen es auch einige im Parkett gab, nicht zu fürchten brauchten.

Gegenüber der Bühne gab es nun eine Terrasse mit

Weinzwang. Auch Carows Weinterrasse war jeden Abend ausverkauft. In Berlin aber sprossen den Direktoren mit der steigenden Krise graue Haare.

„Ich weiß nicht – meine Abendkassen gehen täglich zurück", sagte der Chef der großen Scala in der westlichen Lutherstraße. Direktor Jules Marx war in London Bankier gewesen und hatte sich viel von dem Plan versprochen, in Berlin W ein großes Varieté im Stile des Londoner Palladiums aufzumachen. Die Scala hatte auch groß eingeschlagen, doch mit der ab 1929 ansteigenden Arbeitslosigkeit ging das Geschäft zurück.

„Wissen Sie keinen Rat, Peter?" Es war Peter Sachse, den Jules Marx fragte, weil die Direktoren mit Peters Anregungen immer gut fuhren. Auf seinen Rat war die Scala auch dazu übergegangen, die Nummern ihres Programms nicht nur wie bisher durch das Fräulein Nummer und ihre schlanken Beine anzeigen, sondern gelegentlich auch durch Conférenciers ansagen zu lassen. Adolf Gondrell aus München und Fritz Grünbaum aus Wien feierten so in der Scala Triumphe.

„Ich weiß einen Mann, der selbst in diesen tristen Zeiten jeden Abend vor einem ausverkauften Parkett arbeitet", sagte Peter Sachse. „Es ist Erich Carow!"

„Nie gehört!" erwiderte Jules Marx. „Ich habe ihn weder im Wintergarten noch in Paris oder London gesehen."

„Erich tritt weder an der Seine noch an der Themse auf, sondern in einem Tunnel von Berlin N."

„Ich kann meinem Publikum keinen Star aus dem Berliner Norden servieren! Fällt Ihnen nicht was anderes ein?"

Als sich nach einem halben Jahr das Scalageschäft noch nicht wieder erholt hatte, wagte sich Jules Marx doch zu dem Genie im Norden.

Er hatte Pech. Erich trat nicht auf. Er konnte sich's leisten, mit Lucie einen ganzen Monat nach Swinemünde zu reisen, und als nach einem weiteren Jahr Marx wieder an den Weinbergsweg kam, waren Erich und Lucie gerade in ihrem neuen Mercedes nach Garmisch zum Wintersport gefahren. Im folgenden Herbst ließ sich die Scala nur noch mit ermäßigten Karten „stopfen".

„Ich treffe Ihr Protegé doch nicht an, wenn ich rausfahre", grollte Jules Marx. „Verhandeln Sie mit dem Mann. Fragen Sie, was er haben will."

Peter Sachse standen die Haare zu Berge, als Erich seine Bedingungen nannte: „Se missen mir jenau die Kohlen zahlen, die sie Grogken hinblettern."

„Grock bekommt für einen Monat fünfundvierzigtausend Mark."

„Jenau den Poeng will ick haben. Ick beweise doch jeden Abend, daß ick neben Richard Tauber der einzige bin, der volle Kassen macht. Dein Herr Marx soll sich mal meinen Erfolg ankieken."

Es war der diffizilste Dialog, den Peter in seinem Leben führte, als er dem Direktor der Scala zuredete, dem Komiker vom Weinbergsweg die Gage des großen Grock zu bewilligen. Nachts genügte ein Wort, das Peter Sachse in der Schwindtbar am Kurfürstendamm verlauten ließ, wo Presse, Kabarett und Theater um Steinhäger oder Himbeergeist trudelten, daß am anderen Tage alle Blätter in spaltenlangen bebilderten Artikeln berichteten, der kleine Volkskomiker aus Berlin N sei an das vornehmste Großvarieté Europas mit der Gage des Weltstars Grock verpflichtet worden.

Jules Marx unterschrieb den Vertrag, ohne Carow je gesehen zu haben. Als er feststellte, welches ungeheure Aufsehen die Angelegenheit auslöste, wurde der große Mann noch um einen Zoll größer. Und Erichs Einnahmen in seinem Tunnel am Weinbergsweg begannen ins Ungeahnte zu klettern. Die Kunde wirkte so propagandistisch, daß jeden Abend Hunderte von Autos am Weinbergsweg vorfuhren. Die Westler wollten den Wundermann an seinem ursprünglichen Wirkungsort schon praenumerando genießen. Auf Erichs Weinterrasse knallten die Sektpfropfen.

Schon tagelang vor dem ersten April, dem Beginn des Gastspiels, war die Scala ausverkauft. Die Käufer waren zumeist Bewohner von Berlin N. Sie fühlten sich persönlich geehrt, daß ihr Liebling nun auch den vornehmen Westen erobern sollte. Die letzten Münzen scharrten sie zusammen, um ihren Liebling, den sie bisher für sechzig Pfennig Entree genossen hatten, in Klubsesseln für acht Mark zu erleben.

Erich spielte an der Scala, was er schon monatelang am Weinbergsweg gespielt hatte: „Das Familienidyll im Norden" die Geschichte eines armen Schusters, der im Fuselrausch seine ganze Wohnung bis auf den letzten Teller zertrümmert. Geschäftsführer Elfert hatte eigens in Weiden in der Oberpfalz fünf Waggons Porzellan „Dritte Wahl" eingekauft, das dann Teller für Teller, Krug für Krug, Nachtgeschirr für Nachtgeschirr auf der Scalabühne in Scherben ging.

Erich zog alle Register. In seiner Raserei sieht er plötzlich die angstvollen Augen seiner Frau, die ohnmächtig zusehen muß, wie der verrückte Kerl ihr bißchen Habe dem Erdboden gleichmacht. Das haben sie sich in vielen Jahren des Hungers erarbeitet und erackert. Der kleine Schuster kommt zur Besinnung. Er bricht zusammen. Und die Tränen des Darstellers sind kein Glyzerin, sie sind tragisch echt, als er sich an alles erinnert: . . . „Nich wahr, Mutta . . . ham wir nich jeackert . . . un jeackert . . . un jeackert?"

In diesem Moment wuchs der Volksclown, sich seines eigenen Aufstiegs erinnernd, in der Darstellung seines Werdens zu großartiger, erschütternder Eindringlichkeit empor. Seine Augen spiegelten Jahrzehnte der Mühe und des Schweißes der kleinen Leute, Jahrzehnte Proletariernot wider: ein komödiantisches Erlebnis von unerhörter Kraft. Die Scala hatte große Tage.

„Erich, wat machste nu mit den villen Zimmt, den de aus de Lutherstraße wechjetragen hast?" fragte sein Stammpublikum, als er nach vier Wochen wieder in seine Lachbühne am Weinbergsweg zurückkehrte.

„Nich een Fennij behalt ick. Nu laß' ick die Lachbühne renovieren. Jetzt erst soll sich ooch der letzte meiner Jäste wohlfielen wie im Staatstheater. Sojar die Toiletten laß' ick mit Marmor pieckfein auslejen."

Und so geschah es.

Als er zwei Jahre später das Jubiläum seiner fünfundzwanzigjährigen Bühnentätigkeit feierte, erwiesen ihm die Spitzen der Berliner Theaterkunst von Werner Krauss bis Heinrich George, von Adele Sandrock bis Werner Finck die Ehre, in seinem Festprogramm aufzutreten. Nachts um zwei Uhr konferierte Werner Finck: „Zu Ehren des Jubilars hat sogar der Reichstag illuminiert."

Es war die Nacht vom 27. zum 28. Februar 1933. Der Reichstag brannte. – Einmal ist Carow auch im Leitartikel des „Völkischen Beobachter" erwähnt worden. Es war nach der Goebbelskrise gegen Jahresende 1938. Der Eroberer von Berlin war in Ungnade gefallen. Hitler hatte schon seine Funktionen neu verteilt. Da gelang es Goebbels durch Erinnerungen an die „gemeinsame Kampfzeit" seinen „Führer" wieder umzustimmen, der ihm auch die Aventuren mit den vielen eleganten Damen vom Film vorgeworfen hatte. Goebbels kehrte vom Obersalzberg

„geläutert“ nach Berlin zurück, wo die Kunde von dem peinlichen Intermezzo schon in weite Kreise durchgesickert war. Nun galt es, sich wieder zu zeigen und die Volksgunst neu zu erobern.

Der sonst nur noch Anzüge aus englischen Stoffen, angemessen von den besten Schneidern, trug, zog seine älteste braune Jacke an, spielte den unentwegten Volksmann und bewies seine „unerschütterliche Verbundenheit“ mit dem echten Volke dadurch, daß er zum ersten und einzigsten Male in seinem Leben in einem Theater des Berliner Nordens erschien – bei Erich Carow in der Lachbühne.

Und in seinem nächsten Leitartikel im „V. B.“ unterstrich Goebbels selber sein Schau-Gastspiel in Berlin N. Photos von diesem Abend gibt es nicht. Es gibt sie auch nicht mehr von den Abenden, die Heinrich Mann Seite an Seite mit Erich Carow sahen. Auch das Bild existiert nicht mehr, auf dem Erich Carow vor Charlie Chaplin in der Lachbühne kniete.

Die Bilder sind verbrannt mit der ganzen Lachbühne in jener Flammennacht 1943, in der ein ganzes Viertel des Berliner Nordens in Trümmer sank.

Erich kann nicht wieder aufbauen, was er in harten, mühseligen Jahrzehnten mit seiner Lucie erkämpft und erackert hat. Doch noch einmal schenkte er Berlin eine Stätte der Kleinkunst und heiteren Unterhaltung: mit „Haus Carow am See“ in Kladow, das er im Mai 1955 eröffnete; das Herz noch schwer von Erinnerungen an die Zeit, da Berlin noch keine Ruinen hatte, da die Scala in der Lutherstraße noch stand und auch in Berlin N noch blühendes, lachendes Leben gedieh. Erich sollte nicht mehr lange seine Freude in seinem Haus am See haben. Schon im darauffolgenden Jahr im August schloß er die Augen.

Unser Flugzeug senkte sich erdwärts. Dort grüßten die

Frauentürme. Das leibhaftige Panorama Berlins war längst verschwunden, das Panorama der Erinnerung leuchtete noch immer. Von ihm zu berichten, habe ich angefangen. Zu Ende kommt man nie, nicht in dreizehn Kapiteln. Es gäbe noch so viel, so viel zu erzählen ...

ANHANG

Namenverzeichnis

Bitte beachten Sie
die folgenden Seiten

Fred Hildenbrandt

. . . ich soll dich grüßen von Berlin 1922–1932

Ullstein Buch 20704

ein Ullstein Buch

Fred Hildenbrandt – von 1922 bis 1932 Feuilletonchef des *Berliner Tageblatts* – erlebte, genoß, erlitt, durcharbeitete und durchfeierte »die goldenen zwanziger Jahre« dort, wo sie wirklich golden waren: in der Berliner Bohème. Er erzählt aus Salons, Kneipen, Destillen, Ateliers, Nachtbars und Kabaretts von Schauspielern und Schriftstellern. Faszinierend, lebendig, humorvoll.

Berlin literarisch

Erdmann Graeser: **Koblanks**
Erdmann Graeser: **Koblanks Kinder**
Roman einer Berliner Familie – 2 Bände

Julius Stinde: **Familie Buchholz**
Julius Stinde: **Der Familie Buchholz zweiter Teil**
Aus dem Leben der Hauptstadt – 2 Bände

Erdmann Graeser: **Eisrieke**
Ein Berliner Roman aus der Zeit vor der Jahrhundertwende

Erdmann Graeser: **Lemkes sel. Witwe**
Romanfolge in humoristischen Erzählungen aus dem Berliner Leben in fünf Bänden mit Zeichnungen von Hans Kossatz
Zur unterirdischen Tante
Das Spukhaus in Schöneberg
Das falsche Gebiß
Der blaue Amtsrichter
Berlin WW

Adalbert Georg Schramm: **Heiteres vom dritten Hof**
Ein Blick in das Herz des Berliners

Bernhard Friebel: **Unterwegs in Berlin**
Zeichnungen und Aquarelle. Eine Stadtwanderung für Kunstfreunde

Gustav Sichelschmidt: **Berühmte Berliner**

Robert Gilbert: **Meckern ist wichtig – nett sein kann jeder**
Berlinische Gedichte, die auch für die achtziger Jahre gültig sind